Hüseyin Haşimi Güneş

Diyarbakır'da Tarımın Sermaye Birikimine ve Sanayileşmeye Etkisi

Hüseyin Haşimi Güneş

Diyarbakır'da Tarımın Sermaye Birikimine ve Sanayileşmeye Etkisi

Türkiye Alim Kitapları

Impressum / Künye
Bibliografische Information der Deutschen Nationalbibliothek: Die Deutsche Nationalbibliothek verzeichnet diese Publikation in der Deutschen Nationalbibliografie; detaillierte bibliografische Daten sind im Internet über http://dnb.d-nb.de abrufbar.

Deutsche Nationalbibliothek tarafından yayınlanan bibliyografik bilgiler: Deutsche Nationalbibliothek, bu yayını Deutsche Nationalbibliografie'de listeler; detaylı bibliyografik bilgi İnternet'te http://dnb.d-nb.de sitesinde mevcuttur.

Coverbild / Kitap kapağı resmi: www.ingimage.com

Verlag / Yayıncı:
Türkiye Alim Kitapları
ist ein Imprint der / yayınevinin bir ticari markasıdır
OmniScriptum GmbH & Co. KG
Bahnhofstraße 28, 66111 Saarbrücken, Deutschland / Almanya
Email / E-posta: info@omniscriptum.com

Herstellung: siehe letzte Seite /
Basım yeri: son sayfaya bakın
ISBN: 978-3-639-81362-3

Zugl. / Onaylayan:: İstanbul, Marmara Üniversitesi, 2004

ÖNSÖZ

Gelişme sürecinde sermaye kaynaklarının ekonomik gelişmeyi belirlemekte büyük payı olduğu bilinmektedir. Sermaye kullanımında mutlak büyüklük kadar, gerçekte ondan daha da önemlisi sermayenin kullanılış biçimidir.

Diyarbakır'da, özellikle büyük mülkiyeti tasarruflarında bulunduran tarımsal işletmeler, sermaye birikimini oluşturacak kapasiteye sahip olmuştur. Yörenin en önemli geçim kaynağı olan tarımsal üretimde 1960'lardaki durumuna göre, çok önemli gelişmeler olmuştur. Ülkemizde Beş yıllık kalkınma planlarının başladığı yıllarda il tarımı üretim ve verimlilikte Türkiye oralamasının hayli gerisindeydi. 2000'li yılların başlarında ise tarımsal üretim ve verimlilikte ülke ortalamasını yakalamıştır. Tarımsal üretimde meydana gelen bu olumlu gelişmeler, birikmiş sermayenin yeniden tarımsal üretimde yoğun olarak kullanılmasıyla mümkün olmuştur. Tarımsal alanların gelişmesi, mekanizasyon, gübreleme ve ilaçlama gibi üretim ve verimliliği artırıcı nitelikli girdilerde kullanılmıştır.

Ancak, imalat sektöründe aynı derecede gelişme sağlanmamıştır. 1960-1990 yılları arasında imalat sanayi son derece cılız kalmış ve neredeyse birkaç küçük yatırım haricinde bir gelişme sağlanmamıştır. O dönemlerde gelişmenin önündeki en büyük engel bölgedeki istikrarsızlıktı. 2000'li yılların başında imalat sanayinde küçük çapta da olsa yatırımlar başlamıştır.

Prof.Dr. Hüseyin Haşimi GÜNEŞ

İÇİNDEKİLER

TABLOLAR

ŞEKİL LİSTESİ

KISALTMALAR

DİE : Devlet İstatistik Enstitüsü

BKİ : Bölge Kalkınma İdaresi

DPT : Devlet Planlama Teşkilatı

DTSO : Diyarbakır Ticaret ve Sanayi Odası

GAP : Güneydoğu Anadolu Projesi

IMF : International Monetary Fund

İSO : İstanbul Sanayi Odası

İTO : İstanbul Ticaret Odası

TOBB : Türkiye Odalar ve Borsalar Birliği

WB : Dünya Bankası

GATAE : Güneydoğu Anadolu Tarımsal Araştırma Enstitüsü

1. GİRİŞ

Dünyanın en eski mesleği çiftçilik ve en eski sektörü de tarımdır. Sanayi ve diğer sektörlerin olmadığı, gelişmediği zamanlarda da tarımsal faaliyetler vardı, akla hayale gelmedik ileri medeniyet dönemlerinde de olacaktır. Çünkü yaşamamız ve beslenmemiz için gerekli tüm gıdaları tarım ve hayvancılıktan sağlıyoruz. Bu sebeple, ziraat sadece çiftçi ve üreticileri değil, aynı zamanda yiyen, içen ve tüketen toplumun tüm kesimlerini, bütün tüketicileri ilgilendirmektedir.

Bu gün dünyada Bilgi Toplumu olmuş ve aynı zamanda tarımda da ileri olan, ABD, Kanada ve AB ülkelerinin dünün sanayileşmiş toplumları olduğunu görüyoruz. Yani, bu ülkeler sanayileşirken tarımlarını asla ihmal etmeden, hatta tarımdan sağlanan hammaddeler ve sermaye birikimi ile tarımsal sanayilerini geliştirdikleri gibi sanayilerini de geliştirmişler. Bugün de tarımsal desteklerin en fazla olduğu ülkeler bu ülkelerdir.

Bu süreç ülkemizde 40-50 yıl gibi yakın bir zamanda yaşanmaya başlanmış ve maalesef sancılı bir şekilde devam etmektedir. Türk Milleti haksız bir şekilde "tarım mı sanayi mi" ikilemi içerisine itilmiş ve adeta tarım ihmal edilirse sanayinin gelişeceği zannedilerek, bilinçli bir şekilde tarım geri bırakılmıştır, ilk öncelik sanayi ve turizme verilmiştir. Özellikle ekonominin liberalize edildiği 1980'li yıllardan beri de Türk insanı ve çiftçisinin adeta önü kesilerek, "sen üretme biz her şeyi dışarıdan getiririz" kampanyaları başlatılmış, dünyada adı duyulan-duyulmayan tüm ülkelerden tarım ürünleri ithal edilerek marketlerimizin raflarını doldurmuştur.

Oysa geçmişte, en sıkıntılı anda tarım sektörü, ekonomimizin bel kemiğini oluşturmuştur. Tüm dünyayı iktisadi açıdan büyük bir çıkmaza sokan 1929 dünya iktisat bunalımı liberal iktisat politikalarını izleyen ülkemizi de etkilemiştir. Sanayileşme hareketini kısmen yavaşlatmıştır. Bununla birlikte o dönemin bir tarım ülkesi olarak 1929 büyük bunalımından çok az bir zararla kurtulmuştuk[1]. 1950'lerde, sanayi ve ticarette önemli bir sermaye birikimi gerçekleşmiş ve ülke ekonomisinin 1960'ların başlarında krizden çıkmasıyla, iç pazara yönelik üretim temelinde gelişimine devam etmiştir. Bu gelişme tarımsal girdilere dayanan hızlı bir sanayileşme temelinde olduğundan sanayi ile tarım arasında bütünleşmeyi teşvik etmiştir. Tarım bu yeni dönemde ihracat gelirinin esas kaynağı olmaya devam ederken, sanayi ürünleri için pazar oluşturma ve sanayiye hammadde sağlama görevini daha da arttırarak devam ettirmiştir. Devlet 1960'larda başlayıp 1980'de sona eren içe yönelik sanayileşme politikalarını Beş Yıllık Planlar çerçevesinde yürütmüştür.

Türkiye 1980'li yılların başlarına kadar tarımsal üretimi ile kendini besleyebilmiş ve yaptığı ihracatla Türkiye ekonomisi için finansman sağlamıştır. Sonraki yıllarda ise durum çok hızlı bir şekilde tersine dönmüş ve ithalatçı konumuna düşmüştür.

Tarımsal üretimde toprak ve emek asli girdilerdir. Geri kalmış, geleneksel yapıdaki bir tarım sektöründe bu girdilerin üretimdeki payı üretilmiş üretim faktörü olan sermaye mallarının payından yüksektir. Tarımı diğer sektörlerle karşılaştırıldığında esas itibariyle emek yoğun üretim tekniklerinin uygulandığı bir sektördür. Bu sektörde toprak kullanımının çok önemli olduğuna kuşku yoktur.

Ancak ekonomi gelişirken tarım, yapısal değişmeye uğrar ve bunun belirgin göstergesi üretim faktörleri birleşiminde görülür. Üretimde toprak

---

[1] Şevket Raşit Hatipoğlu, **Türkiye'de Zirai Buhran**, Ankara,1936, s.14.

ve işgücünün görece payı azalırken sermayenin payı artar. Ekonomi gelişirken tarımın ekonomiyle bütünleşmesi artar. Tarım piyasaya daha fazla ürün sunar ve bu sektörlerden daha fazla girdi satın alır. Sektörün kendi bünyesinden temin ettiği girdilerin tarımsal hasılaya oranı azalır. Sanayi sektörü tarafından üretilen sermaye malları ve ara girdilerin tarımda kullanımı arttıkça bu girdiler toprak ve emek asli girdilerini ikame ederler. Tarımsal araç gereç ve makinelerde somutlaşan bir kısım sermaye malları emeği ve hayvan enerjisini ikame ederken, kimyasal ilaçlar şeklinde kullanılan bir kısım sermaye malları da topraktan tasarrufu sağlar.

Türkiye genelinde 1963-1980 döneminde tarımda kullanılan toprak, işgücü ve teknolojik girdilerde, çok az miktarda artış sağlanmıştır. Zira bu girdilerin kullanımında marjinal noktaya söz konusu tarihe kadar zaten ulaşılmıştı. Diyarbakır ise yenilikleri daha geç alan bir bölgede olmasından dolayı tarım sektöründe kullanılan toprak miktarında ve teknolojik girdilerin kullanımında daha fazla artış sağlanmıştır. Yani ülke geneline oranla Güney Doğu Anadolu Bölgesinin bir ili olarak Diyarbakır daha büyük bir gelişme sağlamıştır. 1980-2000 döneminde tarımda kullanılan toprak ve işgücü girdilerinde önemli bir gelişme olmamasına karşılık, sermaye yoğunluğunun arttığına kuşku yoktur.

1987-1997 döneminde tarımsal hasıla 1987 fiyatları ile %12.1 oranında büyüyerek 13.3 trilyon TL'den 14.9 trilyon TL'ye yükselmiştir. Emek ve toprak girdileri kullanımında hatırı sayılır bir gelişme olmadığına göre, tarımsal hasıladaki bu büyüme sermaye girdileri kullanımındaki artışa atfedilebilir.

Bu arada emeğin ve toprağın verimindeki iyileşmelerin tarımsal üretimi ne derecede etkilediği sorusu akla gelebilir. Gerçekten de 1987-

1997 döneminde tarımda çalışan başına katma değerde yaklaşık %6, ekilen hektar başına hasılada yaklaşık %10 oranında bir iyileşme olduğu anlaşılmaktadır. Bu yöndeki gelişmeler tarımdaki maddi ve gayri maddi sermaye birikiminin ürünü sayılabilir.

İşgücü verimindeki artış yeni tarımsal teknolojilerin üreticilere aktarılması, işgücünün daha gelişmiş araç, gereç ve makine ile donatılması sayesinde gerçekleşmiştir. Toprak verimindeki artış ise her şeyden önce gübre kullanımının artmasına, sulama şebekelerinin gelişmesine, nitelikli tohum kullanımına ve tarımsal zararlılarla daha etkin mücadeleye bağlanabilir[2].

Tarımda sermaye birikimi, tarımsal makine, araç ve gereç sayısındaki artış, sulama şebekelerine yapılan eklemeler ve tarımsal alt yapıda diğer iyileştirmeler ile değerlendirilebilir. Söz konusu sermaye mallarındaki gelişmeler ise yatırımlarla mümkündür. O halde, tarımda sermaye birikimini değerlendirmenin en kestirme yolu tarım sektörüne yapılan yatırımların gelişimini incelemektir.

Birinci beş yıllık kalkınma planının başladığı 1963'ten günümüze zaman zaman tarım sektörü tümden ihmal edilerek kalkınma çabalarına girilmiştir. Oysa nüfusumuzun önemli bir kesimi bu sektöründe istihdam edilmekte ve kalkınma için gerekli olan sermayenin kaynağı bu sektörde bulunmaktadır. Özellikle, 1990'lara kadar nüfusun yarısına yakın bir kesimin yaşadığı ve gelirlerinin büyük miktarını da tarım sektörünün oluşturduğu Diyarbakır'ın sözkonusu dönem boyunca tarım ve sanayi sektöründe meydana gelen gelişmeler ile sosyo-ekonomik yapısı da ele alınmıştır.

---

[2] Hüseyin Şahin, **Türkiye Ekonomisi**, 7.Baskı, Bursa: Ezgi Yayınevi,2002, s. 292-294

Bazı verilerin doğrulanmasında sıkıntı çekilmiştir. Örneğin, Türkiye genelinde toprakların sınır ve alan genişlikleri konusunda tapu ve kadastro kayıtları henüz yeterli ve sağlıklı düzeye ulaşmamıştır. Özellikle doğu ilimiz olan Diyarbakır'da durum daha da karmaşıktır. Mevcut arazilerin çoğu kadastrosunun yapılmadığı bilinmektedir. Toprak kullanımına ilişkin veriler Genel Tarım Sayımı (GTS) sonuçlarına dayandırılmıştır. Ülkemizde 2001'e kadar 1927, 1950, 1963, 1970, 1980, 1991 ve 2001 yıllarında olmak üzere toplam 7 Genel Tarım Sayımı uygulanmıştır. 2001 Genel Tarım Sayımı uygulaması Haziran-Ekim 2001 tarihleri arasında gerçekleştirilmiştir.

Bu İstatistikler Tarım Bakanlığı aracılığı ile derlenmekte ve veriler İlçe Tarım Müdürlükleri'nin ellerinde bulunan mevcut bilgilere dayandırılmaktadır. Türkiye gibi ekonomisi tarıma dayalı ülkelerde tarım potansiyelini ve tarımsal yapının gerçeklerini yansıtacak ayrıntılı, güvenilir istatistiklere ihtiyaç vardır. Bu nedenle ülkemizde belli periyotlarla Genel Tarım Sayımları uygulanmaktadır.

Araştırmada bu kaynaklar temel olmak üzere; Devlet İstatistik Enstitüsü, Devlet Planlama Teşkilatı, GAP Bölge Kalkınma İdaresi, Güneydoğu Anadolu Tarımsal Araştırma Enstitüsü, yerel yönetimler, kamu kurum ve kuruluşları ile özel kuruluşların çalışmalarından yararlanılmıştır. Tarım ve sanayi işletmelerinin yetkilileriyle temasa girilmiş ve verilerin doğruluğu teyit edilmeye çalışılmıştır. Bu arada Dicle Üniversitesinin Diyarbakır ile ilgili çalışmalarından faydalanılmış, konu ile ilgili bilim adamlarının görüşlerine başvurulmuştur. GAP Bölge Kalkınma İdaresi Başkanlığının bulunduğu Şanlıurfa iline gidilerek bilgiler birinci elden temin edilmiştir.

Bundan hareketle çalışmanın Birinci bölümde çalışmamızın eksenini oluşturan Diyarbakır'ın tarihi ve sosyo-ekonomik yapısı ele alınmıştır. İkinci bölümünde tarım sektörünün yapısı, Türkiye'de tarım sektöründeki gelişmeler ve GAP ele alınmıştır. Üçüncü bölümde, Diyarbakır'ın tarımsal yapısı ele alınmış ve tarımda üretim ve verimliliği artıran girdilerin yanısıra tarımda mülkiyet yapısının, 1963-2000 yılları arasında ne şekilde ve nasıl bir gelişme sağlandığı ele alınmıştır. Dördüncü bölümde, Diyarbakır'da ilgili dönem boyunca tarımsal üretimi oluşturan bitkisel, hayvansal, bağcılık ve meyvecilik üretimi ele alınmıştır. Beşinci ve son bölümde ise, özellikle 1980'lerden sonra sermayenin kullanım alanını teşkil eden sulama kanallarının tesisindeki gelişmeler ele alınmış ve ardından Diyarbakır'da ilgili dönem boyunca sanayi sektörünün yapısı ele alınmıştır.

2. DİYARBAKIR TARİHİ VE SOSYO-EKONOMİK YAPISI

2.1. Şehrin Tarihçesi

Diyarbakır bölgesi, eski çağlardan bu yana Akdeniz'i Basra Körfezine, Karadeniz'i Mezopotamya'ya bağlayan ayrıca, Bitlis ve Van Gölü üzerinden Azerbaycan ve İran'a ulaşan önemli yollar üzerinde bulunduğundan her devirde önemini koruyan bir merkez olmuştur[3].

Şehrin eski adı "*Amida*" olup, bu ismin menşei hakkında çeşitli rivayetler varsa da kelimenin nereden geldiği bilinememektedir[4]. İslami dönemde bu isim "*Amid*" şeklini almış ve XVII. yüzyılın ilk yarısına kadar hem şehir hem de onun merkez olduğu sancağın adı olarak kullanılmıştır[5]. Amid ismi bazı Türkçe kaynaklarda "*Kara Amid*" şeklinde zikredilmiştir. Kara sıfatının, şehri baştanbaşa kuşatan surların, kara bazalt taştan yapılmış olmasından takıldığı kabul edilmektedir[6]. Şehrin daha sonraki adı olan Diyarbekir ise, Müslüman Araplar bölgeyi fethettikten sonra, Rebia Araplarının iki büyük kabilesinden biri olup Dicle kenarında yaşayan Bekir bin Vail kabilesinin yayıldığı topraklara verilen "*Diyar Bekr*" veya "*Diyar-ı Bekr*" adına dayanır[7].

Ne zamandan beri kullanıldığı, kesin olarak bilinmemekle birlikte VII. yüzyıldan itibaren kaynaklarda geçtiği tespit edilen "*Diyar-ı Bekr*",

---

[3] Yılmazçelik, **XIX Yüzyılın İlk Yarısında Diyarbakır**, Ankara: 1995, s. 1.

[4] Bu rivayetler hakkında bkz.: Beysanoğlu , **Bütün cepheleriyle Diyarbakır**, İstanbul, 1963 ; Nejat Göyünç, "XVI. Yüzyılın İlk Yarısında Diyarbakır", **Belgelerle Türk Tarihi Dergisi**, VII; Remzi Balin , Diyarbakır, İstanbul, 1966.

[5] Nejat Göyünç, **Diyarbakır**, DİA, C IX, s. 464.

[6] Şevket Beysanoğlu,**Anıtları ve Kitabeleriyle Diyarbakır**, Ankara, 1987, C I, s. 3.

[7] Diyarbekir adının menşei hakkında Süryanilerin daha farklı görüşleri vardır. Bunlara göre "Diyarbekir", kilise anlamındaki "Deyr" ve bakire manasındaki "Bekr" kelimelerinden türemiştir. Bkz.: **Türk Süryanileri Tarihi**, s. 422.

Osmanlı hakimiyeti döneminde "*Diyarbekir*" şeklini almış, Amid şehri merkez sancağı olmak üzere teşkil edilen beylerbeyliğinin adı olmuştur. Cumhuriyet döneminde 1937'de "*Diyarbakır*" şekline çevrilmiştir[8].

2.1.1. Osmanlı Öncesi Dönem

Diyarbakır bölgesinin neolitik devirlerden yani bundan dokuz bin yıl öncesinde iskân edildiği, dolayısıyla dünyanın en eski yerleşim yerlerinden biri olduğu yapılan arkeolojik çalışmalar sonucunda ortaya çıkmıştır.

Tarih öncesi dönemler ait oldukça fazla yerleşim yerinin bulunduğu Diyarbakır bölgesine[9] M.Ö. III binde Akadlar, Gutiler[10], M.Ö. II binde ise Hint-Avrupaî bir kavim olan Hurri-Mittaniler[11] hakim olmuşlardır. M.Ö. I. Binin başlarında Sami kökenli Arami kabileleri bölgeye yerleşmiş, M.Ö IX. Yüzyıldan sonra ise Diyarbakır Asur Devletinin hakimiyetine girmiştir[12].

Asurlardan sonra sırasıyla İskitler (M.Ö. 653-625), Medler (M.Ö. 625-550), Persler (M.Ö. 550-331), Büyük İskender (M.Ö. 331-323)[13], Selevkoslar ve Roma hakimiyetine geçmiştir[14].

Roma ve Bizans hakimiyetinde iken, İranlılarla yapılan mücadelelerde ileri karakol vazifesi gören şehir[1513], M.S.349'da İmparator Constantinos tarafından etrafı surlarla çevrilerek bölgenin askeri ve idari

---

[8] Göyünç, s. 465.
[9] Veli Sevin,**Üçtepe Kazıları**, İstanbul, 1989, s. 3.
[10] Adil Alpman, **Eski Ön Asya Hukukunda Adaption**, Ankara, 1988, s. 36.
[11] Afif Erzen, **Doğu Anadolu ve Urartular**, Ankara, 1984.
[12] Sevin, s. 7.
[13] Beysanoğlu, C I, s. 30-97.
[14] Bkz.; Arif Müfit Mansel , **Ege ve Yunan Tarihi,** Ankara, 1971 ; Beysanoğlu, C I.
[15] Göyünç, s. 465.

merkezi haline getirildi. Buna rağmen şehir 359 ve 502'de Sasani işgalinden kurtulamadı[16].

639 yılında Hz. Ömer tarafından el-Cezire'nin fethiyle görevlendirilen Iyaz bin Ganm komutasındaki ordunun sol kanadına kumanda eden Halid bin Velid tarafından şehir fethedilmiş[17], böylece Diyarbakır İslâm hakimiyetine girmiştir.

Emevi ve Abbasi hakimiyetini izleyen dönemde sırasıyla Hamdaniler (930-980), Büveyhoğulları (980-984) ve Mervaniler (984-1085) şehri hakimiyetleri altına almışlardır[18].

1042 tarihinde Anadolu'ya başlayan Oğuz akınları sonrasında Mervani hükümdarı Nasrüddevle, Tuğrul Bey'in tabiiyetini kabul etmiş ve bölgeye Türkmen reislerinden bazıları yerleştirilmiştir[19]. Selçuklu Sultanı Alparslan bu dönemde iki defa Diyarbakır bölgesine gelmiş ve karargahını burada kurmuştur[20]. Selçuklu hükümdarı Melikşah döneminde ise Fahrüddevle Muhammed bin Cehir Diyarbakır'ın zaptıyla görevlendirilmiş şehir 1085'te tamamen Selçukluların eline geçmiştir.

Selçuklu Sultanı Melikşah'ın ölümü üzerine Mervanoğulları tekrar şehri ele geçirmeye teşebbüs etmiş ancak, başarılı olamamışlardır. Daha sonra 1093'te Tutuş tarafından ele geçirilen Diyarbakır, 1097 yılına kadar Suriye Selçuklularının hakimiyetinde kalmıştır. Bundan sonra sırasıyla İnaloğulları (1097-1142), Nisanoğulları (1142-1183) idaresine giren şehir[21], 1183 tarihinde Eyyubi Sultanı Selahaddin tarafından fethedilerek, Hısn-ı

---

[17] Bkz: Beysanoğlu. C. I.
[18] Göyünç, s. 465.
[19] M. Halil Yinanç,**Türkiye Tarihi Selçuklular Devri**, İstanbul, 1944, s. 69.
[20] Göyünç, s. 465.
[21] Osman Turan, **Doğu Anadolu Türk Devletleri Tarihi**, İstanbul, 1980, s. 6.

Keyfa Artuklu Emiri Nureddin Muhammed'e verildi. Daha sonraki tarihlerde tekrar Eyyubilerce alınan (1232) şehir 1240 yılında II.Gıyasseddin Keyhüsrev tarafından Anadolu Selçuklu hakimiyetine alındı[22].

1259 yılında Hülagu tarafından zaptedilen şehir, Moğol tabiiyetini kabul eden Selçuklulara geri verildi. 1303'te Gazan Han Diyarbakır bölgesini Mardin Artuklularına bıraktı. 1384 yılına kadar süren Mardin Artukluları hakimiyetinde de Diyarbakır üzerinde İlhanlı nüfuzu devam etmiştir[23].

1394'te Timur tarafından zapedilerek yağma edilen şehir 1401'de Karayölük Osman Bey'e verildi. Böylece Akkoyunlu hakimiyeti başladı[24]. Bu dönemde şehir Karakoyunlular tarafından kuşatılmış ise de bunlar sonuçsuz kalmıştır[25].

Uzun Hasan'ın 1473'te Fatih Sultan Mehmet'e yenilmesi Akkoyunluların sonunu hazırlamış ve 1507'de Akkoyunlu Devleti yıkılmıştır. Bu tarihte bölgeyi ele geçiren Şah İsmail ile Safevi hakimiyeti başlamış ve bu hakimiyet Osmanlı fethine kadar sürmüştür.

---

[22] Göyünç, s. 466.

[23] Yılmazçelik, s. 5.

[24] Göyünç, s. 466.

[25] Faruk Sümer, **Karakoyunlular**, Ankara, 1984, C II, s. 90-91.

2.1.2. Osmanlı Hakimiyeti Dönemi

Safevilerin elinde bulunan Diyarbakır, bu devletin Osmanlı sınırındaki en önemli kentiydi. Dolayısıyla, Diyarbakır'ın alınması, İran'ın faaliyette bulunduğu doğu sınırının güvenliği açısından önemliydi[26].

23 Ağustos 1514 Çaldıran Savaşın'da Safevilerin yenilmesi, muharebe sırasında yöre valisi Usatclu Muhammed Han'ın ölmesi, meşhur tarihçi İdris-i Bitlisi'nin bölgedeki Osmanlı lehine faaliyetleri sonucu yöredeki Sünni beylik ve aşiretlerin Osmanlı tabiiyetini kabul etmeleri üzerine Amid ahalisi de ayaklanarak şehirdeki Safevi kuvvetlerinin bir kısmını öldürdü, bir kısmını da şehirden çıkardı. Bu olay üzerine Amid bir yıl kadar Safevi kumandanlarından Kara Han tarafından kuşatıldı. Şehre Osmanlılar Dergâh-ı âlî müreffertikalarından aslen Amidli olan Yiğit Ahmet Paşa kumandasında takviye gönderdiler ancak, Bıyıklı Mehmet Paşa ve Rum Beylerbeyi Şadi Paşa idaresindeki esas Osmanlı birliklerinin yetişmesi üzerine kurtarılabildi. Kara Han'ın kuşatmayı kaldırarak Mardin istikametine çekilmesiyli 10 Eylül 1515'te şehir Osmanlı idaresine girmiş oldu[27].

4 Kasım 1515'te Bıyıklı Mehmet Paşa Diyarbakır Beylerbeyliğine getirilmiş ve bölgenin fethinde önemli rol oynayan İdris-i Bitlisi'ye padişah tarafından bir çok hediyeler gönderilmiştir.

Fetihten hemen sonra teşkilatlandırılan Diyarbakır , Osmanlının en büyük ve en ehemiyetli eyaletlerinden birinin merkezi ve İran'a karşı

---

[26] İsmail Hakkı Uzunçarşılı, **Osmanlı Tarihi,** Ankara, 1983, C II, s. 273-274.

[27] Göyünç, s. 466.

sefer den orduların üssü ve kışlağı olarak büyük öneme sahip olmuştur. Bu sebeple Kanuni iki İran seferinde de Diyarbakır'da konaklamıştır[28].

XVII. ve XVIII. Yüzyıllarda Diyarbakır tarihi hakkında fazla bilgiye sahip değiliz. Bununla birlikte bu dönem Diyarbakır tarihini ancak bir kısım genel mahiyetteki hadiselerden takip edebiliyoruz[29]. XVI. yüzyılın ortalarında Anadolu'da bozulan ekonomik durumun ortaya çıkardığı sosyal bozukluklar Diyarbakır ve çevresinde de etkisini göstermiş ve XVII. Yüzyılın ikinci yarısında bölgede asayiş oldukça bozulmuştur[30].

Osmanlı devleti ayrı bir önem verdiği Diyarbakır'a atanan valiler tarafından birçok dini ve sosyal yapılar inşa ettirilmiş ve imar edilen şehir askeri ve idari alanda olduğu gibi kültür ve alanlarında da önemli bir merkez olmuştur.Kısaca Diyarbakır'ın osmanlı fethinden sonra her sahada büyük bir merkez haline geldiği söylenebilir[31].

2.2. Şehrin Coğrafi Konumu ve Önemi

Bir şehri önemli kılan, ona tarih ve ekonomik gelişme içinde kayda değer bir yer veren en önemli faktör şüphesiz o şehrin coğrafi konumudur. Bu nedenle Diyarbakır'ın tarih içerisindeki öneminin temel faktörü olan coğrafi konumuna, Diyarbakır tarihiyle ilgili her çalışmada kısaca da olsa değinilmesi gerekmektedir.

Diyarbakır şehri Karacadağ'dan Dicle'ye değin uzanan geniş bazalt platosunun doğu kenarında, Dicle vadisinden yüz metre kadar yükseklikte

---

[28] Yınanç, s. 623-624.
[29] Yılmazçelik. s. 8-9.
[30] Akdağ, **Türk Halkının Dirlik ve Düzenlik Kavgası**, Ankara, 1975, s. 67.
[31] Yılmazçelik, s. 9-10.

ve açıkça belli olan nehir kavsinin tepesinde hakim,hissolunacak şekilde ufki bir zemin üzerinde kurulmuştur

Dicle ile bu düzlük arasında zemin, doğu ve güneydoğuya doğru sarp bir kayalık ile bir silsile arz eder. Güneyde ise tatlı bir meyille alçalır. Platoyu güneybatıda "*Ben-u-sen*" denilen az derinlikte bir sel çukuru yarar. Batı ve kuzeyde ise bazaltlı arazide hafif bir meyil vardır.

Bu genel şartlar, doğu ve güneydoğuda kayalık bir korniş kenarında kurulmuş olan şehri baştan başa kuşatan surun şeklini belirlemiştir.

Şehrin kapsadığı alan, 37, enlemin 56 dakika kuzeyinde ve 40. boylamın 13 dakika doğusundadır. Denizden yüksekliği 650 metredir. Bu yükseklik bazı yerlerde 640 metreye düşer, bazı yerlerde ise 660 metreye yükselir.

Şehrin ne zaman kurulduğu bilinmiyor. Ancak şehrin doğusunu sınırlandıran ve Dicle yatağından yüz metre yükseklikte buluna "*Fiskayası*" adlı sarp kayalığın İçkale kesiminin ilk yerleşim yeri olarak çekirdeği oluşturduğu sanılmaktadır. Diyarbakır kurulduğu günden bu yana yeri değişmemiş ender beldelerden biridir[32].

Diyarbakır'ın coğrafi durumunun özelliklerinden biri de kuzeyde Doğu Toros Dağları, batıda Karacadağ, güneyde Mardin tepeleri arasında, ortası çanak gibi çukur bir bölgeye merkez oluşudur.

İklimi sert, yazları çok sıcak, kışları soğuk olmasına rağmen, burası hububat ekimine, sulama olan yerlerde çeşitli bahçe ziraatine ve geniş yaylalarda koyunculuğa elverişlidir. Bununla beraber Diyarbakır'ın önemi,

---

[32] Beysanoğlu, C. I, s. 1-2.

buranın mahalli öneme haiz bir merkez olmasından değil, fakat kuzeydeki dağlık yaylalar ile güneydeki çöl manzaralı ovalar arasında yerleşmeye elverişli sahasında, büyük alanları birbirine bağlayan ana yollar üzerinde bulunuşından ileri gelmiş olmalıdır. Bu yollardan biri Anadolu ve Suriye'den gelerek, Irak'a giderdi. Akdeniz kıyıların Basra Körfezine bağlayan bu en kısa yoldan, Diyarbakır'da ikinci bir yol ayrılarak, kuzeydeki dağ seddini, tabiatın hazırladığı bir geçit ile aşıp, Harput ve Sivas üzcrinden Samsun'a iniyor ve bu suretle Mezopotamya ile Karadeniz kıyıları arasında irtibat sağlanıyordu. Nihayet ikinci derecede bir yol da, Diyarbakır'ı Bitlis ve Van Gölü havzası üzerinden Azerbaycan ve İran'a bağlıyordu.

Bir taraftan çeşitli geçim kaynakları bulunan bu bölgenin merkezi olmak, bir taraftan da önemli yollara düğüm noktası teşkil etmek sayesinde Diyarbakır tarih boyunca gelişme imkanı bulmuştur[33].

Yukarıda saydığımız özellikler sayesinde Diyarbakır, daha ilk çağlardan itibaren ticari, idari ve askeri yönden önem kazanmış ve bu özelliğini daha sonraki dönemlerde de devam ettirmiştir.

XII ve XIII. Yüzyıllarda anadolu şehirleri arasında ticari açıdan büyük bir öneme sahip olan Diyarbakır, aynı zamanda Anadolu'dan doğuya gelen ve giden yolların kesiştiği bir merkez idi[34].

Osmanlı devleti zamanında da İran, Irak ve Azerbaycan'dan gelen ve giden yolların Diyarbakır'da kesiştiği görülür. XVII yüzyılda da

---

[33] Besim Darkot, **Diyarbakır**, İA, C. III, s. 601.
[34] Akdağ, s. 346.

Diyarbakır özellikle Van, Halep ve Bağdat yolları üzerinde bir merkezdir. Diyarbakır bu önemini XIX. yüzyılın sonuna kadar korumuştur[35].

2.3. Sosyo -Ekonomik Yapı

2.3.1. Nüfus

Diyarbakır'da göçün sorun olmaya devam etmesinin yanında, kırsal yörelerden kent merkezine doğru da bir göç yaşanmaktadır. Göçün bu olumsuz etkileri ülkemizin diğer büyük kentlerinde olduğu gibi Diyarbakır'da ağırlıklı olarak hissedilmektedir. Bölge içindeki bu göçler, mevcut nüfusu barındırmada zaten yetersiz olan Diyarbakır'ın altyapı, işsizlik, konut, eğitim, sağlık gibi gittikçe ağırlaşan sosyo-ekonomik problemlerle karşı karşıya kalmasına neden olmaktadır. 1990 yılı sonrasında yoğun bir göç alan Diyarbakır nüfusunda önemli oranlarda artışlar meydana gelmiştir. Kentteki yoğun nüfusun azaltılması ve yeniden kırsal alana göçün sağlanması, en çok yeni modellerin uygulanması ve kırsal alanda istihdam olanakların yaratılması ile mümkün olabilecektir.

---

[35] Yılmazçelik, s. 13-16.

Tablo 1

Diyarbakır İli Toplam Nüfus, Köy ve Kent Nüfusları

Yıl	Nüfus					Nüfus Artış Hızı Binde (%o)		
	Toplam	Şehir Nüfus	Payı %	Köy Nüfus	Payı %	Toplam	Şehir	Köy
1950	293.738	72.267	25	221.471	75	32.29	26.25	34.29
1955	343.903	98.798	29	245.105	71	31.53	62.54	20.28
1960	401.884	124.718	31	277.166	69	31.16	46.6	24.59
1965	475.916	162.467	34	313.449	66	33.82	52.88	24.6
1970	581.208	238.504	41	342.704	59	39.97	76.78	17.85
1975	651.233	281.960	43	369.273	57	22.75	33.48	14.93
1980	778.150	374.264	48	403.886	52	35.61	56.64	17.92
1985	934.505	472.055	51	462.450	49	36.62	46.43	27.08
1990*	1.094.996	600.640	55	494.356	45	31.7	48.18	13.34
2000	1.362.708	817.692	60	545.016	40	21.73	31.71	8.42

Kaynak: DİE, GAP İl İstatitikleri, s.5; DİE, Türkiye İstatistik Yıllığı,2002,Ankara, 2003, s.53.
*1990 Genel Nüfus Sayımı'nın kesin sonuçları, 2000 Genel Nüfus Sayımı günündeki idari bölünüşe göre yeniden düzenlenmiştir. Bkz; DİE, İstatistik Yıllığı,2002, Ankara, 2003.

Diyarbakır'ın 2000 sonuçlarına göre yıllık nüfus artış hızı % 2.184 tür. Toplam nüfus bakımından il merkezi bazında Türkiye'nin 9. büyük kentidir. Diyarbakır'da nüfus artış hızı yıllara göre incelendiğinde 1997-2000 yılları arasında 100.054 kişilik bir artış olduğu saptanmıştır. Diyarbakır ilindeki bu artış % 7.8'lik bir orana karşılık gelmektedir.

Diyarbakır ilinde 1990 yılında kent nüfus artışının % 4.82 olduğu gözlenirken bu oran 1997 yılında %4.88'e ulaşmıştır. 2000 yılında ise yıllık nüfus artış hızı % 2.6'ya gerilemiştir. Görüldüğü gibi Diyarbakır ilinde kent yıllık nüfus artış hızı 1997-2000 yılları arasında bir gerilemeye dönüşmüştür. Diyarbakır'ın kentleşme sürecine baktığımızda Türkiye'nin büyük kentlerine benzer bir gelişim gösterdiği görülmektedir.

Türkiye'de kentleşmenin hızlandığı dönem olan 1950 yılından itibaren Diyarbakır'da da kentleşmenin hızlandığını görmekteyiz. Kente yönelişin bu ilk önemli adımın atıldığı 1955-60 döneminde Diyarbakır kent nüfusu %30.3 oranında artış göstererek bu büyüme düzeyi %45.7 nüfus artış oranıyla ancak 1965-70 döneminde aşılacaktır. Bu trend bir sonraki dönemde düşecek 1970-75 döneminde %13.3'e inecektir. 1975-80 döneminde yeniden %38.9 gibi yüksek bir orana yükselecek ve 1975 yılından sonraki nüfus sayımı dönemlerinde ise ortalama bir değerle açıklanırsa % 26'ların altına inecektir.

1980 yılında %28'e yükselen kent nüfusu 1985 yılında % 22'ye düşmüştür. Bu oran 1990 yılında % 24 e yükselmiştir. 1997 yılına gelindiğinde kent nüfus artışında ciddi bir yükseliş görülür. Bu oran % 34'tür.

1997-2000 yılları arasında kent nüfusunda üç yıl içinde % 7.8 oranında bir artış görülür. Görüldüğü gibi 1990-97 yılları arasında Diyarbakır kent nüfusu diğer yıllarla kıyaslandığında önemli bir ölçüde artış göstermiş ancak 1997-2000 yılları arasında bu artış kent nüfusunda azalmaya dönüşmüştür. 2000 yılında Diyarbakır İl nüfusu ise 1.362.708 olarak açıklanmıştır.

2.3.2. Diyarbakır İlçelerinin Tarımsal Alanlara Göre Nüfus İstatistikleri

Tablo 2
Diyarbakır'da Alt Bölgelere Göre Temel Veriler

BÖLGELER:	I. Alt Bölge	II. Alt Bölge	III. Alt Bölge	IV. Alt Bölge	Toplam
İLÇELER :	Bismil	Hazro	Dicle	Çüngüş	
	Merkez	Kulp	Eğil	Çermik	
	Çınar	Lice	Hani	-	
	Silvan	-	Kocaköy	-	
	Ergani	-	-	-	
İlçe Sayısı	5	3	4	2	14
Köy Sayısı	501	130	92	113	836
Toplam Nüfus	1.048.632	68.565	101.509	66.671	1.285.377
Toplam Şehir Nüfusu	741.414	27.949	34.120	23.008	826.491
Toplam Kırsal Nüfusu	307.218	40.616	67.389	43.663	458.886
Toplam Alan	896.226	306.192	180.982	152.100	1.535.500
Nüfus Yoğunluğu Fert/km2	117	23	56	44	84
Toplam Ekili Alan (ha.)	579.589	84.724	65.866	68.575	798.754
Kişi Başına Tarım Yapılan Alan (ha.)	0,55	1,24	0,65	1,03	0,62
Kişi Başına Tahıl Üretim Miktarı (kg)	1 062	1 299	1 041	1 495	1 096

Kaynak : Diyarbakır Tarım İl Müdürlüğü, 1997.

Nüfus artış hızları bakımından Diyarbakır'da yıllara göre farklı sonuçlar çıkmaktadır. Bunun sebebi bölgede ve Diyarbakır'da meydana gelen nüfus hareketleridir 90-96 yıllarında bölgedeki terör ortamından kaynaklanan artış oranı ile 2000'li yıllardan sonra siyasi atmosferin yumuşaması ile kırsal bölgelerden kente göç eden insanların bir kısmının köylerine dönüş yaptıkları bilinmektedir. Bu şekilde kırsal yerleşmeler ile

Diyarbakır kenti arasında olan gidiş gelişler nüfus artış hızı konusunda bizlere güvenli bilgiler vermemektedir.

1955 nüfus sayımında İlin en büyük nüfusuna sahip ilçe merkezi olan Lice 1965 yılından beri yerini Bismil ilçesine bırakmıştır. 1997 nüfus sayımına göre en çok nüfus barındıran üç ilçe sırasıyla Bismil, Silvan ve Ergani'dir. En az nüfus barındıran ilçelerse sırasıyla Eğil, Çüngüş, Hazro, Kocaköy, Dicle'dir. Diyarbakır ili genel yerleşmesinin topoğrafik ve ekolojik iki özelliğinden söz edebiliriz. Bu yerleşim kuşaklarından biri Çüngüş, Çermik, Dicle, Hani, Lice, Kulp ve Hazro ilçelerinin yer aldığı anti-Toros eteklerindeki "Verimli Hilal"deki dağlık kesimi ve İl nüfusunun %'31'ini oluşturmaktadır. Bu kuşakta yer alan ilçelerin hepsinin nüfus kaybettiğini görmekteyiz. İkinci kuşağı ise Diyarbakır'ın kent merkezinin de içinde bulunduğu ova kesimi oluşturmaktadır. Bu kesimde Silvan, Bismil, Ergani, Çınar, Eğil ve Kocaköy ilçeleri yer almakta ve il nüfusunun %69'unu barındırmaktadır. Bu kuşakta yer alan ilçelerin nüfusu hızla artmaktadır. Örneğin Bismil'in nüfusu 1955'ten sonra on kattan fazla bir nüfus artış hızı gösterirken yine bu tarihlerde Silvan dokuz kat, Çınar yedi katlık bir nüfus artışı göstermiştir. Bu sonuçlar Diyarbakır'ın gelişimi ve nüfus birikiminin bundan sonrada ova kuşağında yoğunlaşacağını ortaya koymaktadır.

Ova kesiminde yer alan üç ilçe sıralanmaktadır. Bu ilçeler Bismil, Silvan ve Ergani'dir. 1955'e kadar en büyük nüfus birikimine sahip olan Lice'nin ise bugün en küçük bir-kaç ilçe içinde olduğu görülmektedir. Türkiye'de nüfus hareketlerinin büyük çoğunluğunun kırdan kente göç teşkil etmektedir.

Göç alan illerin tamamı, sosyo-ekonomik bakımdan gelişmiş bölgelerinde, göç veren illerin çoğu ise Doğu, Güneydoğu, İç Anadolu ve Karadeniz bölgelerinde bulunmaktadır. Diyarbakır ilinde ise Batıya göçün yanı sıra köyden kente göç çok olmuştur.

DİE 1975-1980 yılları için 1980, 1980-1985 yılları için 1985 ve 1985-1990 yılları için 1990 yılı nüfusu verilmiştir. 1990 yılı nüfusundan 0-4 yaş nüfusu çıkarılmıştır. Nüfus bilgileri ileriye dönük planlamaların en temel verisi olması bakımından buradaki sayımlar bile daha titiz bir şekilde yapılmalıdır ve bu bilgilerden hareketle geleceğe yönelik projeksiyonlar yapılmalıdır. Bütün gelişmiş ülkelerde olduğu gibi ülkemizde de sağlıklı bir toplumsal değişim dinamiğinin harekete geçirilmesi ve toplumsal refahın eşit bir şekilde dağıtılması gerekmektedir ve bunun için de istatistiki verilere önemle ihtiyaç vardır. Elde edilen verilerden hareketle öncelikli olarak yörede sağlıklı ve toplumun her kademesi tarafından anlaşılabilir bir nüfus planlaması gerektiği açıktır. Nüfusun artış hızına paralel eğitim olanakları sağlanmalı, gerekirse bu tür girişimler desteklenmelidir.

Diyabakır ilinin nüfus artış hızı aşağıdaki şekil'de de görüldüğü üzere Türkiye nüfus artış hızının ilerisinde kalmaktadır. Bu durumun nedenlerinin başında köyden kente yoğun göçün olmasıdır. Bu da ilin sosyo-ekoomik yapısının daha bilinçli bir şekilde ele alınmasını geerektirmektedir. Göçlerin tamamı sadece ekonomik nedenlerden kaynaklanmayıp, bunun yanında bölgedeki eğitim, sağlık, ulaşım gibi sosyal hizmetlerin yetersizliğide rol oynamıştır.

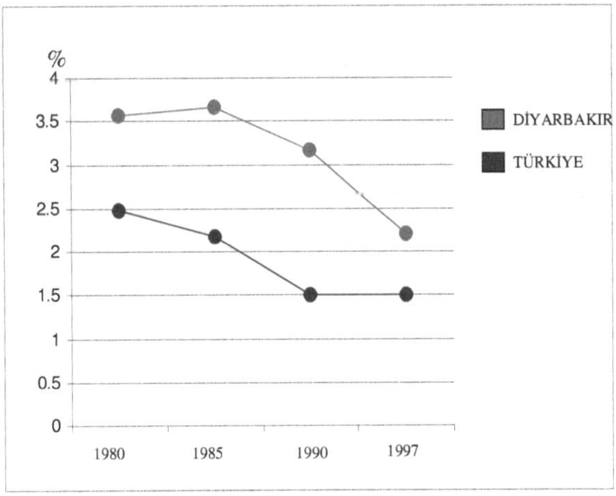

Şekil-1 Diyarbakır-Türkiye Nüfus Artış Hızının Karşılaştırılması

2.3.3. Diyarbakır'da İç Göç ve Sosyo-Ekonomik Etkileri

Esasında Türk tarihi boyunca önemli kitlesel göç hareketleri olmuştur. Neden ve sonuçları bakımından da tarihimizde zaman zaman önemli birer dönüm noktasını oluşturmuştur. Son yıllarda özellikle 1980'lerin ortalarından itibaren ülkemizin doğusunda yaşanan göç hareketinden dolayı, sosyo-ekonomik açıdan, başta Diyarbakır'da olmak üzere bir çok ilimiz üzerinde etkileri olmuştur. Bu nedenle Diyarbakır'da meydana gelen göç hareketini irdelerken biraz daha geniş açıdan değerlendirmek için göç hareketinin neden ve sonuçlarıyla birlikte ele alınacaktır.

Göç, kişinin, yeni koşullara daha iyi uyum sağlayabilmek amacıyla ya da doğal, ekonomik, siyasal v.b. zorunluluklar sonucunda, yaşadığı toplumu değiştirmesi olayına verilen genel addır[36]. Göç olayının temelinde bulunan ana faktör, insanların geçimlerini sağlamak için daha uygun yerlere gitmek ve burada iş bulmak, çeşitli imkanlardan faydalanmak ve yerleşmektir[37]. Bir başka ifadeyle göç, bir idari sınırı geçerek oturma yerini devamlı ya da uzun süreli olarak değiştirme olayını ifade etmektedir[38]. Ya da göç kişilerin gelecek yaşantılarının ya bir bölümünü yada tamamını geçirmek üzere bir yerleşim biriminden diğerine yerleşmek amacıyla yapmış oldukları coğrafi nitelikli yer değiştirme olayıdır[39]. Veya, göç, insanın içinde yaşadığı bir coğrafi ve sosyo-kültürel çevreden ayrılarak başka bir coğrafi ve sosyo-kültürel çevreye girmesidir[40].

2.3.3.1.Göçün Nedenleri

İnsanların doğdukları toprakları bırakıp yeni yerlere göç etmesinin temelinde yatan çok sayıda neden vardır. Genellikle bu nedenleri; Nüfus Problemleri, Ekonomik Problemler, Çevre Şartlarındaki Bozulmalar, Siyasi Problemler ve Savaşlar olarak sıralaya biliriz. Bu nedenlerin en önemlileri ekonomik ve siyasi problemlerdir. Gelir dağılımındaki dengesizlikler, işsizlik ve yoksulluk gibi ekonomik nedenlerle çok sayıda kişi yaşadığı alanları devamlı olarak terk etmektedir.

Türkiye'de iç göçler genellikle belli bir takım merkezlere yapılmaktadır. Daha çok kırsal yerleşmelerden kentlere doğru olan iç

---

[36] Göç Maddesi,**Ana Britanica Genel Kültür Ansiklopedisi,** Cilt 9, İstanbul, 1986, s.571.

[37] İbrahim Atalay. , **Türkiye Coğrafyası**, 4.Baskı, İzmir: Ege Üniversitesi Basımevi,1994, s.295.

[38] Nazmiye Özgüç, **Beşeri Coğrafya**, İstanbul,: Çantay Kitabevi, 1998. s.307.

[39] Gülsen Demir, **Göç Nedenleri ve Göçenlerin beklentilerindeki gerçekleşme durumu: Bolu İli Kıbrıscık İlçesi Örneği**,Toplum ve Göç Bildiriler Kitabı,DİE yayın No:2046, Ankara,1997. s.85.

[40] Esma Durugönül, **Sosyal Değişme, Göç ve Sosyal Hareketler**, Toplum ve Göç Bildiriler Kitabı,DİE yayın No:2046, Ankara,1997. s.95.

göçün hep aynı merkezlere yapılması, zamanla buralarda bir doygunluğa yol açmakta ve iç göç bu merkezlere yakın yerlere doğru kayma göstermektedir[41].

Bu çerçevede değerlendirdiğimizde 1960'larda ülke konjoktürüne paralel olarak başladığını daha sonraki yıllarda kan davaları, mirasla geçimini sağlayamayacak derecede küçülen mülkiyet ve nihayetinde 1980'lerde bölge genelinde baş gösteren olaylar kırsal alanlardan Diyarbakır il merkezine ve ülkenin batısına doğru hızlı bir göç serüveni başlamıştır.

Göç alan illerin tamamı, sosyo-ekonomik bakımdan gelişmiş bölgelerinde, göç veren illerin çoğu ise Doğu, Güneydoğu, İç Anadolu ve Karadeniz bölgelerinde bulunmaktadır. Diyarbakır ilinde ise Batıya göçün yanı sıra köyden kente göç çok olmuştur.

Şimdiye kadar Diyarbakır'a üç büyük kitlesel göç hareketi yapılmıştır. Bunlardan ilki, 363'te Roma İmparatoru Joviyanus Apustatulos'un Sasanilere yenilmesiyle yaşanan göç hareketidir. Savaş sonucunda Diyarbakır'ın güney ve doğu kesimi İranlı Mecusilerin(Ateşe tapanların) eline geçmişti. Mecusilerin hükümranlığını kabul etmeyen, Hıristiyan Nisbis(Nusaybin) halkı memleketlerini terk ederek, Diyarbakır'a göç etmiştir. O tarihte Diyarbakır nüfusu 60 bin iken zamanla 502 yılında 80 bine çıkmıştır[42].

Diyarbakır'a ikinci büyük kitlesel göç hareketi I.Dünya Savaşı sırasında 1916-17 tarihleri arasında olmuştur. Rus ordularının Muş, Van, Bitlis'i işgal etmeleri sonucu Rus ordusunda bulunan Ermeni kökenli subay

---

[41] Demir, s.85.
[42] Albert Gabriel, **Voyage Archeologyque dans la Turque Oriantal**, C.I, s. 87.

ve Erlerin zulmünden kaçanların Diyarbakır'a göç etmeleriyle büyük bir kaos yaşanmış ve yollarda vatandaşlarımızın %80'inin açlık, hastalık yüzünden yaşamını yitirmesiyle sonuçlanmıştır. Van eski Milletvekili İbrahim Arvas'ın aktarımına göre, Diyarbakır'a ulaşanlara her türlü yardımda bulunulmuş ve il halkı büyük bir misafirperverlikle ağırlamışlardır[43].

Üçüncü Göç hareketi ise, 1984-1996 yılları arasında kırsal kesimde yaşanan şiddet hareketleri yüzünden meydana gelmiştir. On yılı aşkın bir süre devam eden düşük yoğunluklu çatışmanın yarattığı tahribatlar köy boşaltmalar sonucunda Diyarbakır kırsalında yaşayan halkın kente göç etmesiyle sonuçlanmıştır. 1975-2000 yılları arasında Diyarbakır kırsalında yaşanan göç hareketi aşağıdaki Tablo'da yer almaktadır.

Tablo 3

Diyarbakır'da İçe Göç, Dışa Göç, Net Göç Nüfusları ve Bunlara İlişkin Oranlar

Yıl	İl Nüfusu	İçe Göç		Dışa Göç		Net Göç	Net Göç Hızı (%)
		Toplam göç içindeki payı (%)	**İl nüfusu içindeki payı** (%)	**Toplam göç içindeki payı** (%)	**İl nüfusu içindeki payı** (%)		
1975-1980	**643.619**	0.12	0.51	0.18	0.75	-15.795	-0.25
1980-1985	**774.782**	0.14	0.52	0.18	0.68	-12.550	-0.16
1985-1990	**921.096**	0.12	0.51	0.19	0.86	-32.212	-0.35
1990-2000	**1.362.708**	---	---	---	---	---	---

Kaynak: DİE, GAP İl İstatistikleri,1996-1998,Ankara,1999,s.71,72;DİE, Türkiye İstatistik Yıllığı, 2002, Ankara, 2003, s.90.

43 İbrahim Arvas, **Tarihi Hakikatler**, s.15,16.

Türkiye genelinde ise, iç göçün başlamasına etki etken temel faktörler; Nüfus artışı, Tarım tekniklerinin gelişmesi[44], Parçalanan Tarımsal Alanlar[45], Arazi kamulaştırma çalışmaları, Kalkınma projeleri [46], İmalat sektörünün gelişmesi, Ulaştırmanın gelişmesi [47], Huzursuz ortam[48] olarak sıralanabilir Bu konuda ayrıntılı bilgi için dipnotlardaki kaynaklara bakılabilir.

2.3.3.2.Göçün sonuçları

Göçün meydana getirdiği ve getireceği sosyo-ekonomik sonuçları vardır. Bu sonuçlar etkilerine göre aşağıda açıklanmıştır. Bu açıklamaları Türkiye baz alınarak yapılmıştır. Yani bu başlıkta Türkiye'deki göçün sonuçları incelenecektir.

2.3.3.2.1. Nüfus Yönünden

Yaşlı nüfus göçten etkileneceklerin başında gelmektedir. Bu nüfus, değişime hızlı bir biçimde ayak uyduramamaktadır. Bunlar göç kararına duygusal ve hatıralar penceresinden bakmaktadırlar. Hal böyle olunca göç fikrine yaşlı nüfus olumsuz bakmaktadır. Yaşlılar göçe iştirak etmemektedirler. Eğer baraj projeleri gibi nedenlerden ötürü göç etme durumuyla karşılaşırlarsa, yeni yerleşim yerlerine, fizik ve sosyal çevreye daha güç alışma ve uyum sorunları ortaya çıkmaktadır[49]. Özellikle kırsal kesimden göç edenler kent ve ilçe merkezlerinde yerinde üretim

---

[44] Demir, s.93.
[45] Atalay, s.296.
[46] Yıldız Ecevit, **Kalkınma Projelerinin Bir Sonucu Olarak Göç:Boyabat Barajı Örneği**, Toplum ve Göç Bildiriler Kitabı,DİE yayın No:2046, Ankara,1997. s.72.
[47] Aytül Kasapoğlu, Karayolları (Teknoloji) ve Çevre Etkileşimi: **Arazi Kullanımı Nüfus Haraketleri,** Toplum ve Göç Bildiriler Kitabı,DİE yayın No:2046, Ankara,1997. s.67.
[48] Mustafa Gündüz ve Nalan Yetim, **Terör ve Göç**, Toplum ve Göç Bildiriler Kitabı, DİE yayın No:2046, Ankara,1997.s.110.
[49] Ecevit, s.75.

geleneklerini devam ettirmeye çalışmaktadırlar. Bu durum ise kır ve kent kültürü arasında çatışma meydana getirmektedir. Yaşlıların göçten sonra etkilendikleri bir husus kırsal alandaki meşguliyetlerini kaybetmeleridir. Yeni yerleşim yerlerinde iş olarak nitelendirdikleri faaliyetlerde bulunamamaktadırlar.

Göç eden bireylerin, geldikleri yerlerle bağlantıları kesilmediğinden, göç edilen ve varılan yerlerin kültürlerini taşıyan, ara kültüre sahip bireyler oluşmaktadır. Böylece kentlerin nüfus potansiyelini oluşturan geniş kitlelerin sahip oldukları değerler kentlere yayılmaya başlamıştır. Sonuçta, kentler gün geçtikçe büyüyüp köyün değerlerini taşımakta iken, köylerde de nüfus azalarak kentin ve teknolojinin oluşturduğu gelişimlere açılmaktadır[50].

2.3.3.2.2. İstihdam Yönünden

Göç eden nüfusun en büyük problemi iş üzerinedir. Bu nüfusun eğitim düzeyi düşüktür. Sahip oldukları bilgi birikimi tarımsal yapıya uygun olduğu için, bunların kent ortamında kullanmalarına imkan bulamamaktadır. İlk aşamada vasıfsız işçi pozisyonunda işsiz olarak yeni yerleşim birimine gelmektedirler. Mersin ili için yapılan 424 göç eden kişi ile ilgili araştırmada; bireylerin %85'i ilkokul ve daha alt düzeyde eğitime sahiptir[51][22]. Bu araştırmada kente gelenlerin vasıfsız olduğu düşüncesi doğrulanmaktadır. Sermaye birikimiyle gelenler ticaret ile uğraşmaktadırlar. İşlerini büyütmek amacıyla göç edenler, küçük ve orta ölçekli işletmeler kurarak üretim faaliyetlerinde bulunmaktadırlar.

---

[50] Nurgün Oktik, , Köyün İticiliği- **Kentin Çekiciliği,** Toplum ve Göç Bildiriler Kitabı,DİE yayın No:2046, Ankara:1997, s.81.

[51] Gündüz ve Yetim, s.110.

KARTAL'ın (1992)[52] 405 göç eden hanehalkının toplam 2854 kişi üzerinde yaptığı çalışmada istihdam yapısı ortaya konulmuştur. Deneklerin tümü göz önüne alındığında %15.7'si devlet memuru, %41'i işçi ve %32.7'si serbest çalışmaktadır. Göç edenlerin istihdam yapısının ağırlığını işçi kesimi oluşturmaktadır.

2.3.3.2.3. Yaşam Kalitesi Yönünden

Göç kararının temelinde yatan düşünce yaşam kalitesinin arttırılmasıdır. Özellikle kıt doğal ve ekonomik kaynakların bölüşümündeki dengesizlikler insanları göçe itmektedir. Yeni yerleşim birimlerinde daha fazla elde edilmesi ümit edilen kaynaklarla göç edilen yere nazaran yaşam kalitesinin artacağı düşünülmektedir. Ancak gözardı edilen hususlar vardır. İlki kırsal bölgelerde ev için üretim yapılmaktadır. Göç sonucu daha önce kendilerinin ürettikleri malzemelerin dışarıdan satın alınması gerekmektedir. İkinci daha önce aile ekonomisi çerçevesinde üretici olan aile bireyleri, kentlerde tüketici durumunda olmaktadırlar. Böylece ailelerin geçimi daha da güçleşecektir. Üretime katkı sağlayan bireylerin, kent yaşamında üretime katkı sağlamaları zaman alacak ya da kısa vadeli çözümler ile katkı sağlanmaya çalışılacaktır. Yaşam kalitesinin göç üzerindeki etkisi bilinen bir gerçektir. Yaşam kalitesi yüksek olan kırsal kesimlerden göç olmamaktadır. Bu durum yapılan bir alan çalışmasında ortaya konulmuştur[53]. Çalışma Muğla'nın orman ve deniz kıyısındaki beş köyünde göç olgusu üzerine yapılmış ve araştırmanın yoğunlaştığı bu beş köyde yurtdışına işçi olarak kimsenin gitmediği tespit edilmiştir. Nedeni sorulduğunda alınan cevap bu köylerdeki yaşam şeklinin Almanya'dan daha iyi olduğu inancıdır. Ancak bu beş köyde göç olmamasının temel

---

52 Kemal Kartal, **Kentlileşme,** Ankara: Adım Yayıncılık, 1992, s.82.
53 Oktik, s.82-83.

nedeni ekonomik girdilerin Türkiye ortalamasından yüksek olmasıdır. Bu köylerin tümünde yol, su, yetersiz telefon santrali gibi problemler olmasına karşın köylerin tümünde yöre tüketimine, turizme ve sanayiye yönelik tarım yapılmakta olup bunun yanı sıra köylerin arıcılık, hayvancılık ve zeytincilikten elde ettikleri gelirler hem yüksektir, hem de köylüye bağımsız ve kaygısız hareket edebilme imkanı vermektedir. Bu ürünlerin aracı olmaksızın ya yöre pazarları aracılığı ile yada direk otellere satılması sonucu köylü kar mantığına dayalı olarak üretim yapmaktadır. Durum böyle olunca da haliyle kimse yurdundan kopmayacak doğup büyüdüğü ortamdan ayrılmak istemeyecektir.

2.3.3.2.4. Kentleşme Yönünden

Bugün sanayileşme süreci içersinde kabul edilen gerçek kentleşmenin bunun bir uzantısı olan göçün durdurulamayacağıdır. 1920'lerde ülke nüfusunun %90'ı kırsal kesimde yaşarken 1990'larda bu oran %50'ye düşmüştür. Kırsal kesimin ülke genelinde ulusal gelirdeki payı 1960 yılında %55.4 iken 1990 yılında bu oran yaklaşık %16 civarına düşmüştür[54]. Kentlerde yaşayan nüfus bakımından Dünyada 13.sırada bulunan Türkiye'de 1997 nüfus sayımına göre 62.8 milyon kişinin 40.6 milyonu kentlerde yaşamaktadır. Göçlerin bu hızla devam etmesi sonucu 2000'li yıllarda Türkiye nüfusunun %85'inin kentlerde yaşaması beklenmektedir.

Kentlerin hızlı bir biçimde büyümesi kentsel gelişmenin kontrol edilmesini zorlaştırmıştır. Kontrolsuz kentsel büyüme nedeniyle konut, su, kanalizasyon, ulaşım, okul ve sağlık hizmetlerinin sağlanması daha pahalı olmuştur. Büyük kentlerin ulaşım, konut, temiz içme suyu, kanalizasyon

---

[54] Ruşen KELEŞ, **Kentleşme Politikası**, İstanbul,:İmge Kitabevi, 1990, s.32.

sorunu ile karşı karşıya bulunduğu bir gerçektir. Kentlerin ısıtılmasında kullanılan yakıtlar ile ulaşım araçlarının havaya bıraktıkları atıklar ve sınai kuruluşlarının kentler içinde bulunması dolayısıyla ortaya çıkan atıklar kentlerin doğal çevresini bozan ve kentsel çevre kirlenmesini tahammül edilemez boyutlara ulaştıran faktörler olmuştur[55].

Özellikle düzensiz kentleşmeden ve göçlerden doğan sorunlar çok değişiktir. Aslında alt yapıdan genellikle yoksun olan kentlerin, hızlı bir nüfus artışı nedeniyle konut sağlama, temiz su ve sağlık hizmetleri, okul ve ulaşım, eğitilmiş personel, çöp ve enerji sorunlarını çözme bakımından ne kadar yetersiz kalacağını kestirmek zor değildir. Çünkü plansız yerleşim bölgelerini düzeltmek, ilkel yaşam koşullarını iyileştirmek çok güç olduğu gibi, kaybedilmiş sağlıklı bir çevreyi de özellikle fiziksel mekan olarak yeniden kazanma olanağı hemen hemen hiç yok gibidir[56]. Bu etkilerin ortadan kaldırılması için nüfus hareketlerine göre tedbirlerin alınması gereklidir. Bunun için göç olgusunun nedenlerinin kentler ve bölgeler açısından tesbit edilip yorumlanması gerekmektedir.

Özetle, hızlı kentleşmenin kentsel arazi üzerindeki etkileri bozucu ve yıpratıcı niteliktedir. Zamanla aşınma, yoğun ve hor kullanma, başıboş bırakma ve üzerine eğilmeme sonucu kentsel yerleşmeler engellenemez biçimde çürümekte, bozulma bireysel ilişkilere de yansımaktadır. Her ne kadar çürüme belli yörelerde gerçekleşiyor izlenimini verse bile, etkisinin kentin tümü üzerine yayılmakta olduğu yadsınamaz. İşte kentsel toprağın çevresel, sosyal ve ekonomik kalitelerinde hızla inişe geçiyor olması kent plancısına yeni baştan düzenleme ve onarma çabalarında, gelişmeleri ayrıntılarını anlama ve kavrama sorumluluğunu yüklüyor. Fiziksel

---

[55] Meral Dinçer, **Göç–Doğal Kaynaklar İlişkisine Çevre Güvenliği Açısından Bir Bakış**, Toplum ve Göç Bildiriler Kitabı,DİE yayın No:2046, Ankara,1997. S.101.
[56] Dinçer, s.103.

tasarlama ve yeniden yapılanma çalışmalarında bir yöredeki binaların, sokakların, kanalizasyon sisteminin düzeltilmesi, onarımı ya da yeni baştan yapılanmasından sorumlu planlamacının kenti tümüyle sağlıklı bir yapıya kavuşturabilmesinin araçlarından biri kentsel yenilemedir. Yenileme çabaları çerçevesinde planlamacının sorunu salt yöredeki çürümekte olan yapıların düzeltilip, onarımından ibaret değildir. Aynı derecede önemli olan, değer kaybına uğramış kentsel yörelerde toplumsal yozlaşmayla çürüme sonucu artan toplumsal sorunların önüne geçebilmektir[57]. Bu durumda göçün sebep olduğu çevresel ve toplumsal maliyeti göstermektedir. Bu maliyetin sonucu olarak, aslında, kentlerimiz birer şehirlileşemeyen şehirler haline gelmiştir.

2.4. Diyarbakır'da Kamu Harcamaları ve Altyapı

Modern ekonominin kurucusu olarak kabul edilen Adam Smith'ten bu yana, serbest piyasa ekonomisi, ekonomik başarı ve büyümenin en doğru aracı olarak kabul edilmektedir. Serbest piyasa ekonomisinde her şey piyasa tarafından belirlenmektedir. Özellikle devletin piyasaya hiçbir şekilde müdahele etmemesi gerekmektedir. Devlet ekonomiye müdahele ettiğinde, piyasa dengesi bozulacağından başarılı bir ekonomik büyüme sağlanamayacaktır[58]. A.Smith'in bu görüşlerini Friedman, Kuznets Lewis, Myrdal, Schultz gibi bir çok iktisatçıda desteklemektedir[59]. Bu iktisatçıların temel görüşleri devletin ekonomik hayattan tamamen çekilmesi ve piyasanın işlemesine hiçbir şekilde müdahele etmemesi noktasında yoğunlaşmaktadır. Ancak İkinci Dünya Savaşından sonra, özellikle az

---

[57] Esin Küntay, **Kentleşmenin Neden Olduğu Fiziksel ve Toplumsal Çürüme Karşısına Kentsel Yenileme Uygulamaları,** Toplum ve Göç Bildiriler Kitabı,DİE yayın No:2046, Ankara:1997. s.131.

[58] Vural Fuat Savaş, **İktisatın Tarihi** , 3.Baskı, Ankara : Siyasal Kitabevi Yay., 1999, s. 267-273.

[59] Savaş, s. 642,838,956,836,838.

gelişmiş ve gelişmekte olan ülkelerde devletin ekonomik faaliyetleri ve özel sektör için düzenleyici rolünün giderek artmaya başladığı görülmüştür[60]. Gerçektende İkinci Dünya Savaşından sonra, ekonomik ve siyasi yapısı ne olursa olsun, hizmetler merkez ve yerel yönetim kuruluşları arasında nasıl bölünmüş olursa olsun, kamu gelir ve giderlerinin artışıyla devletin ekonomiye müdahelesi gittikçe artma eğilimindedir. Alman Ekonomist Adolph Wagner, kamu harcamalarında sürekli bir artış olduğunu, çeşitli ülkelerde XIX.yy.'da yaptığı incelemeler sonucunda ortaya çıkarmıştır. Wagner, devletin ekonomik ve sosyal yapı içerisindeki rolünde ortaya çıkan değişmelere bağlamıştır. Peacock ve Wiseman, İngiltere'de kamu harcamalarının sıçrama yaptığını bunalım sonrası dönemde de eski düzeyine inmediğini belirlemiştir[61]. Ülkemizde de son zamanlarda ortaya çıkan olağanüstü gelişmelerden (Ağustos depremi) dolayı ek geçici vergiler çıkartılmış ancak bu vergilerin çoğu kalıcı hale getirilmiştir. Devletin ekonomiye müdahelesiyle birlikte gider artmakta ve bu giderlerin finansmanı için vergilerin artırılması gerekmektedir. Kamu giderlerinin artış nedenleri üzerinde detaya inmeyeceğiz ancak, ileriki çalışmamızın daha iyi kavranması bakımından ana hatlarına değinmekte fayda vardır. Öncelikle kamu giderlerindeki artış ülkelere ve sahip olduğu şartlara göre farklı bir seyir göstermekle beraber, giderlerde ortaya çıkan artışlar ve azalışlar kısmen görünüşte ve kısmen de gerçek artış nedenlerden kaynaklanmaktadır.

Kamu giderlerindeki görünüşte artış nedenlerini; para ekonomisinin yaygınlaşması, bütçe usullerinin değişmesi, para değerinin değişmesi ve

---

[60] Daniel Landau, "*Government Expenditure And Economic Growth, :A Cross-Country Study*", **Southeren Economic Journal**, 49: 1987, s.35.
[61] Richard R. Musgrave- Peggy B. Musgrave, **Public Finance in Theory and Practice,** Second Edition, Tokyo: Kosaido Printing, 1976, s. 7.

ülke sınırlarının ve nüfusun büyümesi olarak gösterilmektedir.

Kamu giderlerinin gerçek artış nedenlerini ise, Ekonomik, Teknolojik, Sosyal ve Askeri ve Siyasi nedenler olarak gösterilebilir[62].

Özetle gerçek artış nedenlerine baktığımızda; zamanla ortaya çıkan krizler, ekonomik dengeyi bozan iç ve dış baskılar, rekabete karşı ayakta durma ve gelişme için yeni teknoloji girdilerin kullanım gerekliliği ve devlet bekasına saldırı ihtimaline karşı savunma giderlerindeki artışları finanse etme gibi nedenler göze çarpmaktadır. Sosyal nedenler olarak ta toplumun belirli bir eğitim seviyesine kavuşturulması, kimsesiz, düşkünlere ve yaşlılara yönelik sosyal tesisler toplumun hzur ve refah içinde eşit ve dengeli bir kalkınmanın sağlanması için kamu harcamalarında artışlar olmaktadır.

Ülkemizde de planlı dönemden önceki devrede, özellikle 1950-58 dönemi ekonomik yönden bir çok gerçeklerin tecrübe yoluyla öğrenilmesine fırsat veren bir dönem oldu. Bu dönemden edinilen en büyük ders devletin ekonomik hayata mutlaka bilinçli ve uyanık bir tarzda müdahele etmesinin gerektiği idi[63]. 1960'ı izleyen yıllarda özellikle 1950-60 dönemine tepki olarak gelen hükümetler ekonomik gelişmeye Beş Yıllık Kalkınma Planlarıyla yön vermeyi benimsediler.

İlk Beş Yıllık Kalkınma Planı'nda bölgeler arasındaki gelişmişlik farkını azaltmaya dönük politikalar yer almaktadır.[64] Gerçi alınacak tedbirleri sıralarken şartlı cümleler kullanılmıştır. "Hedef yıllık %7'lik büyümeyi sağlamaktır...Dolayısıyla büyüme hızına olumsuz etkisi olmadığı

---

[62] Abdurrahman Akdoğan, **Kamu Maliyesi**, Ankara: GÜ, İİBF, No: 67,34, 1985, s. 63, 64.

[63] Vural Fuat Savaş, **Türkiye Ekonomisi (Makro Analiz)**, Bursa: BİTİA Yay., 1971, s.7.

[64] DPT, **Kalkınma Planı Birinci Beş Yıl**, s. 471-476.

takdirde, ekonomik yatırımlar öncelikle geri kalmış bölgelere yapılacaktır[65]." Sonraki dönmelerde yapılan plan ve programların niteliği nisbeten değişmekle birlikte fazlada bir fark olmamıştır.

2.4.1. Bölgede Kullandırılan Kamu Yatırımlarının Sektörel Dağılımı ve Bölge Kalkınmasına Etkisi

Diyarbakır'ın kalkınma sorununu biraz daha yakından kavrayabilmek için, kaynakların kullanılma biçimini, daha doğrusu sektörlere göre dağılımını bilmek önem kazanmaktadır.

Çünkü, tanım olarak kalkınma süreci, geniş anlamda toplumsal yapıyı pozitif dönüştürmekte, dar anlamda ise aralarındaki organik bütünlüğün gelişmesini gözeterek, sektörlerin genişlemesine zemin hazırlamaktadır. Bu iki tanımın kantitatif (ölçülebilen) sonucu ise her türlü gelişme sağlanarak, artan tüm hasıla içerisinde, sınai katma değerin arttırılması biçiminde belirmektedir. Düne kadar, ileri ölçüdeki kalkınmışlık tanımı, sanayileşme içerisindeki yatırım malları payları ile de ölçülebilmekteydi. Bir toplum, makina üreten makinalara sahip olduğunda, kalkınmayı başarmış sayılmaktaydı..

Günümüzde gelinen aşama, gerisindeki tüm sistemleri de değiştirip, geliştirebilen "jenerik teknolojiler"le belirlenmektedir. Bu döneme, mikroelektronik, biyoteknolojik süreç, damgasını vurmaktadır. Bu nedenle niteliksel dönüşümü hızlandıracak araçların (kaynakların), ne yönde kullanılması gerektiğini bilmek önemlidir.

Toplumsal dönüşümün, ne kadarlık bir süre içerisinde ve hangi sektör araçlarıyla sağlanabileceğinin önceden tahmin edilebilmesi, stratejik

---

[65] DPT, I. BYKP, s. 471.

planlarla mümkün olabilmektedir. Bugünkü sonuca baktığımızda, Diyarbakır'ın kalkınamamasını veri aldığımızda, sözü edilen bu stratejik planın ya yapılmadığı, yada plan amaçları ile Diyarbakır'ın kendine has şartlarının uyuşmadığı sonucu çıkmaktadır. Diyarbakır'ın coğrafyası, ekolojisi, teknik altyapısı (ulaşım, haberleşme, elektrik enerjisi, içme ve kullanma suyu, kanalizasyon), sosyal altyapısı (konut, eğitim ve sağlık) imkanları, sermaye birikimi gücü (toplam tasarruf, üretken sektörler, madencilik, tarım, sanayi düzeyi) ve üretken birimlerin işbirliği (birlikte davranma, kooperatif veya birlik kurabilme, iş organizasyonu) yeteneği gibi sosyo-ekonomik değişkenler, gelişmeyi etkiledikleri oranlarda, sektör yatırım payını da belirlemektedir. Tüm bu değişilenlerin ortak bileşkesi, Çevre'nin destek gücüdür. 'Çevrenin destek gücü', öylesine bir 'ödenmeyen üretim faktörü'dür ki, genel ortamın sağladığı avantajların tümüdür. Üretken birimlerin iç kalitesini (verimliliğini) arttıran, yöre içerisindeki dışsal ekonomi olarak görülmesi de doğrudur.. Kısacası, 'çevrenin destek gücü', yatırımcıya sunulabilecek potansiyel hizmetlerin bütünü, ortamın kalitesidir. Hammadde, yarımamül ve kalifiye eleman temini, pazara yakınlık ve bilgi (teknoloji), sermaye bulunmasındaki kolaylıklar ile talebin gücü ve talep tercihlerindeki genişlik, bu yöndeki avantalardan, birkaçıdır. Çevrenin destek gücü'nü artıracak ve yukarıda belirlenen şekilde iyileşme öneren, uzun vadeli çerçeve planlarının, stratejik planların önemi bulunmaktadır.

2.4.2. Diyarbakır'a Yapılan Kamu Yatırım Harcamaları

1963 yılında Kalkınma Planları ile birlikte Bakanlar Kurulu Kararıyla 'Kalkınmada Öncelikli Yöreler' (KÖY) belirlenmeye başlamıştır. Diyarbakır'da 1968'den itibaren bu kapsamdaki iller arasında yerini almıştır. Aşağıdaki Tablo'da KÖY kapsamına alınan illere, 1963'ten

1993'e kadar, yapılan kamu yatırım harcamamalarının oranı yer almaktadır.

Tablo 4

Kalkınma Planı Döneminde Köy'lere Ayrılan Kamu Yatırım Kaynakları (1963-1993)

Kalkınma Planı Dönemi	KÖY'deki İl Sayısı	KÖY'lerin (%) Nüfus Payları (1)	KÖY'lerin (%) Kamu Yatırımları (2)	Gerçekleşen (2/1*100) (%)
I.BYKP (1963-67)	22	24	23.4	97.50
II.BYKP (1968-72)	33	36.9	21.7	58.81
III.BYKP (1973-77)	41	42.4	32.7	77.12
IV.BYKP (1978-81)	40	40.9	33.2	81.17
I.BYKP (1984-89)	25	28.1	25.7	91.46
1983-1993	21	14.5	7.5	51.72

Kaynak: Cemil KUTBAY, DPT, Kamu Yatırımları'nın KÖY'ler itibariyle Dağılımı, Ankara, 1994; Aktaran:Ö. Vehbi Hatipoğlu, Güneydoğu Sorunu-Ekonomik Boyut, Tema Yayınları,Ankara, 1998.,s.38,39.

1963 yılında planlı dönemde kamu yatırımlarının, KÖY'lere ayrılan bölümüne bakıldığında, nüfus paylarının altında bir tahsisin gerçekleştiği, kalkınma için aktarılması gereken miktarın ayrılmadığı görülmektedir. Tablo'da kamu yatırımlarının nüfus oranına bölünmesi ile hesaplanan değerler, nüfusun ihtiyacı olan yatırımın yapılmadığı göstermektedir. Özellikle II.BYKP döneminde %58.8'lik bir talep karşılanabilmiş ve %41.2'lik kısmı ise karşılanmamıştır. Keza 1983-93 yılları arasında yapılması gereken yatırımların ancak yarısı (%51.72) gerçekleştirilmiştir. Ülke nüfusnun/toplam kamu harcama miktarı 100'e endekslendiğinde; 1963'ten 1993'e kadar KÖY'lere yapılan harcama miktarı 76.29'dur. Yani ülke genel ortalamasının %23.7'lik pay kalkınmış illere gitmiştir. %76.29'luk yatırım payı ise üretim ve istihdama katkı sağlayacak imalat sanayine değil de daha çok enerji sektörüne yapılması, bölgenin Türkiye ortalamasının çok altında kalmasında büyük payı olduğu bir gerçektir.

1963-1981 arasında KÖY'lerin payına düşen toplam yatırım miktarının, %24.5' enerji'ye, %16.7'si imalat için harcanmışken KÖY dışındaki illere ise %15.5'i enerji'ye, %34'ünü ise imalat için harcanmıştır. Dolayısıyla kendi iç dinamikleri ile istihdam ve üretimi gerçekleştiremeyen bölgeye, planlı dönemde de istihdam sağlayıcı ve bölgesel kaynakları verimli bir biçimde kullanan akılcı yerinde yatırımlar yapılamamıştır. Aralarında 1973-2002 yatırım projelerininde bulunduğu değişik dönemlere ait Diyarbakır'a yapılan kamu yatırım harcamalarının sektörel dağılımı aşağıdaki Tablo'da yer almaktadır.

Tablo 5
Diyarbakır'da Kamu Yatırımlarının Sektörel Dağılım Oranı ve Türkiye Karşılaştırması (%)

Yıl	1998	1999	2000	2001	2002	2003	6 Yılın Ortalamsı
Türkiye Oranı	---	1.21	1.10	0.67	0.76	0.99	0.94
Tarım	13.22	9.75	10.79	20.01	15.69	21.47	15.15
Madencilik	0	0.00	0.00	0.00	0.00	0.00	0.00
İmalat	1.78	1.87	2.67	1.05	0.68	0.23	1.38
Enerji	34.07	9.82	15.58	7.25	2.76	0.04	11.59
Haberleşme	0.05	0.12	1.91	0.03	0.05	0.00	0.36
Turizm	0	0.00	0.00	0.00	0.00	0.00	0.00
Konut	0.15	0.04	0.04	0.00	0.00	0.00	0.04
Eğitim	2.75	2.89	4.28	10.11	6.21	6.07	5.38
Sağlık	4.22	5.92	7.45	10.48	8.36	5.78	7.03
Hizmetleri	43.76	69.60	57.28	51.07	66.26	66.42	59.06
Toplam	100	100	100	100	100	100	100

Kaynak:DPT,Yatırımların İllere Göre Sektörel Dağılımı, http://ekutup.dpt.gov.tr/yatirim/il/ (Erişim: 03.01.2004)

Tablo'da görüldüğü gibi Diyarbakır'da yatırımların 1998'de %34'ü enerji sektörüne yapılmışken, imalat için ayrılan pay %1.7'de kalmıştır. İl'e yapılan toplam yatırım miktarının %43.7'lik pay ise, marjinal geri dönüşüm oranı düşük olan diğer sektörlere yapılmıştır. 1998 yılı henüz Kral kızı barajının inşasının bitmediği yıldır. 2000 yılına kadar yapılan kamu yatırımlarının baraj yapımına harcandığı ve bu barajlardan yöre çiftçisinin arazilerini sulmaları için değil kanaletleri yapmak yıllarca Diyarbakır şehir merkezine su bile getirilememiştir. Su sıkıntısı ancak 2000'li yılların başında giderilebilmiştir.

1999'da 2003 yılına kadar, Ülke nüfusunun yaklaşık olarak %2'i oranını oluşturan Diyarbakır'a yapılan kamu yatırım oranı %1'dir.

Planlı dönemin başlama tarihi olan, 1963 yılı ile birlikte başlanan beşer yıllık kalkınma planları dönemi bölge illeri için sektörel tercih faktörünü ortaya sermiştir. Diyarbakır'a yapılan kamu yatırımlarının, III.BYKP'ı döneminde %38'i, IV.BYKP'ı döneminde %50'si, V.BYKP'ı döneminde ise %69.7'si enerji sektöründe yoğunluk kazanmıştır. Aynı dönemlerde, Diyarbakır için imalat sanayine ayrılan pay ancak %2.7'dir[66]. Yapılan bu yatırımlar bölgenin faydalanılmasından çok, bölge dışına fayda sağlamaktadır. Yıllardır yapılagelen barajlarda bu çerçevede değerlendirmek gerekir. Çünkü sadece elektrik enerjisinin üretim ayağıyla ilgilenilmektedir. Yıllardır yapılmayan su kanalları yüzünden, barajlardan tarım arazilerinin sulanmasında kullanılmamaktadır. Ülke genelinde kullanılabilir türden olan elektrik üretimi ,bölgede tüketilmemekte hatta kişi başına elektrik tüketimi Türkiye ortalamasının çok altında kalmaktadır.

Tablo 6

Diyarbakır'da Kullanım Yerlerine Göre Elektrik Tüketimi ve Türkiye'deki Payı
(%)

Yıl	Sanayi	Mesken	Ticaret	Resmi Daire	Diğer	D.Bakır Tüketim MWh	Türkiye Tüketimi	Türkiye Tüketimindeki Payı
1983	14.9	40.2	8.7	16.7	19.5	143.251	24.168.774	0.6
1985	32	30.7	6.2	14.2	16.9	215.053	29.301.364	0.7
1990	41	30.3	6.8	10.5	11.4	285.315	46.820.044	0.6
1995	23.1	31.9	5.7	11.4	27.9	438.955	62.762.932	0.7

Kaynak: DİE, 1950-1996: GAP İl İstatistikleri, Ankara,1997,s.592.

Oysa Nüfus bakımından, Diyarbakır'ın Türkiye'ye oranı aynı dönemlerde %1.9'dur. Dolayısıyla bölgede tekrar üretime dönüşecek yatırımlardan yararlanamamaktadır. Birçok araştırma göstermektedir ki;

[66] Rıfat Dağ, **1997 : Sayılarla Diyarbakır**, Diyarbakır DTSO Yay., 1998, s.7-8.

Diyarbakır'a yapılan yatırımlara bakıldığında, ağırlığın enerji sektöründe olduğu görülür. Enerji sektörü ağırlıklı yatırımlarda da temel özellik, yatırımın yapıldığı yerden çok, ülkenin toplam üretim ve arz gücünü arttırıcı niteliktedir. Sektörel bazda ise enerji amaçlı inşaatın yapımı esnasında oluşan işgücü hareketliliği de inşaatın bitimiyle birlikte yerini durgunluğa bırakmaktadır. Kalkınma dinamikleri açısından sonuç ortadadır. Ülke gelişiminin tümünü kucaklayacak, ilin girdisine de çok fazla bir şeyler katmayacağı ortada olan enerjiye ayrılan kaynak %70. Oysa asıl kankınmayı gösterecek imalat sanayine ayrılan pay ise %3'lerdedir.

Türkiye genel ortalamasına göre kendi payına düşen kamu yatırım harcamalarından bu şekilde mahrum kalması, mülkiyet yapısındaki adaletsizlik, alt yapı eksikliği, kalifiye eleman yokluğu, eğitimsizlik, tarihi ve coğrafi şartlardan kaynaklanan olumsuzluklar, ulaşım yetersizliği v.b.. gibi olumsuzluklar yanında bir de sık sık baş gösteren yasadışı olaylarda eklenince, tüm bunlar doğu bölgemizin istikrarsızlığına ve bir parçası olan Diyarbakır İli'nin geri kalmasına temel etkenler olmuştur.

Yatırımlar bu şekilde az ve ihtiyaç duyulan alanlara yapılmayınca Türkiye geneline göre, Diyarbakır'da kişi başına üretimde cılız kalmakta gelir dağılımındaki adaletsizlikte devam etmekte ve kalkınmışlık-gelişmişlik bakımından alta ve daha da alt sıralamalara doğru inmektedir.

2.4.3. Diyarbakır'da Kişi Başına GSYİH ve İller Arasında Gelişmişlik Durumu

Refah düzeyini gösteren ana belirleyici değişken, elbetteki, tüketim miktarı ve onu doğuran gelir yapısıdır. Bu iki göstergenin belki birey bazında bir anlamı ya da yeterliliği vardır. Ancak, bir topluluğun, daha geniş bir nüfus kesiminin gelişmişlik düzeyi, salt gelir ya da tüketim miktarı ile ölçülmemekte, toplumun yaşamdaki yönelimlerini, renkliliğini betimleyen, daha farklı göstergelere ve bu göstergelerin düzeyine başvurulmaktadır. Örnek vermek gerekirse, doktor başına hasta sayısı, okullaşma oranı, il nüfusuna göre yüksekokul mezunu, istihdam, şehirleşme oranı, tarımsal krediler, 100 km^2'ye düşen asfalt yol uzunluğu, nüfus başına katma değer payı, nüfus başına ileri sanayi (yatırım malı) katma değer payı gibi farklı sektör olanakları dikkate alınmaktadır.

Gelir düzeyi hesaplamalarında, ölçülebilen herhangi bir birimle açıklanmamakta, ancak bir ana bileşene göre belirlenen endeksle, yöreler yada toplum kesimleri birbirleriyle karşılaştırılmaktadır. Puanlamada bir görelilik esastır. İller-yerleşmeler, birbirleriyle oranlarla karşılaştırılmaktadır. Diyelim ki (A) yerleşmesindeki gelişme 100 ise, (B) buna göre 70 olabilmektedir. Ancak, farklı sektörler kendi grupları içerisinde, aynı standart birimle ölçülebilmektedir. Nüfus niteliği, istihdam, eğitim, sağlık, üretken sektörler, mali yapı, fiziksel altyapılarla diğer ölçülebilen refah göstergeleri, kendi grupları içinde, ölçülmektedir.

Türkiye'deki araştırıcıların pek alışkın olmadığı bir diğer refah ölçütü de toplumun sivil sosyal kurumlaşmasını gösteren değerlerdir. Çağdaş toplumlar, bir kesimin gelişmişlik düzeyinin belirlenmesinde, sosyal kurumlaşmanın, birey ve toplumun kararlara katı labilme, politikaları yönlendirebilme yeteneklerinin de önemli olduğunu düşünmektedirler.

Tablo 7

Türkiye Genel Ortalaması ve Diyarbakır İli Kişi Başına GSYİH (1987 Fiyatlarıyla TL)

Yıl	Türkiye Ortalaması	Diyarbakır	Endeks	Diyarbakır
1987	1.421.616	940.228	100	66.14
1988	1.420.590	1.095.547	100	77.12
1989	1.393.577	941.281	100	67.54
1990	1.487.082	1.029.661	100	69.24
1991	1.472.000	1.033.698	100	70.22
1992	1.530.808	1.051.256	100	68.67
1993	1.623.613	1.074.895	100	66.20
1994	1.507.540	931.401	100	61.78
1995	1.587.954	923.766	100	58.17
1996	1.670.656	917.185	100	54.90
Kişi Başına GSYİH'de Diyarbakır'ın İller sıralamasındaki Yeri:				**51***

Kaynak: DİE, http://www.dpt.gov.tr/dptweb/esg/esgx.html
Ekonomik ve Sosyal Göstergeler,(1950-1998), (Erişim:16,02,2002)
*DİE verilerine göre;1996 yılı değerleriyle Diyarbakır İli, diğer İllere göre kişi başına GSYİH'de 51.Sırada yer almaktadır.

Yukardaki Tablo'da kişi başına düşen Gayrı Safi Yurtiçi Hasıla'da Türkiye genel ortalaması ile Diyarbakır karşılaştırması görülmektedir. İller arasında 51.sırada yer alan Diyarbakır 1987'den 1996'ya kadar belli bir oranda sürekli düşüş yaşamıştır. Kişi başına GSYİH'nin hesaplandığı yıl olan 1987'de Türkiye endeksi 100 iken İlde bu oran 66.14'te kalmaktadır. Yani Türkiye ortalamasının -33.86'dır. 1996'da ise -45.1 olmuştur. Bu fark Kalkınma Planlarında bölgesel dengesizliklerin giderilmesi gelir dağılımındaki adaletsizliği giderecek politikalar üretilmesine çalışıldığı söylemlerinin pekte işe yaramadığının açık bir göstergesidir.

Örneğin VII.BYKP'ında; ülke bütününde yaralan her bölgenin farklı imkanlara, özelliklere ve sorunlara sahip olduğunu vurgulanmakta ve sektörel tercihlerle mekansal analizin birlikte ele alınacağı yeni bir planlama yaklaşımını zorunlu kıldığı ifade edilmiştir. Bu çerçevede, bölgesel gelişme çalışmalarından, bölgelerarası gelişmişlik farklarının azaltılması, geri kalmış bölgelerde yaşayan nüfusun refah düzeylerinin yükseltilmesi, göç eğilimlerinin istikrarlı bir dinamiğe kavuşturulması hedeflerine ulaşılmak istendiği yer almaktadır. Tüm bunların sadece teoride ve istekte kaldığı bir gerçektir. Sadece Diyarbakır ili değil, ülkenin batı kesimindeki bazı şehirlerde de aynı gelir dağılımındaki eşitsizlikten ve bölgesel gelişmedeki dengesizlikten payını almıştır. Ülke genelinin altında GSYİH'ye sahip olan Diyarbakır Kalkınma Planın başlangıcından 2000'e kadar daha da düşmüş ve sosyo-ekonomik bakımından da gerilemeye ve alt sıralarda yerini almaya devam etmiştir. Bir ülkede, ekonomik gelişmenin bölgeler arasında dengeli bir şekilde dağılımını sağlayacak politikaların izlenebilmesi için yapılması gereken planlama bölgeleri ayırımında 3 çeşit bölge kavramı söz konusudur. Bunlar; Homojen Alan, Polarize Bölge ve Plan Bölge'dir[67]. Bunlardan ilki olan Homojen alan bir ülkedeki çeşitli bölgelerin gelişmişlik düzeyi yönünden birbirinden ayrılmasıdır. Uygulamada bir ülkedeki çeşitli yerleşim merkezlerini birbirleriyle karşılaştırarak homojen alan tespit edebilmek için bir takım homojenlik kriterler kullanılmaktadır. Bu kriterler arasında, kentleşme oranı, eğitim düzeyi, işsizlik durumu vb. düzeyler gözönüne alınarak tespit edilmektedir. Ülkemizde, 1970'lere girilirken DPT tarafından yapılan 'etüt' yapma amacına yönelik olarak saptanan 19 homojen bölge ayırımında, Diyarbakır ili 19. bölgede, yani son bölgedeki iller arasında olduğu saptanmıştır[68]. Türkiye'de ilk sosyo-ekonomik gelişme hakkında sistematik belirleme,

[67] *Homojen Alan*; bir ülkede bölgelerarası gelişmişlik farkının azaltılması politikasına başlanırken başvurulan bir bölgesel ayırım tipi, *Polarize Bölge*; bölgelerarasındaki sosyo-ekonomik gelişmişlik farkının boyutlarının ne olduğunu ortaya koymasını sağlamaya yarayan bir bölgesel ayırım tipi, *Plan Bölge* ise, bölge planının uygulandığı alanlar bütünüdür (Dinler, 2001, s. 77,61,87).
[68] Dinler, s.79,80.

1973 yılında DİE tarafından gerçekleştirilmiştir. Daha sonra DPT tarafından 1985'te bir araştırma gerçekleştirilmiştir. 1995'da ise Türkiye'deki 852 ilçe'yi kapsayacak şekilde bir araştırma gerçekleştirilmiştir. Bu araştırma sonuçlarına göre Diyarbakır'ın Sosyo-ekonmik gelişme sıralamasındaki yeri aşağıdaki Tablo'da yer almaktadır.

Tablo 8

Diyarbakır'ın İller Arasında Sosyo-ekonomik gelişmişlik Sıralamasındaki Yeri

Yıl	Diyarbakır'ın Tüm İller Sıralamasındaki Yeri
1973	26
1985	49
1995	62*
1996	57

Kaynak: DİE, Türkiye'de Toplumsal ve Ekonomik Gelişmenin 50 Yılı, Ankara, 1973; DPT, İl ve İlçelerin Gelişmişlik Düzeyleri, Ankara, 1985; DPT, İlçelerin Sosyo-Ekonomik Gelişmişlik Sıralaması Araştırması'nda Merkez İlçelerin Sıralamadaki Yerleri, Ankara, 1995; Dinler, 2001, s.274.
*Diyarbakır Merkez İlçe'nin 852 İlçe arasındaki gelişmişlik sıralamasıdır.

Görüldüğü gibi 1973'te 26.sırada yer alırken, KÖY kapsamında alınan önlemler sonucunda gelinen nokta 62.sıra. Türkiye geneline göre, gelir dağılımının eşitsizliğine'de maruz kalmıştır. Türkiye ekonomisi geliştikçe gelirden aldığı oran ortalama olarak daha da azalmıştır. Esasında, ekonomik büyüme ile gelir dağılımı arasındaki ilişkinin karşılıklı olduğunu savunan görüşler de mevcuttur. Örneğin, Alesina-Perotti'ye göre, gelir dağılımı ile ekonomik büyüme arasındaki ilişkiyi bağlantılı hale getiren temel faktör, politik istikrarsızlıktır.

Gelir dağılımı adaletsizliği, politik istikrarsızlık sonucu gelişen bir ekonomik olgudur. Gelir dağılımı adaletsizliği, sosyal huzursuzlukların kaynağını oluşturarak toplum kesimlerinin fakirleşmesine neden olmaktadır. Toplum kesimlerinin giderek fakirleşmesi ise mal ve hizmetlere olan talebi azaltarak, yatırım seviyesini olumsuz yönde etkilemektedir[69]. Perotti'nin görüşünde, gelir dağılımı adaletsizliği ile sermaye birikimi arasındaki ilişki, politik istikrarsızlığa dayalı olarak açıklanmaktadır.

[69] Alesina Albertto and Perotti Roberto, *"Income Distribution, Political İnstability and Investment"*, **European Economic Rewiev**, Vol:40, 1996, pp.1203-1228.

Tablo 9

İktisadi Faaliyet Kollarına Göre Nüfus

Yıl:		**1965***	**1980**	**1985**	**1990**
Genel Toplam		194.859	270.211	326.498	365.007
Ziraat, Avcılık, Ormancılık ve Balıkçılık	Toplam		194.232	233.029	251.715
	%	77.4	71,88	71,37	68,96
Madencilik ve Taşocakçılığı	Toplam		1.003	503	354
	%	0.3	0,37	0,15	0,10
İmalat Sanayii	Toplam		8.015	8.227	11.301
	%	2.7	2,97	2,53	3,10
İnşaat	Toplam		11.526	12.353	15.198
	%	2.3	4.,27	3,78	4,16
Elektrik,Gaz ve Su	Toplam		161	512	1,051
	%	0.1	0,06	0,16	0,29
Toptan ve Parekende Ticaret, Lokanta ve Oteller**	Toplam		11.971	15.872	18.805
	%	2.3	4,43	4,86	5,15
Ulaştırma,Haberleşme ve Depolama	Toplam		5.119	6.025	7.853
	%	1.4	1,89	1,85	2,15
Diğer	Toplam		38.154	49.957	58.730
	%	13.5	14,3	15,30	16,10

Kaynak: DİE, GAP İl İstatistikleri, 1950-1996, Ankara,1997, s.5-7.
*Faal nüfus olarak 1965'te 15 ve daha yukarı, 1985 ve sonrası 12 ve daha yukarı yaşlar alınmıştır.
**1975 yılı sayımında ayrı ayrı verilen "Ticaret, Lokanta, Otel" ile "Mali Kurumlar vb." değerler, 1965 verilerinde birleştirilmiştir.

Yinede bölgede istikrarın sağlandığı 1990'ların sonlarından itibaren yeterli bir kamu harcamasınında yapılmadığı bir gerçektir. İktisaden faal nüfusuna bakıldığında yıllara göre sürekli büyük bir artış kaydettiği görülmektedir. 1965'ten 1990 yılına kadar, iktisaden faal nüfusun artış oranı %53.38 olmuştur. Ancak sektörel dağılımına bakıldığında, 1965'te faal nüfusun %77'si katma değeri çok düşük olan tarım sektöründe istihdam edildiği görülmektedir. 1990'a gelindiğinde bu oranın fazla da değişmediği ve %68.9'da kaldığı görülmektedir. Gerçekten de ülkemizde tarım sektöründe çalışan başına düşen katma değer gelişmiş ülkelere göre çok düşük kalmaktadır. 2000 yılı VIII.BYKP'ında yer alan bilgilere göre ABD'de tarımda çalışan başına katma değer 12.000.$ iken ülkemizde 450$'da kalmaktadır.

Diyarbakır'da kırsal alandaki nüfusun %40'ının topraksız olduğunu da hesaba kattığımızda kişi başına katma değerin ne kadar olabileceğini tahmin etmek pek te zor olmayacaktır. Tabiiki bu gerçek küçük meta üreticiside diyebileceğimiz aileleler için geçerli. Bilindiği gibi büyük mülk sahiplerinin verimliliği artıracak ve her türlü teknolojik girdiyi sağlayacak sermayeye sahip olduğundan katma değeride haliyle artacaktır.

2.4.4. İlçelerin Sosyo-Ekonomik Gelişmişlik Sıralaması ve Diyarbakır İlçeleri

Planlama açısından ülke, bölge, il ve ilçeler arası sosyo-ekonomik gelişmişlik seviyelerinin tespiti söz konusu olunca, yerleşim birimleri arasındaki farklılıkları oluşturan ve birbirleriyle etkileşim içindeki göstergelerin mümkün olduğunca birlikte ele alınması gerekmektedir. Dolayısıyla, kullanılan gösterge sayısı, verilerin toplanabilir ve güvenirliğine bağlı olarak yüzlerce olabilir.

DPT, Bunların yerine, daha tutarlı sonuçlar verebileceğine inandıkları, istatistiki anlamlılık testleri yapılabilen ve birçok ülkede değişik araştırmacılar tarafından benzer amaçlarla yaygın olarak kullanılan,

Temel Bileşenler Analizi (Principal Components Analysis) yöntemi kullanmıştır.

Temel Bileşenler Analizi, kabaca, çok sayıdaki özelliklerin belli bir nitelik yönünden özetlenmesi ve ortak nitelik ve biçimlerden bir soyutlama yapabilmeyi mümkün kılmaktadır. Bu özelliğiyle Temel Bileşenler Analizi, çok sayıda ve farklı boyuttaki bilgi setinin kapsadığı ortak ve temel anlamı veya bilgi özünü açığa çıkarabilme, görebilme ve tanımlayabilmeyi sağlayan istatistiksel bir yöntemdir[70].

Mekansal gelişmişlik farklılıklarının belirlenmesi konusunda çalışan araştırmacıların birçok değişkeni dikkate almaları ve çok değişkenli bir uzayda karar vermeleri zorunluluğu vardır. Bu ise, çok değişkenli bir uzayda değişken sayısını azaltarak, analizi daha küçük boyutlu bir uzaya indirgeme amacını taşıyan Temel Bileşenler Analizi ile mümkün olmaktadır[71].

Araştırmaya, ülke genelinde 76 ilin 858 ilçesinin sosyo-ekonomik gelişmişlik seviyelerini yansıttığı varsayılan ve gelişmişliğin neden ve/veya sonucu olarak ortaya çıkan 70 adet göstergenin çeşitli kurum ve kuruluşlardan temin edilmesi ile başlanmış, Bu aşamada, göstergelerin tutarlılığı ve güvenirliği konusunda yapılan ön inceleme ve değerlendirmeler sonunda, ilçe ölçeğinde yalnızca 32 göstergenin kullanılabilir nitelikte olduğu kabul edilmiştir.

---

[70] DPT, **İl ve İlçelerin Ekonomik ve Sosyal Gelişmişlik Seviyelerinin Tesbiti Araştırması**, DPT:2015, KÖYB:30, 1985.

[71] S. Kılıçkaplan, N. Köse, **Temel Bileşenler Analizi ile İl Olabilecek İlçelerin Belirlenmesi**, Gazi Üniversitesi Ekonometri Bölümü Tartışma Bülteni, 1995.

Daha sonra, seçilmiş göstergeler, yardımcı veriler aracılığıyla oranlanarak değişken haline getirilmiştir. Bu işlem yapılırken, ilçelerin nüfus büyüklüğü etkisini ortadan kaldırmak için, verilerin tamamına yakın bir kısmı ilçe nüfuslarıyla yada bu etkiyi ortadan kaldıracak çeşitli büyüklüklere bölünerek oransal hale getirilmiştir. Böylece, illerin gelişmişliğinin yüzölçümleri yada nüfuslarıyla orantılı olarak değil, büyük ölçüde fert başına düşen refah payı olarak değerlendirilmesi sağlanmıştır.

Gelişmişlik, kişiler üzerindeki etkilerinin yanında, ilçenin sosyo-ekonomik yapısını bir bütün olarak da ilgilendirmektedir. İlçe genelinde bir birikimi ve gelişme potansiyelini de yansıtan toplam büyüklüklerin ortalama yada fert başına düşen değerlere göre daha iyi bir gösterge olduğu ileri sürülebilir[72].

Diğer taraftan, ilçelerin sahip oldukları nüfusun sosyo-ekonomik gelişmeden etkilenen önemli bir unsur olduğu da göz ardı edilemez. Gelişme sürecinde, az gelişmiş yerleşim birimlerinden ekonomik ve sosyal açıdan daha cazip durumda olan yerleşim birimlerine doğru nüfus hareketleri olmaktadır. Sosyo-ekonomik gelişmenin belirlediği nüfus hareketleri sonucu, az gelişmiş ilçelerin nüfusu azalırken yada düşük oranlarda artarken, gelişmiş ilçelerin nüfusunda önemli oranda artışlar olmaktadır. Kullanılan tüm değişkenlerin nüfusa oranlanıp, fert başına düşen değerler ölçeğinde kullanılması halinde nüfusu oldukça fazla olan ilçeler aleyhinde bir durum ortaya çıkmaktadır.

Bu nedenle, göstergelerin duyarlılığını arttırdığı durumlarda değişkenler orantılı ya da fert başına düşen değerler olarak, bunun dışında ise ilçeler itibariyle toplam mutlak büyüklükler olarak kullanılarak denge

---

[72]Bilge Hacıhasanoğlu, **İller İçin Bir Gelişmişlik Göstergesi ve Sıralama**, DPT Yayın No:1695- KÖYD:19.

sağlanmaya çalışılmıştır. Böylece, bir taraftan, nüfusu fazla olan ilçelerin sırf bu nedenle üst sıralarda yer alması önlenmişken, diğer taraftan bu ilçelerin aynı nedenle daha alt sıralarda yer almaları da önlenmiştir. Araştırma sonucunda elde edilen ilçelerin sosyo-ekonomik gelişmişlik sıralamaları incelenirken bu hususun önemle dikkate alınması gerekmektedir.

Araştırmada kullanılan değişkenler, ait oldukları yıl yada dönemler ve sağlandıkları kaynaklar aşağıda verilmiştir. Ticari açıdan gizliliği olmayan önemli bazı değişkenlerin değerleri ise Tablo'nun altında verilmiştir.

Nüfus (DİE Genel Nüfus Sayımı-1990)

$\mathbf{X_1}$ = Toplam Nüfus

$\mathbf{X_2}$ = Toplam Nüfusun Yıllık Ortalama Artış Hızı

$\mathbf{X_3}$ = Şehirleşme Oranı

$\mathbf{X_4}$ = Nüfus Bağımlılık Oranı

İstihdam (DİE Genel Nüfus Sayımı-1990)

$\mathbf{X_5}$ = Sanayii Sektöründe Çalışanların İktisaden Faal Nüfusa Oranı

$\mathbf{X_6}$ = Ticaret Sektöründe Çalışanların İktisaden Faal Nüfusa Oranı

$\mathbf{X_7}$ = Mali Kurumlar Sektöründe Çalışanların İktisaden Faal Nüfusa Oranı

$\mathbf{X_8}$ = Ulaştırma-Haberleşme Sektöründe Çalışanların İktisaden Faal Nüfusa Oranı

X_9 = İnşaat Sektöründe Çalışanların İktisaden Faal Nüfusa Oranı

X_{10} = İşverenlerin Toplam İstihdama Oranı

X_{11} = Ücretli Çalışanların Toplam İstihdama Oranı

X_{12} = Ücretli Çalışan Kadınların Toplam İstihdama Oranı

Eğitim (DİE Genel Nüfus Sayımı-1990)

X_{13} = Toplam Nüfusun Okuma Yazma Oranı

X_{14} = Kadın Nüfusun Okuma Yazma Oranı

X_{15} = Yüksekokul veya Fakülte Bitirenlerin Oranı

Sağlık (Sağlık Bakanlığı ve SSK-1993)

X_{16} = Onbin Kişiye Düşen Hekim Sayısı

X_{17} = Onbin Kişiye Düşen Yardımcı Sağlık Personeli Sayısı

İmalat Sanayii (DİE-1992)

X_{18} = İşyeri Sayısı

X_{19} =Yıllık Çalışanlar Ortalaması

X_{20} =Toplam Çevirici Güç Kapasitesi

X_{21} =Fert Başına Düşen Katma Değer

Mali Göstergeler (Bankalar-Maliye Bakanlığı-1993)

X_{22} =Banka Şube Sayısı

X_{23} =Toplam Banka Kredilerinin Türkiye İçindeki Payı

X_{24} =Fert Başına Düşen Banka Mevduatı

X_{25} = Fert Başına Düşen Gelir ve Kurumlar Vergisi

İnşaat (DİE-1992)

X_{26} =Şehirsel Nüfus Başına Düşen Daire Sayısı

X_{27} =Şehirsel Nüfus Başına Düşen Konut Alanı

Tarım (Ziraat Bankası-1990)

X_{28} = Kırsal Nüfus Başına Düşen Bitkisel Üretim Değeri

X_{29} = Sınai Bitkiler Üretim Değerinin Türkiye Sınai Bitkiler Üretimi İçindeki Payı

Diğer Göstergeler (PTT-Hazine Müsteşarlığı-1993)

X_{30} = Telefon Kontör Değeri

X_{31} = Onbin Kişiye Düşen Faks Sayısı

X_{32} = 1990-94 Döneminde Verilen Yatırım Teşvik Belgesi Sayısı

Yöntem uygulanmadan önce, kullanılan 32 değişkenin, gelişmişlik ile olan neden-sonuç ilişkilerine göre değerlendirmesi, gözlem ve uzman görüşlerine dayanarak yapılmıştır. Değerlendirme sonucu nüfus bağımlılık oranı değişkeni dışında diğer 31 değişkenin sosyo-ekonomik gelişme ile doğru orantılı bir ilişki içinde oldukları düşünülmüştür.

İktisaden aktif olmayan nüfus oranının yada üretime katılmayan nüfusun nispi olarak fazla olması kalkınmayı yavaşlatan unsurlar arasındadır. Gelişmişliğe etki eden diğer tüm faktörler sabit olmak kaydıyla, yörelerin gelişmişlik düzeylerinin; nüfus bağımlılık oranının yüksek olduğu yerlerde düşük, oranın düşük olduğu yerlerde ise yüksek olması beklenir. Dolayısıyla, iktisaden aktif olmayan nüfusun, aktif olan nüfusa oranı olarak tanımlanan nüfus bağımlılık oranı değişkeninin gelişmişlik ve refah ile ters orantılı bir ilişkiye sahip olması gerekmektedir.

Gelişmişlik boyutunu tanımlayan birinci temel bileşende değişkenlerin aldıkları ağırlıklar incelendiğinde nüfus bağımlılık oranı negatif olmak üzere, diğer tüm değişkenlerin pozitif ağırlıklara sahip oldukları görülmektedir. Elde edilen bu sonuç, dikkat çekici olması yanında yöntemin tutarlılığının bir başka göstergesidir. Araştırma sonucu ortaya çıkan bulgular, araştırma öncesinde gözlem ve düşüncelere dayalı olarak yapılan kuramsal değerlendirmeleri destekler nitelikte olmuştur. Bu çalışmada, 1993 idari bölünüşü esas alınarak, ülke genelindeki 858 ilçenin sosyo-ekonomik gelişmişlik seviyelerinin belirlenebilmesi amacıyla yapılmıştır. Amaca uygun olarak, ilçelerin ekonomik ve sosyal yapılarını doğrudan ya da dolaylı etkileyen ve bunun sonucunda gelişmişliğin sebep veya sonucu olarak ortaya çıkan 32 değişken kullanılmış, çözümleme işlemlerinde çok değişkenli istatistiksel tekniklerden temel bileşenler analizinden yararlanılmıştır. Konumuzu ilgilendiren Diyarbakır merkez ve ilçelerinin verileri aşağıdaki Tablo'da yer almaktadır.

Tablo 10

	İLÇE	X1	X2	X3	X4	X5	X7	X9	X10	X12	X13	X15	X18	X22	X25
DİYARBAKIR	Merkez	468830	41,69	91,96	81,30	5,5	9,1	1,7	54,1	1,07	65,37	5,59	27	23	1015296
"	Bismil	99662	52,21	108,58	39,97	1,7	2,6	0,2	23,6	0,17	54,88	2,20	0	3	200327
"	Çermik	49107	27,99	108,27	33,66	1,4	3,9	0,2	9,9	0,22	53,09	2,15	0	2	158857
"	Çınar	50445	31,39	115,60	19,98	0,6	1,1	0,2	13,5	0,21	41,91	2,50	2	1	185192
"	Çüngüş	17067	34,08	96,06	23,06	3,4	1,4	0,4	15,1	0,13	63,62	3,46	0	2	498564
"	Dicle	35980	2,64	109,14	15,05	0,9	0,8	0,1	10,9	0,10	43,30	2,45	0	1	126431
"	Eğil	21148	25,81	106,93	22,71	0,8	1,0	0,5	13,0	0,03	41,39	1,96	0	1	224229
"	Ergani	78603	14,64	105,16	47,54	3,7	2,7	0,4	20,0	0,23	58,82	3,62	2	4	334733
"	Hani	27252	9,70	118,68	37,67	2,4	4,6	0,2	12,7	0,24	46,52	2,21	0	1	103662
"	Hazro	23971	20,31	115,41	33,57	1,4	1,6	0,3	9,7	0,14	43,37	2,64	0	1	113762
"	Kocaköy	15408	20,24	123,99	27,54	0,8	0,8	0,0	7,4	0,03	39,95	2,59	0	0	99818
"	Kulp	50482	14,39	116,48	14,80	1,4	1,5	0,1	9,7	0,12	44,37	2,12	0	1	110039
"	Lice	47088	10,88	116,75	24,72	1,4	1,4	0,1	9,1	0,09	41,66	2,33	0	1	96330
"	Silvan	109953	38,26	98,72	54,45	2,3	2,5	0,3	34,8	0,18	49,01	2,48	3	3	238811

X1 = Toplam Nüfus (1990 yılı)

X2 = Toplam Nüfusun Yıllık Ortalama Artış Hızı (binde) (1985-90 dönemi)

X3 = Nüfus Bağımlılık Oranı (yüzde) (1990yılı)

X4 = Şehirleşme Oranı (yüzde) (1990yılı)

X5 = Sanayii Sektöründe Çalışanların İktisaden Faal Nüfusa Oranı (yüzde) (1990yılı)

X7 = Ticaret Sektöründe Çalışanların İktisaden Faal Nüfusa Oranı (yüzde) 1990yılı)

X9 = Mali Kurumlar Sektöründe Çalışanların İktisaden Faal Nüfusa Oranı (yüzde) (1990yılı)

X10 = Ücretli Çalışanların Toplam İstihdama Oranı (yüzde) (1990yılı)

X12 = İşverenlerin Toplam İstihdama Oranı (yüzde) (1990yılı)

X13 = Toplam Nüfusun Okuma Yazma Oranı (yüzde) (1990yılı)

X15 = Yüksekokul veya Fakülte Bitirenlerin Oranı (yüzde) (1990yılı)
X18 = İmalat Sanayi 10 ve daha fazla İşçi Çalıştıran İşyeri Sayısı (1992 yılı)
X22 = Banka Şube Sayısı (1993 yılı)
X25 = Fert Başına Düşen Gelir ve Kurumlar Vergisi (TL) (1993 yılı)

Araştırma sonucunda, her bir ilçe için sosyo-ekonomik gelişmişlik endeksi olarak tanımlanabilecek sayısal değerler elde edilmiş, bu değerlere göre ilçelerin sıralaması yapılmıştır. Ayrıca, gelişmişlik endeksi değerlerinde önemli oranlarda farklılık gösteren noktalar tespit edilerek, ilçeler farklı gelişmişlik düzeylerine göre 6 ayrı homojen gruba ayrılmıştır.

Birinci temel bileşendeki değişken ağırlıkları vektörünün devriği standartlaştırılmış veri matrisi ile çarpılıp, ilçelerin sosyo-ekonomik gelişmişlik endeksi olarak tanımlayabileceğimiz temel bileşen değerleri bulunmuştur. Daha sonra, her bir ilçe için bulunan bu değerler büyüklük sırasına göre dizilerek ilçelerin sosyo-ekonomik gelişmişlik sıralaması elde edilmiştir. Bu çalışmaya göre, Diyarbakır ilçelerinin araştırma kapsamındaki 858 ilçe arasında bulundukları sosyo-ekonomik sıralama aşağıdaki Tablo'da yer almaktadır.

Tablo 11

İlçelerin Sosyo-ekonomik Gelişmişlik Seviyelerine Göre Sıralanması

Gelişmişlik Sıralaması	**İl**	**İlçe**	**Sosyo-Ekonomik Gelişmişlik Endeksi**	**Gelişmişlik Grubu**
62	DİYARBAKIR	Merkez	1.570774	2
513	"	Ergani	-0.416067	4
605	"	Silvan	-0.556209	4
656	"	Bismil	-0.625032	4
741	"	Çüngüş	-0.794014	5
765	"	Çermik	-0.855647	6
796	"	Hani	-0.960731	6
814	"	Çınar	-1.022209	6
816	"	Eğil	-1.044398	6
818	"	Hazro	-1.054770	6
832	"	Lice	-1.116147	6
835	"	Dicle	-1.144318	6
836	"	Kulp	-1.152897	6
849	"	Kocaköy	-1.239087	6

Kaynak: DPT, İlçelerin Sosyo-ekonomik Gelişmişlik Sıralaması,1995,Ankara.

Diyarbakır merkez ilçe dahil 14 ilçeden 9'u sosyo-ekonomik gelişmişlik grubunun en alt kısmını oluşturan 6. grupta yer almaktadır. Diyarbakır merkez nisbeten daha iyi durumda ancak 858 ilçe arasındaki 62.sırada yer almaktadır. Sonraki sırada yer alan Ergani ilçesi sıralamadaki yeri 513'tür. Dolayısıyla sosyo-ekonomik gelişmişlik bakımından Diyarbakır'ı en yakından takip eden Ergani ilçesi ile arasında 451 ilçe bulunmakta ve Silvan ile Bismil ilçeleriyle birlikte, sıralamadaki toplam 6 gruptan 4. grupta yerini almıştır. Bu üç ilçeden ikisi (Ergani ve Bismil) Diyarbakır iline yakın bir mesafede (30-40 km) ve yol güzergahında bulunmaktadır. Dolayısıyla ulaşım, Pazar, eğitim vb. olanaklardan yararlanabilecek konumdadırlar.

Yakın bir zamana kadar Silvan ilçesi de Batman yolu üzerinde ve ulaşımı rahat bir konumda iken yeni Batman yolunun açılmasıyla birlikte ilçe üzerinden ulaşım kesilmiş ve bölgedeki istikrarsızlıktan en çok etkilenen ilçe olmuştur. Haliyle 2000'lerde yapılacak bir çalışma sonucunda Silvan ilçesinin bulunduğu 605. sıralamadaki yerinide almayacağı rahatlıkla tespit edilecektir. 5. gelişme grubunda yalnızca Çüngüş ilçesi yer almaktadır. Geriye kalan 9 ilçe de araştırmanın sosyo-ekonomik gelişme bakımından ülkenin en gerisinde kalmış 6.grupta maalesef yer alışlardır.

Evet tüm bu göstergelerden anlaşılıyor ki Türkiye'nin en "sorunlu" ve yardıma muhtaç olan ili sürkli olarak çevresinden göç olan Diyarbakır'dır. 1997'de merkez nüfusun 600 bin yardıma muhtaç olduğunu açıklayan sayı ise 200 bin, yani 3'te 1'i yardıma muhtaç olduğunu beyan etmiştir[73].

Herşeye rağmen umutlar GAP kapsamında umutlar yeşermektedir. GAP Bölge Kalkınma Planı'nın katılımcılık, eşitlik, hakkaniyet yeterlik, sürdürülebilirlik gibi genel kavramlar, kırsal kalkınma ve tarım Planı'nın hazırlanması çalışmasını da yönlendireceği düşüncesi gönüllerde taze umutlar yeşertmektedir[74]. Gerçekten de son yıllarda GAP'ın etkisiyle bölge bazında toparlanma yaşanmış ve özellikle doğrudan faydalanabilen Şanlıurfa'da, tarımsal arazide, birim alanda yaratılan katma değer 600$'dan 1653$'a çıkabilmiştir.

---

[73] Dinler, 2001, s.257.

[74] Haşim Öğüt, **GAP Bölge Kalkınma Planı Bilgilendirme Toplantısı: Çalışma Raporu-1**,Ankara: Afşaroğlu Matbaası Yay.,2000, s.26.

2.4.5. Beşeri Sermaye

2.4.5.1. Eğitim

Aşağıdaki Tablo'da göre Diyarbakır'da eğitim ve öğretimi özetleyen bir Tablo sunulmuştur.

Tablo 12
Eğitim Kademelerine Göre Okul, Öğrenci ve Öğretmen Sayıları (1997/1998 Öğretim Yılı)

		Okul Öncesi	İlköğretim	Genel Lise	Mesleki ve Teknik Lise
Okul Sayısı	**Türkiye**	**7.532**	**45.639**	**2.555**	**3.013**
	Diyarbakır	52	1.187	28	24
Öğretmen Sayısı	**Türkiye**	**10.186**	**302.982**	**70.454**	**65.911**
	Diyarbakır	128	4.869	797	418
Öğrenci Sayısı	**Türkiye**	**181.458**	**9.101.523**	**1.074.643**	**891.418**
	Diyarbakır	2.070	195.680	19.095	5.255
Öğrenci Başına Düşen Öğretmen Sayısı	**Türkiye**	**17.81**	**30.04**	**15.25**	**13.52**
	Diyarbakır	16.17	40.19	23.96	12.57
Diyarbakır'ın Türkiye Genel Sıralamasında Yeri		**48**	**73**	**73**	**41**

Kaynak: DİE, GAP İl İstatistikleri: 1996-1998, Ankara, 1999,.s.16.20.

Tablo'da görüldüğü gibi ilk ve ortaöğretimde öğretmen başına düşen öğrenci sayısı bakımından Diyarbakır 73.sırada yer almaktadır. Özellikle 1990'lardan sonra aşırı derecede göç alması ve hızlı nüfus artışı da eklenince Diyarbakır ili eğitim konusunda da ülke ortalamasının gerisinde kalmıştır.

ABD'de 1839-1973 yıllarını kapsayan ve gelir eşitsizliğinin nedenlerinin araştırıldığı bir çalışmada, elde edilen sonuçlar üç temel başlık altında toplanmıştır:1.Nüfus artışı, 2. Teknolojik gelişme düzeyi, 3. İşgücünün niteliksel gelişimi. Buna göre, teknolojik gelişme, nitelikli işgücüne olan talebi arttırmaktadır. Ancak nitelikli işgücünün gelişimini olumsuz etkileyen en önemli faktör ise, nüfus artış oranı olarak belirlenmiştir. Çalışmada nüfusun artış oranı ile işgücünün niteliksel gelişimi arasında, negatif bir korelasyon bulunmuştur. İnceleme dönemleri boyunca, nüfusun artış hızı, işgücünün niteliksel gelişiminin üzerinde gerçekleşmiş olduğundan nitelikli ve niteliksiz işgücü arasındaki ücret farkı giderek açılmıştır[75].

Emeğe yapılan ücret ödemeleri, beşeri sermayeye yapılan yatırım miktarı ile orantılıdır. Emeğe yapılması gereken optimal yatırım miktarı, Becker'in analizinde incelenmiştir. Analizin temel varsayımları şunlardır: emek arzı inelastiktir ve işgücü hayatboyu gelirlerinin bugünkü değerini maksimize etme amacındadır. Analizin diğer bir varsayımı, beşeri sermayenin gelişimi için tamamlayıcı girdiye (kitap, öğretmen...) gereksinmesi olduğudur.

Becker'e göre, beşeri sermayeye yapılan yatırımlar arttıkça, beşeri sermaye daha nitelikli bir duruma gelmektedir. Becker, bireysel yetenek ve servetin hayatboyu kazançların dağılımını etkilediğini savunmaktadır. Bireysel yetenek ve servetin hayatboyu kazançların dağılımını nasıl etkilediğini gösteren bir tablo ile ispatlamaya çalışmıştır. Bireysel yetenek, bireysel sermayeye yapılan yatırım ile geliştirilmekte olduğu sonucunu ortaya çıkarmıştır.

Gerçektende beşeri sermayeye yapılan yatırım miktarı arttıkça, yatırımın marjinal geri dönüş oranı yatırım yapılmayan diğer bireylere göre artacağı kesindir. Bilgi toplumuna geçmiş bir çağda yaşıyoruz. Haliyle

---

[75] Williamson S.G- Lindert, **American Inequality:A Macroeconomic History**, New York: Academic Press, 1980., s.205.

bireysel yetenekleri gelişen beşeri sermayeye olan talepte artacaktır. Aile serveti ve kredi olanakları ise beşeri sermayenin gelişmesine katkıda bulunmaktadır. Gelir durumları iyi olan ailelerin çocukları, yatırım harcamalarını daha kolay finanse edebilmektedirler. Sözkonusu bireylere olan istihdam etme ve daha yüksek ücret ödeme talebi, gelir durumları iyi olmayan ailelerin çocuklarına göre daha fazla olacaktır. Tüm bu gerçekler ortada dururken özellikle geri kalmış bölgelerimize yapılan eğitim harcamalarının da diğer kamu harcamalarında olduğu gibi düşük olması gelir dağılımındaki eşitsizliği daha da artırmıştır.

Esasında beşeri sermayeye yapıl(may)an yatırımların yanı sıra Diyarbakır'ın sosyal yapısından kaynaklanan problemlerde geri kalmışlığa neden olmaktadır. Aşağıdaki Tablo'da okullaşmada kızların, erkeklere oranla çok az sayıda olduğu görülmektedir. Şehir merkezinde toplam 32.312 öğrencinin sadece 11.118'i kızlardan oluşmaktadır. Bu da %34'üne tekabül etmektedir. Üstelik ilk ve ortaöğretimde durum bu şekildedir. Oysa Nüfus oranlarına bakıldığında yarı yarıya olduğu görülmektedir. Dolayısıyla yaklaşık olarak kız çocukların %10-15'lik kısmı eğitimden mahrum bırakılmaktadır.

Tablo 13

İl Genelinde Ortaöğretimdeki Öğrenci Durumu

Okul Türü	2001-2002 ÖĞRETİM YILI								
	ŞEHİR			KÖY			TOPLAM		
	Kız	Erkek	Toplam	Kız	Erkek	Toplam	Kız	Erkek	Toplam
İlk ve Orta Öğretim	11.118	21.195	32.313	--	--	--	11.118	21.195	32.313
Toplam	96405	136962	233367	32325	47222	79547	128730	184184	312914

Kaynak: İl Milli Eğitim Müdürlüğü, Diyarbakır,2002.

Diyarbakır esasında okullaşma ve okuryazarlık oranı bakımından da Türkiye genel ortalamasının çok altında seyretmektedir. Genel olarak okur-yazar oranı düşük olan Diyarbakır'da daha çok kadınlar Türkiye ortalamasının çok altında kalmış ancak son yıllarda ve özellikle 1980'lerden beri daha iyi durumda geldikleri gözlemlenmektedir.

Kadınların eğitimden yoksun bırakılmasındaki temel neden, yöre halkının gelenek-göreneklerine aşırı derecede bağımlı olmaları ve aşiret yapısının henüz çözülmemiş olmasından kaynaklanmaktadır. Küçük yaşta kız çocuklarını evlendirmeleri de ikinci bir neden olarak görülmektedir. Ekonomik neden olarak ta ailelerin kız çocuklarının eğitim harcamalarının boşa gideceğini ne de olsa kızının eninde-sonunda gelin olarak 'başkasına' gideceğini düşünmektedir. Bu nedenlede kız çocuğuna harcayacağına erkek çocuğuna harcamakta nede olsa kendi oğlu ve kendi güvencesidir. Tabi bu düşüncelerle aile büyükleri, erkek çocuklarını kendi geleceklerinin de bir güvencesi adeta 'sigorta'sı olarak ta görmektedir. Yaşlandığında 'ele ayağa' düşme korkusu da sürekli mevcut. Özellikle maaşlı ve sigortalı olarak bir yerde çalışmıyorsa bu tür düşünceler daha baskın çıkmaktadır. Baskın çıkan düşüncelerin okur-yazarlık oranında Diyarbakır'ı getirdiği nokta aşağıdaki Tablo'da görülmektedir.

Tablo 14

Türkiye ve Diyarbakır'da Okur-Yazar Oranı: 1935-1990 (%)

Yıl	TOPLAM		Erkek		Kadın	
	Türkiye	D.Bakır	Türkiye	D.Bakır	Türkiye	D.Bakır
1935	19.2	7.7	29.3	13	9.8	2.6
1940	24.5	11	36.2	17.9	12.9	3.7
1950	32.5	14	45.5	22.3	19.4	5.3
1960	39.5	19.8	53.6	29.8	24.8	9.2
1970	56.2	32.1	70.3	46.9	41.8	15.7
1980	67.5	41.2	80	59.5	54.7	21.4
1990	80.5	56.3	88.8	73.1	72	38.8

Kaynak: DİE; İstatistik Yıllığı, 2002,Ankara, 2003 s.99.

Ne hazinki 21.yy'a doğru Diyarbakır'da okur-yazar oranı %38.8'de kalmıştır. Erkeklerde ise bu oran yine düşük olmakla birlikte kadınlara oranla iki kat fazladır. Bu da ataerkil ve kadını tümüyle ikinci plana itmenin verdiği bir sonucunda göstergesidir. Ancak yine de muhtemel ekonomik analizlerinin varsayımlarına devam etmekte fayda vardır.

İstihdam kapasitesi yok denecek derecede olan bir yerde yukarıda geçen düşüncelerin yerleşmesini de sağlamaktadır. İşsizlik sorunuyla gelen geleceğe dönük güvencesizlik te tuz biber olmakta ve bu tür düşüncelerin yerleşmesine neden olmaktadır.

Geleceğe dönük sosyal güvenceyi sağlayan kurumlarımızdan biri de Sosyal Sigortalar Kurumudur(SSK). SSK'ya bağlı, özel sektörde çalışanların ve Devlet kurumlarında 'işçi' statüsünde istihdam edilenlerin ülke genelindeki toplam sayısı, 1997'de; 1.119.278'dir. Bunun 127.803'ü devlet sektörlerinde geriye kalan 991.775'ide özel sektörde SSK'ya güvencesindedir. Her ne kadar SSK'nın verdiği güvencenin niteliği tartışılsa da hiç bir güvencesi olmayana göre elbetteki iyidir. Diyarbakır'da SSK'ya bağlı çalışanların 1997'deki toplamı 1.441'dir. devlet sektörlerinde 1.063, özel sektörde ise yalnızca 378 kişi (10 ve üzeri işçi çalıştıran işyerlerindeki rakamlardır. Türkiye toplamında da sadece bu rakamlar verilmektedir) SSK'ya bağlıdır[76]. Diğer bir söylemle Türkiye'deki toplam SSK'lı olanların ancak %0.12'si, yani her bin kişiden ancak 12'si SSK'ya bağlı olarak çalışmaktadır. Devletin diğer sağlık kurumlarından olan Emekli Sandığı ve Bağ-Kur bundan pekte farklı bir durumda değildir.

---

[76] DİE, **Temel Ekonomik ve Sosyal Göstergeler: İmalat Sanayiinde Ücretle Çalışanlar ve Yapılan Ödemeler (10+), 1997**, http://www.die.gov.tr/TURKISH/ISTATIS/Esg2/f.htm (Erişim 04.05.2000)

GAP kapsamında 1990'dan sonra bölgede kadınaları eğitmek ve ekonomik bakımından desteklemek amacıyla kurulmuş olan dernekler büyük bir çaba ile çalışmaktadırlar. Bu sivil derneklerden Kadın Merkezi (KA-MER), zaman zaman Avrupa Birliği Türkiye Temsilciliği'nce de destek görmektedir. Derneğe gelen kadınların daha çok ekonomik bağımsızlıklarını kazanmak, aile bütçesine katkıda bulunmak ve toplumda olması gereken yerde bulunmak amacıyla, gidilmektedir[77].

2.4.5.2. Diyarbakır'da Eğitim'den Yoksun Kesim ve Çalışan Çocuklar

Çalışan çocuk olgusu ve çocuk işgücü oluşumu, sadece bölge ve Türkiye'ye özgü bir sorun olmayıp, son yıllarda dünya gündeminin de başlıca konularındandır. Çocukların erken yaşta çalışmaya başlamaları ve özelikle sokakta çalışmaları, çocukluklarını yaşayamama, fiziksel ve ruhsal gelişimlerini tamamlayamama ve her türlü istismara uğramaları gibi sorunları beraberinde getirmektedir. Bu durum diğer gelişmekte olan ülkeler için olduğu gibi, bölge içinde önemli bir sorundur.

Bölge nüfusunun en önemli demografik özelliği nüfusun yaklaşık yarısını genç ve çocuk nüfusun oluşturması (0-14 yaş grubu çocukların oranı %35 tir.) ve nüfus artış hızının yüksek olmasıdır. Nüfus artış hızını yüksekliği hanedeki birey sayısını arttırarak geçim koşullarını zorlarken yarattığı ağır talepler kamu hizmetlerinin ve istihdam olanaklarının yetersiz kalmasına yol açmaktadır.

GAP Bölgesi'ndeki kırdan kente göçün hızı, kentlere gelenlerin gerekli becerilere sahip olmamaları ve yoksulluk düzeyinin yüksekliği, bu

---

[77] KA-MER, **Kadınlar Geleceğe Bakıyor**,Ankara: İleri Matbaacılık Yay.,2001, s.1-2.

Bölge'de sokak çocukları ve çocukların erken yaşta çalışma hayatına atılma ve özellikle sokakta çalışma sorununu gündeme getirmektedir.

Çocuk emeği Bölge'de tarım ve hayvancılığın yanı sıra özellikle tarım-dışı alanlarda sosyal güvenlik ve benzeri düzenlemelerden yoksun, düşük ücretli bir istihdam olanağı olarak görülmektedir. Ülkemizde bu çocukların en yoğun bulunduğu kent İstanbul olmakla birlikte son yıllarda yoğun göç nedeniyle benzer durum Diyarbakır İli'nde de görülmeye başlanmıştır.

Projenin uygulandığı Diyarbakır da 4 bin çocuk çalışmakta, bunların 2500'ü sokaklarda çalışan çocuk, diğer çocuklar ise işletmelerde çalışmaktadır.

Diyarbakır'daki çalışan çocukların yoğunluğunu aile bağları kopmamış "sokakta çalışan çocuklar" oluşturmaktadır.

Sokakta çalışan çocuklar 15 yaşından küçük, sokakta tartıcılık yapan, su ,çiçek, mendil,poşet,simit, çekirdek satan, ayakkabı boyayan, pazarlarda küfecilik yapan,kavşaklarda araba camları silen çocuklardır...

Sokakta çalışan çocuk sorunu köyden kente göç sonucu oluşan çarpık kentleşme ve bunun beraberinde getirdiği yoksulluk,işszlik,eğitimsizlik,düzensiz gelir,toplumsal değişmenin bir yarası olarak orataya çıkmakta ve Bölgede sürdürülebilir insani gelişme açısından ivedilikle çözülmesi gereken öncelikli sorunlardan biri olarak görülmektedir.

Bu gerçeklerden hareketle, GAP İdare'si, Diyarbakır Valiliği, ILO (uluslararası Çalışma Örgütü) ve Sosyal Hizmetler ve Çocuk Esirgeme Kurumu Genel Müdürlüğü işbirliği ile "Diyarbakır Kentinde Sokakta

Çalışan Çocukların Rehabilitasyonu Projesi" hazırlanmış ve üçüncü tarafların katkılarıyla da Sosyal Hizmetler ve Çocuk Esirgeme Kurumu'na bağlı olarak Diyarbakır'da hizmet veren "75.Yıl Çocuk Ve Gençlik Merkezi"nde Mart 1999 tarihi itibariyle uygulanmaya başlanmıştır .

Bu proje ile Diyarbakır'da sokakta çalışan 6-14 yaş arası çocukların yaşam standardını geliştirmek,bu alanda yerel girişimleri güçlendirme yoluyla toplumda duyarlılık yaratmak ve kademeli olarak, çocuk işçiliğinim azaltmak amaçlanmaktadır. Diyarbakır Sanayi Sitesi'nde de azımsanmayacak sayıda çocuklar çalış(tırıl)maktadır. Herhangi bir meslek sahibinin yanına çırak olarak verilen çocukların yaşları gerçekten düşüktür.

Çocuklarını çalışmaya gönderen ailelerin temel amaçlarının ise, çocuklarının kısa bir zamanda çıraklıktan kalfalığa ve ustalığa geçmesiyle meslek sahibi olup geleceğinin garanti altına alması ve çeliştiği çıraklık kalfalık döneminde de kendi bütçelerine katkı sağlamaları nedeniyle açıklayabiliriz.

Çıraklık, kişilerin el becerisi edinmesinde önemli bir uğraşı olma özelliğini devam ettirmektedir. Çırak olmada önemli bir aşama olan teorik bilgilere, ihtiyaç gözüyle bakılmamakta, ancak, ileriki durumlarda, resmi prosedürün tamamlanması açısından gerekli görülebilmektedir. Önemli olan, teorik bilginin alınması değil, mesleğe "elin yatkın olması"dır. Buna göre, hem işyerine ve hem de Çıraklık Eğitim Merkezi'ne devam eden çırakların, aldıkları teorik bilgileri ve adı geçen merkezi önemsiz yada ikincil derecede önemli görme yönünde tavır takınacakları ifade edilebilir. Pratik olarak öğrenilen bilgilerin, teorik ve genel bilgilerle desteklenmesi, yeni teknolojilerin kullanımını daha da yayınlaştırmakta ve bu durum, daha verimli olunmasını sağlayabilmektedir. Çırağın işyerinde çalışması, onun eğitiminin yarısını teşkil ederken, meslek okulunda verilen eğitim daha bir anlamlıdır[78]. Dolayısıyla, teorik ve pratik eğitim arasındaki dengenin sağlanması, kişinin mesleki bilgisinin yenilenmesi açısından kaçınılmazdır.

Çocuğun mesleksel eğitim alması, hem ekonomik açıdan bağımsız olmasını ve hem de ahlaksal açıdan terbiye edilmesini sağlar. Çocuğun, hangi meslekte eğitim alacağı konusundaki yetki, ana-babaya verilmiştir. Ancak, ana-babanın bu seçimi, çocuğun eğilimlerini ve yeteneklerini dikkate alarak yapması[79] bir gerekliliktir. Çıraklık eğitimi, 12-18 yaşları arasında olan çocukları kapsar ve ilköğretime dayalıdır. Çocuğun yetiştirilmesinde, işyeri-okul işbirliğinin sağlanması hedef alınmıştır. Haftada 8 saati geçmeyecek şekilde teorik ve teknik bilgilerin verilmesi hedeflenmiştir. Çıraklık okulu sonunda yapılan sınavı kazananlar "kalfa" olurlar. Üç yıllık çalışma sonundaki sınavda başarılı olanlar ise, "ustalık" belgesi almaya hak kazanırlar[80].

Milli Eğitim Bakanlığı tarafından, çıraklara yönelik olarak düzenlenen kurslarda, aşağıdaki alanlarda eğitim verilmesi hedeflenmiştir. Bunlar; tesviyecilik, tornacılık, elektrikçilik, kaynakçılık, motorculuk, marangozluk, demircilik, makine bakımcılığı, deri imalatçılığı, sayacılık (ipekçilik), kağıt selüloz klor işlemi, camcılık, cam fırıncılığı, kalıpçılık, kaşecilik, motor tamir ve bakımcılığı, demir imalatçılığı, frezecilik, elektrik

---

[78]İlhan Akhun, "*Kalfalara ve Ellere Yapılan Yatırım*", **Ankara Üniversitesi Eğitim Bilimleri Fakültesi (EBF) Dergisi**, Cilt:16, Sayı:1, 1983

[79]Emine Akyüz, "*Medeni Kanuna Göre, Ana Babanın Çocuğu Yetiştirme Görevi*", **Ankara Üniversitesi Eğitim Bilimleri Fakültesi (EBF) Dergisi**, Cilt:16, Sayı:1, 1983

[80]Ali Şahinkesen, "*Örgün ve Yaygın Mesleki ve Teknik Eğitim*", **Ankara Üniversitesi Eğitim Bilimleri Fakültesi (EBF) Dergisi**, Cilt:16, Sayı:1, 1983

kaynakçılığı, motor elektrikçiliği, motor tesviyeciliği[81] biçiminde sıralanabilir.

Çocukların çalışmasının temel nedeninde, hane başına düşen fert miktarının fazla olması, yani çok çocukluluktur. Bu durum geçim sıkıntısına neden olmakta ve sonuçta çocuğun, küçük yaşta çalışmasını zorunlu hale getirmektedir. Gelirin, ailenin geçimini yeterince sağlayamaması durumunda, hem aile ve hem de çocuk, çalışma konusunda istek duyabilmektedirler. Çocuğun çalışmak istememesi, bazı durumlarda dikkate alınmayabilir ve ailenin belirlediği çizgide bir yaşam tarzı dayatılabilir. Özellikle kırsal kesimden gelen aileler çocuklarını okula göndermek yerine kendilerince daha faydalı gördükleri bir işyerine çırak olarak gönderir ve "çekirdekten yetişme" usta olarak bir gelecek temin etmekten yanadır. Hem bu şekilde kendi bütçesine de katkı sağlayacaktır. Bu düşüncede olan aile reisi çocuklarını zor kullanma yöntemiyle de olsa çalışmaya gönderebilmektedir.

Diyarbakır Sanayi Sitesi'nde çırak olarak çalışan 50 çocuk üzerinde yapılan araştırmada[82] *yaş* ortalamaları şu şekildedir; 3/5'ü, 13-15 yaşları arasındadır. 16-18 yaşları arasında olanların oranı ise %30,0'dur. %10.0'luk oranın yaş aralığı 10-12'dir. Araştırıcı 8 -9 yaşlarında da çocukların çalıştırıldıklarını ifade etmektedir. Çırakların *eğitim* durumları ise, 1/2'si ilköğretim mezunudur. İlkokulu terk edenler, yaklaşık olarak 1/5 oranına sahiptir. Okuma-yazma bilenler 1/10 oranında iken, liseyi terk

---

[81] H. Musa Taşdelen; "*Geçmişten Günümüze Esnaf Teşkilatları ve Elazığ Sanayi Sitesi'nde Usta-Çırak İlişkileri Üzerine Bir Saha Araştırması*", **Fırat Üniversitesi Dergisi (Sosyal Bilimler)**, Cilt:4, Sayı:1, Yıl:1990

[82] Cengiz Yıldız, "*Diyarbakır Sanayi Sitesinde Çalışan Çırakların Sosyo Ekonomik ve Mesleksel Durumları Üzerine Bir Değerlendirme*", **Elektronik Sosyal Bilimler Dergisi**, 2003, Cilt: 2, Sayı: 6, s.47-63.

edenler %8.0, okuma-yazma bilenler %6.0, lise mezunları ise %4 oranına karşılık gelmektedir.

Çırakların yaklaşık 2/5'si, temel eğitim almayanlardan oluşmaktadır. Çalışma yaşamına erken katılma, çırakların temel eğitim sürecine katılmalarını olumsuz etkilemiştir. Eğitimin öneminin ailece kavranamaması, çocuğun, eğitim kurumları yerine, atölyelere devam etmesi sonucunu doğurabilmektedir. Zorunlu eğitimin sekiz yıla çıkarılması, çıraklığa başlama yaşının yükselmesine neden olabilirken, ilköğretime hiç gidilmemesi ya da okulun yarıda bırakılması da söz konusu olabilmektedir. Bu durumda, önceden temel eğitim almayan çocuk, çalışma yaşamına girdikten sonra bu olanaktan genellikle yararlanamamakta ve eğitimden mahrum olarak yaşamını devam ettirmektedir.

Ailedeki birey sayısının fazla olması, dikkat çeken en önemli yönlerden birisidir. Çırak ailelerinin %75'inde, birey sayısı 7 kişi ve üzerindedir.

Kent merkezlerinde çalışan çocuklara, *cinsiyet* açısından bakıldığında, bazı durumlarda, kız çocuğu lehine bir durum ortaya çıkabilmektedir. Özellikle, kız çocuğunun daha fazla denetim altında tutulmaya çalışıldığı ataerkil kesimlerde, erkek çocuğu çalıştırılmakta, böylece kız çocuğunun okula gitme olanakları daha da artmaktadır.[83]

Deneklerin yaklaşık 1/3'inden daha fazlası, bir sanat elde etme isteğiyle bu işi yaptıklarını ifade etmişlerdir. Kısa yoldan "ekmek parası" kazanma düşüncesi de, gelecek endişesi içinde ele alındığında, 1/2'lik bir kesimin, çıraklığı, uzun vadeli bir plan gereği yaptığı ortaya çıkmaktadır.

---

[83]Aylin Dikmen, **Kentte Çalışan Çocuklar: Cinsiyet Ayrımının Paradoksal Göstergeler**, 21. Yüzyıl Karşısında Kent ve İnsan, İstanbul,: Bağlam Yayınları, 2001.

Aile bütçesine katkı yapma düşüncesi (%28.0), kısa vadeli bir özellik taşısa da, çalışma yaşamına girdikten sonra, meslekle adaptasyon sağlanabilir ve zorunluluktan dolayı seçilen uğraşı, olumsuzluklarına rağmen kanıksanabilir.

Çırakların *baba mesleklerine* bakıldığında, en büyük oranı (%30.0) işsizlerin oluşmaktadır. Daha sonra (%24.0) işçiler gelmektedir. Babası çiftçi olan çırakların oranı ise %22'dir. Daha sonra serbest çalışanlar (%18.0) ve memurlar (%6.0) gelmektedir.

Çırakların yaklaşık%75'i, aylık 100 milyonun* altında ücret almaktadır. %28.'lik oranın ücreti ise, 100 milyondan daha fazladır. Çıraklara, genellikle haftalık ödeme yapılmaktadır.

Çırakların aldığı ücret, yaşla, yani mesleksel deneyimle yakından ilgili olmaktadır. Çırağın, uzun bir süre aynı iş yerinde çalışması durumunda, "haftalık"ı yüksek düzeyde olmaktadır. Başka bir işyerine geçmesi durumunda, geçmiş tecrübesi ve "el becerisi", alınacak ücreti belirleyebilmektedir.

Çırak olarak çalıştırılan çocukların Genel olarak problemleri ise;

Çalışma koşullarından kaynaklanan (yorgunluk, iş yoğunluğu, zorluğu, sağlığa zararlı ortamda bulunma, gürültü, kimyasal maddelerle içli dışlı olma, ortamın temiz ve bakımlı olmaması, devamlı ayakta durma, iş saatlerinin erken başlayıp geç bitmesi, tatilin az olması) problemler.

İş arkadaşlarından kaynaklanan (kendilerine güvenilmemesi, iş yaparken müdahale edilmesi, işin ellerinden alınması, ustanın sinirli

---

* Araştırıcı bu çalışmayı Eylül 2003'te yapmıştır.

olması, dövmesi, küfür etmesi, baskı kurması, eğitim kursuna ve okula göndermemesi) problemler. Parasal (maddi imkansızlıklar, piyasanın durgun olması, vergilerin fazla olması, maliyeci ve belediye zabıtasının sorun çıkarması) sorunlar.

Müşteriden kaynaklanan (müşteri diyalogundaki zorluklar, müşteriyi ikna edememe, müşteri tutamama, müşterinin zamanında ödeme yapmaması) sorunlar, işin özelliğinden kaynaklanan (işini kaybetme riskinin yüksekliği, sigorta ücretinin yatırılmaması ve buna bağlı sağlık sorunlarının olması) sorunlar.

Teknolojik (teknolojiyi yakalayan cihazların bulunmaması, işlerin karmaşık olması, bilgi verecek elemanların bulunmaması ve yeterince eğitilememe) sorunlar biçiminde sıralanması mümkündür[84].

Diyarbakır ili geliri düşük marjinal mesleklerde çalışanların oranının yüksek olması da çalışan çocuk olgusunu ortaya çıkarmaktadır. Sanayileşmenin cılızlığı sonucu imalat sektöründe istihdam görece düşük ve büyük formel örgütlere dayalı hizmet kesiminin gelişmemişliği nedeniyle beyaz yakalı ücretliler yok denecek kadar azdır.Ziraat gibi kent ekonomisinde yeri olmayan,inşaat gibi yoğun emek gerektiren alanlarda bir yığılma görülmektedir. Çok geri olan sanayileşme düzeyi mesleki yapının çeşitlenmesinin olanak tanımamaktadır. İş olarak amelelik, tablacılık, hamallık ve müstahdemlik gibi iş konularının yanı sıra bakkallık ve

---

[84]Esra Burcu, "*Çırak ve Kalfa Gençlerin Çalışma Ortamlarının Genel Özellikleri ve Yaşadıkları Bazı Sorunlar: Ankara'da Sosyolojik Bir Araştırma*", **Türkiye Sosyal Araştırmalar Dergisi**, Cilt:2, Sayı:2, Temmuz 1998

kahvecilik gibi meslekler de yaygındır[85]. Bu tür marjinal faaliyetler kentleri ayakta tutmaktadır.

2.4.5.3. Dicle Üniversitesi

18 Aralık 1966 tarihinde Ankara Tıp Fakültesi bünyesinde öğretime açılan Diyarbakır Tıp Fakültesi ile 21.11.1973 tarihinde Diyarbakır'da kurulan Fen Bilimleri Fakültesi, bu günkü Dicle Üniversitesinin oluşmasında temel teşkil etmiştir. Önceleri Diyarbakır Üniversitesi olarak faaliyet gösteren Üniversite bünyesinde 1976 yılında Diş Hekimliği Fakültesi, 1981 yılında da Şanlıurfa Ziraat Fakültesi kurularak hizmete girmiştir. 2547 sayılı Yükseköğretim Kanunu'nun yürürlüğe girmesinden sonra 20.7.1982 tarihinde çıkartılan 41 sayılı Kanun Hükmünde Kararnamenin 32. maddesi uyarınca Diyarbakır Üniversitesinin adı "Dicle Üniversitesi" olarak değiştirilmiştir[86]. Aynı Kanun Hükmünde Kararnameyle Hukuk Fakültesi ile Mühendislik-Mimarlık Fakültesi kurulmuş ve Milli Eğitim Bakanlığından devralınan Yüksekokullar Dicle Üniversitesine bağlanmıştır. Dicle Üniversitesi bünyesinde daha sonra 1988-1989 öğretim yılında Mardin Meslek Yüksekokulu, 1990-1991 öğretim yılında Sağlık Hizmetleri Meslek Yüksekokulu, 1992-1993 öğretim yılında da Atatürk Sağlık Hizmetleri Meslek Yüksekokulu hizmete girmiştir. Hizmete giren bu birimlere ilave olarak Şırnak, Bismil, Batman ve Çermik'te birer Meslek Yüksekokulunun daha kurulması uygun görülmüştür.11.7.1992 tarih ve 21281 sayılı Resmi Gazetede yayınlanan 3837 sayılı kanunla yapılan değişiklikle Şanlıurfa Ziraat Fakültesi ve Şanlıurfa Meslek Yüksekokulu Harran Üniversitesine bağlanmış ve Üniversitemiz bünyesinde Veteriner Fakültesi, İlahiyat Fakültesi ve Ziraat

---

[85] GAP BKİ, **GAP Bölgesi Nüfus Hareketleri Araştırması**, ODTÜ, Sosyoloji Bölümü, Ankara:1994, s. 6.
[86] Dicle Üniversitesi Kataloğu: 1991-92, Diyarbakır :DÜ Yay., 1991, s.11.

Fakültesi adı altında üç yeni Fakültenin kurulması kararlaştırılmıştır. Söz konusu Fakültelerle birlikte Bismil Meslek Yüksekokulu, Çermik Meslek Yüksekokulu ve Batman Sağlık Hizmetleri Meslek Yüksekokulu 1993-1994 öğretim yılında, Şırnak Meslek Yüksekokulu ise 1995-1996 öğretim yılında hizmete girmiştir. Mevcut Fakülte ve Yüksekokullarımıza İlave olarak Ergani Ve Çüngüş'te birer meslek yüksekokulu, Diyarbakır Siirt ve Mardin'de birer Sağlık Yüksekokulunun öğretime açılması için başlatılan çalışmalar sonuçlanmış olup,1997-98 öğretim yılında hizmete girmişlerdir[87].

Ayrıca Üniversiteye bağlı olarak Batman'da Teknik Eğitim Fakültesi, Diyarbakır'da Beden Eğitimi ve Spor Yüksekokulu ile Sivil Havacılık Yüksekokulu kurulmuş olup, Beden Eğitimi ve Spor Yüksekokulu 1998-1999 öğretim yılında hizmete girmiş, Batman Teknik Eğitim Fakültesi ise 1999-2000 öğretim yılında faaliyete girmesi kesinleşmiştir. Cizre ve Silopi'de de birer Meslek Yüksekokulunun faaliyete girmesi için başlatılan çalışmalar devam etmektedir.

Üniversite bünyesinde bugün 11 Fakülte, 13 Meslek Yüksekokulu, 5 Yüksekokul, 3 Enstitü, 9 Uygulama ve Araştırma Merkezi, 1 Sağlık Meslek Lisesi ile 1 Eğitim ve Araştırma Hastanesi yer almaktadır.

---

[87] Diyarbakır'da Dicle Üniversitesinin kurulması teşebbüsleriyle ilgili geniş bilgi için Bkz.: Şevket Beysanoğlu, **Diyarbakır Tarihi: Cumhuriyet Dönemi**, Ankara, C.III., 1987, s. 1161-1167.

Tablo 15

Dicle Üniversitesi Öğrenci-Öğretim Elemanı Durumu

YIL	Ön Lisans ve Lisans Öğrenci	Yüksek Lisans Öğrenci	Doktora Öğrenci	ÖĞRETİM ELEMANI			
				Profesör	Doçent	Yrd. Doçent	Diğer
1988-89	5580	65	68	15	33	66	445
1989-90	5709	52	77	32	16	82	470
1990-91	5620	47	80	32	11	100	545
1991-92	5747	62	73	34	35	86	489
1992-93	6139	111	72	34	36	86	600
1993-94	6725	85	67	33	39	96	604
1994-95	7373	98	60	35	40	102	647
1995-96	7289	110	66	51	48	110	619

Kaynak: Dicle Üniversitesi Kataloğu, İlgi Yıl Verileri.

2000-2001 Öğretim yılındaki mevcut ise; 15.586 Öğrenci, 1.239 öğretim elemanı ile 11'i Fakülte, 4'ü Yüksekokul ve 10'u 2 yıllık Yüksekokul olmak üzere toplam 25 okulda öğretim gerçekleştirilmiştir[88].

2.4.6. Sağlık

Diyarbakır İlinde sağlık hizmetleri Sağlık Bakanlığına bağlı 7 Devlet Hastanesi,1 Ağız ve Diş Sağlığı Merkezi, 2 Halk Sağlığı Laboratuvarı, 5 Dispanser, 77 Sağlık Ocağı, 110 Sağlık Evi , Dicle Üniversitesine bağlı Dicle Üniversitesi Tıp Fakültesi Araştırma Hastanesi ve Çalışma ve Sosyal Güvenlik Bakanlığına bağlı 1 Bölge Hastanesi ile yürütülmektedir.

---

[88] DİE, **İstatistik Yıllığı,2002**, Ankara, 2003, s.169.

İl genelinde yataklı tedavi olarak Devlet Hastanelerinde toplam yatak sayısı sadece 1050 adettir. Sağlık hizmetleri hususunda Türkiye genelinde yaşanan sorunlar Diyarbakır İlinde de yaşanmaktadır. Görev yapan sağlık personeli sayısı arttırıldığında sağlık personeli başına düşen nufus sayısıda azalmış olacaktır[89].

2.4.7. Ulaşım

Diyarbakır'da ulaşım türleri içinde en önemli yeri kara yolları tutmaktadır. İl kara yolları 1950-70 döneminde ve daha sonra oldukça gelişmiştir. Kara yollarındaki bu gelişme hem motorlu araç sayısını, hem de taşınan yük ve yolcu sayısını etkilemiştir. Yol ağındaki bu gelişmeler kentin ticaret merkezi olma işlevlerini geliştirdiği gibi, kapalı köy ekonomisinin egemen olduğu çevreyi pazar ekonomisine açılmaya da itmiştir. Geçmişte ırmaklarında kullanıldığı Diyarbakır'da demiryolu ve hava yolu ile de taşımacılık yapılmaktadır.

2.4.7.1. Karayolu Altyapısı

Diyarbakır ilinin en önemli karayolları il merkezini Elazığ, Kahramanmaraş, Gaziantep, Şanlıurfa, Mardin, Bitlis ve Van'a bağlayan devlet yollarıdır. 165 km'lik Elazığ- Diyarbakır devlet yolu asfalttır. İlin kuzey ve kuzeydoğuyla bağlantısını kuran bu yol Elazığ'ın güney illeri ile bağlantı kuruluyor olması ile daha da önem kazanmıştır. Ergani ilçesi bu yol üzerindedir. 185 km'lik Şanlıurfa Diyarbakır yolu, ilin güneyle bağlantısını, Şanlıurfa'nın ise kuzey ve doğu ile bağlantısını kuran önemli bir yoldur. Diyarbakır-Mardin yolu 86 km olup Çınar ilçesi bu yolun üzerinde 30.km'sindedir. Diyarbakır'ı Siirt, Bitlis ve Tatvan'a bağlayan karayolu ilin en önemli doğu bağlantısıdır. Diyarbakır il merkezinden 84

---

[89] Diyarbakır Valiliği, **2000'e Beş Kala Diyarbakır**, Diyarbakır, 1996, s.318.

km sonra Silvan ilçesine varan yol Siirt ilinde Dilektepe'nin 6 km güneydoğu komşularıyla bağlantısını kuran bu yol, ticaret yönünden çok önemlidir. İlin çevre illerle bağlantısını kuran bir başka yolda 159 km'lik Diyarbakır –Bingöl karayoludur. İlin kuzeyine uzanarak batı ve kuzeydeki ilçeleri bağlayan bir il yolu vardır. Bu yol üzerinde Çermik, Ergani, Dicle, Hani, Lice ve Kulp ilçeleri bulunmaktadır. İlin batı ucunda yer alan Çüngüş ilçesi ise 24 km'lik bir yolla Çermiğe bağlanmaktadır.

Diyarbakır ili karayolu ulaşımı açısından, Güneydoğu Anadolu Bölgesinde önemli bir konuma sahiptir. Asırlardan beri, Karadeniz bölgesini, Basra'ya, Akdeniz bölgesini, İran üzerinden Yakındoğu ve Uzak doğuya bağlayan önemli ticaret aksları üzerinde bulunmaktadır. Ülkemizde karayolu taşımacılığı özellikle son 30 yılda büyük bir aşama kaydetmiştir. Yük taşımacılığının %94'ü, insan taşımacılığının %96'sının karayolu ile yapıldığı göz önünde bulundurulursa, Türkiye genelinde karayolu taşımacılığının ve teknik alt yapı olarak karayolunun önemi daha iyi anlaşılmış olur[90].

Ülkemizde son 15 yıldan beri karayolu ağı açısından otoyol ağının da giderek yaygınlaşması, GAP ürünlerinin dünya piyasalarına ulaştırılmasında önemli olacak bir ulaşım alt yapısı olarak, Gaziantep iline kadar faal hale girmiş, Gaziantep- Şanlıurfa kısmının ihalesi yapılmış olan otoyol aksının, Diyarbakır ilini Akdeniz limanlarına bağlayacak geri kalan kısmın en kısa zamanda ihale edilmesinin önemine değinilmektedir. Bu otoyol aksının, Diyarbakır'dan sonraki kısımlarının da uluslar arası finans kaynakları desteği ile gündeme alınmasının gerekliliği üzerinde durulmalıdır.

---

[90] 2000'e Beş Kala Diyarbakır,s. 317.

2.4.7.2. Demiryolu Ulaşım Altyapısı

Diyarbakır ili, demiryolu ulaşım ağına, 1930'lu yıllarda dahil edilmiştir. Diyarbakır Haydarpaşa- Kurtalan yolu üzerinde yer almaktadır.

Diyarbakır- Bismil demiryolu (47 km) 1940'ta Bismil- Sinan (28 km) 1942'de, Sinan – Batman (15 km) 1943'te, Batman – Kurtalan ise 1944'te işletmeye açılmıştır[91]. İstanbul- Ankara-Sivas-Diyarbakır-Kurtalan seferini yapan Güney ekspresi haftada 4 gün Diyarbakır'a gelmektedir. Aynı yolu izleyen yolcu treninin ise seferleri haftada 3 gündür. Bunlardan dışında başka Malatya-Diyarbakır-Kurtalan seferini yapan yolcu treni her gün Diyarbakır'a gelmektedir. Ayrıca, Doğanşehir-Malatya, Elazığ-Diyarbakır-Kurtalan seferini yapan yolcu treninin Diyarbakır'a düzenli seferleri vardır.

Türkiye genelinde, 1950 yılından bu yana demiryolu ağında önemli bir gelişme olmamıştır. 8000 (sekiz bin) km. civarında olan demiryolu ağı günümüzde de km. açısından aynı miktarda bulunmaktadır.

Batı Avrupa ülkelerinde demiryolu ulaşımı karayolunun da ötesinde, havayolları ile yarış yapacak düzeye ulaşmıştır. Türkiye demiryollarındaki ortalama hız 30-40 km. civarında kalmakta iken, Batı Avrupa ülkelerinde bu 200-250 km. ortalama hıza ulaşmıştır.

Ülke milli gelirinin arttırılması, elektrik enerjisi kullanımı nedeni ile çevre kirlenmesini minimum düzeye çekmesi açısından demiryolu ulaşımı çok rasyonel bir ulaşım teknik alt yapısı özelliği arz etmektedir.

Diyarbakır ili sınırları içersinde kalan demiryolu ağının, Diyarbakır ili ve çevre ilçelerle (Maden-Ergani- Diyarbakır- Bismil- Batman), bu aks

---

[91] Beysanoğlu, s. 1040.

üzerindeki kırsal yerleşimleri, etkileyebilecek ve mevcut demiryolu alt yapısını kullanacak, raylı toplu taşıma düzenlemesine gidilebilir. Mevcut alt yapı kullanılacağından, Diyarbakır il merkezi ve bazı yakın iller ve ilçeler adeta atıl konuma gelmiş olan (ortalama 24 saatte 2 tren katarı Diyarbakır'dan geçmektedir) çok önemli olan bu ulaşım altyapısı, rasyonel bir işlerliğe getirilmiş olur. Diğer ilçelerle veya Diyarbakır il gelişme planında öngörülecek, yeni yerleşimlerin, bu tür ulaşım alt yapısından yararlanması yoluna gidilmelidir[92].

2.4.7.3. Havayolu Ulaşım Alt Yapısı

Türk Hava Yolları, Diyarbakır hava alanından çeşitli tip uçaklarla dış ve iç bağlantılı (İstanbul- Ankara- Diyarbakır) seferler yapmaktadır. Yurt içi seferleri geliş-gidiş olmak üzere günde bir kez yapılmakta, yaz aylarında ek seferler konulmaktadır. Diyarbakır ili hava ulaşım açısından da Ankara ve İstanbul bağlantılı önemli bir ulaşım potansiyeline sahiptir (ortalama günde 5 uçak inip kalkmaktadır). Mevcut hava meydanı askeri amaç ağırlıklı bir hava meydanıdır.

GAP'ın meyvesini almaya başlayacağımız yakın gelecekte, bölgenin tarım ürünlerinin, taze bir şekilde iç ve dış pazarlara iletilmesinde uluslararası hava trafiğine açık büyük frigorifik kargo uçaklarının inebileceği uluslararası bir sivil hava meydanının mutlaka kalkınma planlarının kapsamına alınması gerekliliği ortaya çıkmaktadır. Bu şekilde düşünülmüş bir hava meydanı, Diyarbakır il gelişme planının önemli bir parçasını oluşturacaktır.

---

[92] 2000'e Beş Kala Diyarbakır, s. 307,310,319.

2.4.8. İçme suyu Alt Yapısı

Diyarbakır il merkezinin içme suyu şebekesi 1935 yılında Vakıflar İdaresi tarafından yaptırılmıştır. İlin 10 km. kadar batısında bulunan Güzeli köyü civarından kuyular açılarak pompaj yolu ile temin edilen su, özellikle 1990 yılından sonra kentin civar il ve ilçelerden aldığı göç sonucunda yetersiz kalmıştır.

Diyarbakır ilinin (ilçelerde de aynı durum geçerlidir) imar planlarıyla uyuşmayan gelişmesi, içme suyu konusunda büyük sorunlar yaratmaktadır. İl merkezine olan göçün, iyice yetersiz hale getirdiği içme suyu sorununu çözmek için 1975 yılında Dicle barajından, içme suyunun teminine yönelik proje çalışmaları başlatılmıştır. 2001 yılı Mayıs ayından itibaren, bu yolla elde edilen su, şehir içme suyu şebekesinin yetersizliği sorunlara neden olmaktadır. Bu proje 2030 yılını hedeflemektedir. Konutların % 10-15'i kendi kuyusunu açarak suyunu temin etme yoluna gitmektedir.İl merkezi, ilçeler ve kırsal kesimde içme suyu sorununun çözümüne yönelik raporlar nihai raporda ele alınacaktır[93].

---

[93] DSİ, **Diyarbakır X.Bölge Müdürlüğü**, Ankara, 1979; **Diyarbakır X.Bölge Müdürlüğü,** Diyarbakır, 1999.

3. TÜRKİYE'DE TARIM SEKTÖRÜ VE GAP

3.1 Tarım ve Sanayi Entegrasyonu

Tarım sektörünün Türkiye Ekonomisi'ne katkılarına geçmeden önce, bu sektörü tanımlayıp, sınırlarını çizmekte fayda vardır. Dar anlamda tarım; arazide ekim, dikim, bakım ve yetiştirme yollarıyla bitki, hayvan ve hayvansal ürünler üretilmesi veya bunların üreticileri tarafından işlenip değerlendirilmesi faaliyetleridir[94].

Geniş anlamda tarım; bitkisel ve hayvansal ürünler üretiminin yanında,bu ürünlerin yetiştiricileri tarafından işlenmesi, ormancılık ve balıkçılık faaliyetleri, tarımsal ürünlerin yetiştiricileri tarafından taşınması ve saklanması, mağazalara devredilmeden üreticileri tarafından satılması ile tarım alet ve makinalarının diğer tarım üreticilerinin üretimle ilgili faaliyetlerine bir bedel karşılığında kullandırılmasını da kapsamaktadır[95].

Böylece tanıma tarım dışı sayılması gereken üretici sektörler de girmektedir. Bu sebeple tanım bazı eleştirilere açıktır. Tarım ve tarımsal faaliyetler hakkında birbirinden az-çok farklı birçok tanım yapılmıştır. Bir tanıma göre arazide yerleşmiş bulunan insanların bitki ve hayvan materyallerini kullanarak, doğal ya da genetik gelişme oluşumunu hızlandırarak ihtiyaç duyulan bitkisel ve hayvansal ürünleri elde etmek

---

[94] Rıdvan Karluk , **Türkiye Ekonomisi (Tarihsel Gelişim Yapısal ve Sosyal Değişim)**, İstanbul 1997, s.157.

[95] Karluk, s.157.

amacı ile giriştikleri çabaları ekonomik yönden tarım ve tarımsal faaliyet olarakta açıklanmıştır[96].

Ekonomide, tarım, sanayi ve hizmet sektörlerinin birbirlerine neden-sonuç ilişkileriyle bağlı olduğu gelişim doğrultusunda mevcut işbirliği(entegrasyon) modellerinin geliştirilmesi ve/veya yeni modeller türetilmesi ihtiyacı hızla artmaktadır. Sektörler arası bütünleşme süreciyle, sektörlerin ya da alt sektörlerin birbirleri için pazar ve kaynak yaratmaları söz konusudur. Böylece sektörlerin ya da birbirlerinin ihtiyaçlarına yönelmeleri ve üretimde kaynaşmaları sağlanmaktadır[97].

Bu çerçevede genel olarak belirlenebilen dört tip entegrasyon modeli vardır:

a) Hem girdi sağlanması ve üretim, hem de ürün pazarlamasında çiftçiye serbestlik sağlayan buna karşın fiyat ve miktar belirsizliği gibi bir takım sorunları da beraberinde taşıyan 'sözleşmesiz ilişki' dir[98].

Bu sürece devlet düzenleyici olarak girmemişse, tarımsal piyasalar eşitsiz ilişkilere dayanır. Bu tür piyasa ilişkilerinin ortak özelliği çok fazla sayıda üreticiyi az sayıda ticaret sanayi sermayesiyle karşı karşıya bırakır ve sonuçta üretici daima handikaplı olur[99]. İktisadi ve sosyal gelişme sürecinde gerek gelişmiş ülkelerde gerekse az gelişmiş ülkelerde uygulama alanı oldukça azalan bir ticari ilişkidir.

---

[96] İsmet Tayşi, **Tarımın Yapısı ve Yeniden Düzenlenmesi**, 2. Türkiye İktisat Kongresi V, Tarım Komisyonu tebliğleri, DPT Yayınları no: 1783, Ankara 1981, s. 3.

[97] Hasan Olalı, İsmail Duymaz, **Tarımın Türkiye Ekonomisindeki Yeri Ve Ekonomik Gelişmeye Katkısı**, İzmir Ticaret Borsası Yayınları: İzmir, No:28,1987, s. 3.

[98] Erkan Rehber**, Sözleşmeli Tarım ve Önemi**,Türkiye 2.Tarım Ekonomisi Kongresi, 4-6 Eylül 1996, Adana, s.366.

[99] Korkut Boratav, **Yeni Dünya Düzeni Nereye**,Ankara: İmge Kitabevi Yayınları, 2000, s.212-213.

b) Arazi, bina vb. sermayelerin mülkiyetini alma ya da kiralama yoluyla sahip sanayici firmanın doğrudan çalışanı olarak üretim sürecine katılan çiftçi ile kurduğu 'sahiplik altındaki ilişki'dir[100]. Kapitalist gelişme sürecinde pazar için üretim yaygınlaşırken, köylü üreticiler ulusal ve uluslararası sermayenin, tüccar ve tefecilerin var olan yapıları çözücü ve farklılaştırıcı etkileriyle karşı karşıya gelirler. Bir görüşe göre , kapitalizmin kırsal alanlara girişiyle birlikte köylülük arasındaki farklılaşmalar giderek artacak, büyük toprak sahipleri güçlenirken küçük üreticiler mülksüzleşecek ve zaman içinde ya kentlere göç edecek ya da büyük toprak sahiplerinin işletmelerinde ücret karşılığı çalışan işçilere dönüşecektir. Böylece köylülük ortadan kalkarken sanayi kesiminde olduğu gibi tarımda da ücretli emek-sermaye ilişkisi egemen olacaktır[101].

c) Firmalar ve üreticiler arasında ürünün ekimi, dikimi veya üretiminden önce yapılan çiftçinin belirli bir ekiliş alanı ve üretimi gerçekleştirme sorumluluğu yüklemesine karşın, firmaların da elde edilecek ürünü belirli koşullarda almayı garanti ettiği anlaşmaya dayalı üretim ve pazarlama modeli olarak tanımlanabilen ' Sözleşmeli Tarım ' dır[102].

d) Üreticilerin girdi sağlama, ürünlerini işleme ve pazarlama konusunda kooperatifler şeklinde birleşmeleridir[103]. Gelişmiş ülkelerin deneyimleri tarım sektörü ile ilgili çalışmalarda öncelikle üreticilerin örgütlenmesine öncelik verildiğini gösteriyor. Kurulan çiftçi örgütleri, tarımı sanayi ile bütünleştirerek üreticiyi sadece hammadde satan kişi

---

[100] Rehber, s.367.
[101] Şevket Pamuk, Zafer Toprak, **Türkiye'de Tarımsal Yapılar (1923-2000),** Yurt Yayınları 18, Türk Sosyal Bilimler Derneği, s.10-11.
[102] Rehber, s.368.
[103] Rehber, s.367-368.

konumumdan kurtarmışlar, tarım zenginlik üreten bir sektör haline getirmişlerdir. Bugün tarım, bu ülkelerde toprağın üstündeki sabit sermaye birikimine önemli ölçüde katkı sağlamaktadır. Uyguladıkları sanayi politikası ile tarımdaki nüfus baskısını azaltarak, tarımdaki verimliliği arttıracak çalışmalara önem vermişlerdir. Sanayi devriminden önce tarım devrimi yaşanmış, tarımsal sorunların çözümü yönünde önemli reformlar yapılmıştır. Tarım, sanayinin itici gücü olmuştur. Gelişen sanayi sektörü de hammadde talepleri ile tarımın pazarı olmuştur. Tarıma girdi üreten sanayiler dev sanayiler haline gelmiştir.

3.2 Tarım Ekonomisinin Genel Görünümü

Tarımsal faaliyetler insanlığın ilk iktisadi faaliyetleridir. Çünkü tarımsal faaliyetler insanın beslenme ve giyinme gibi acil ve diğer ihtiyaçlarından önce gelen fizyolojik ihtiyaçlarını karşılamaya yöneliktir. Bu bakımdan tarımsal faaliyetlerin insanlığın gelişiminde uzun zaman ilk sırayı tutması rastlantı değil, 'eşyanın tabiatı gereğidir'.

Avcılık ve toplayıcılık evresinden tarımsal faaliyetlere geçiş; toprağın işlenmesiyle birlikte ortak uygulamaların ortaya çıkışı ve ortak mülkiyet olgusu ile toprak mülkiyeti düzeninde değişmeler; bireyci uygulamaların başlaması ve özel mülkiyetin ortaya çıkışı; endüstri devrimiyle birlikte tarımda modernizasyonun başlaması ve tarımda kooperatifleşme olgusu çok uzun bir zaman süresini kapsayan bu yolculuğun ana uğrak yerleridir.

Gerek ekonomi tarihi içinde, gerekse günümüzde tarım ekonomisi özgün bir bakış açısıyla incelenmek zorundadır. Nedenleri, tarım ekonomisinin doğasında saklıdır.

3.3 Tarımsal Üretimin Özellikleri

Tarım ekonomisi, üretim, tüketim, değişim,bölüşüm ve birikim gibi temel faaliyetlerin yer aldığı ve esas olarak topluma ait olan bir alandır. Ayrıca, genel karakteri itibariyle diğer kesimlerden çok önemli farlılıklar göstermekte, hatta gelişmiş ülkelerdeki 'tarımın endüstrileşmesi' olgusuna rağmen bu farklılıkların yarattığı bir özgünlük içermektedir. Bu özgünlüğün de temel nedenini tarımsal üretimin özelliklerinde aramak gerekir.

İnsanlar, hangi cins ve hangi tür tarımsal üretimin nerede, ne zaman, ne miktarda ve nasıl yapılacağını belirlerken serbest seçim yapma imkanına sahip değillerdir. Doğal kaynaklar ve iklim şartları bu seçimde ve yetiştirilen ürünün kalitesi üzerinde doğrudan etkili olurlar. Doğal şartlar ve kaynaklar, üretimde sınırlandırıcı bir rol oynarlar. Oysa, sınai ve ticari faaliyetlerde doğal şartların etkisi çok azdır.

Dış etmen ve değişkenler çoğu zaman üreticinin etkileme ve kontrol alanı dışındadır. Üretimin riski fazladır ve risk planlanamaz. Ancak, pasif yararlanmadan aktif etkilemeye geçen üreticiler için riskleri ve doğadan etkilenmeyi sınırlı tutmak mümkündür. Gelişen teknolojiye rağmen, tarımsal üretimin doğa ve iklim şartları ile doğal kaynaklara olan bağımlılığı yüksektir, dolayısıyla doğal etkilemenin gücü fazladır[104].

Mevsimlere bağlı iklim şartlarının etkisi ile tarımsal üretim de mevsim değişmelerine göre farklı bir seyir izler. Ekim, dikim, hasat vb. faaliyetlerdeki iş organizasyonu ve işlerin sıralanması, mevsimlere göre düzenlenir. Bu nedenle mevsim şartları tarımda ki iş bölümü ve

---

[104] Gülten Kazgan,**Tarım ve Gelişme**, 2.Baskı, İstanbul: İÜ Yayınları, 1977, s.3-53 ; Zeynel Dinler, **Tarım Ekonomisi**, Bursa: Ekin Kitabevi Yayını, 2000, s.126-143 ; Olalı, s. 3-25.

uzmanlaşmayı sınırlandırır. Çiftçi her mevsimde her işten anlamak zorundadır. Ancak bu şekilde işgücünün verimli şekilde istihdam etmek mümkün olur. Bununla birlikte mevsimlerin etkisi tarımda kış faktör talebini yakından etkiler. Örneğin kış mevsiminde atıl kalan işgücü diğer mevsimlerde yıpranacak derecede iş görür. Diğer sektörlerde böyle bir dalgalanma yoktur. Kışın kısa, yazın uzun iş günü söz konusudur. Yani, iş zamanı mevsimlere göre farklıdır. Yazın işin geciktirilmeye tahammülü yoktur. Zamanın da görülmeyen iş ürün israfına yol açar. Üretim dönemi dışında iş hacmi daralır. Sürekli istihdam güçleşir. Mevsimlik işsizlik doğar. Sermaye mallarında atıl kapasite ortaya çıkar. Ancak teknolojinin gelişmesine paralel olarak üretimin mevsimlik karakteri zayıflar (seracılıkta ve hayvan besiciliğinde olduğu gibi).

Tarımsal ürünlerin mevsimlik özellik ve bağımlılık göstermesi, ürünlerin piyasaya sürümünü de etkiler. Bu nedenle üretim dalgalanmalarını önlemek için ürünlerin stoklanması zorunlu olur.

Tarım makinalarının kullanımı hem üretim mevsimini hem de arazi şartlarını ve işletme büyüklüğüne bağlı olarak değişir. Bu nedenle yaygın makina kullanımı için elverişli şartlar her zaman mevcut değildir.

Tarım ürünleri, bitkisel ve hayvansal tohumdan ürerler, büyürler, yetişirler çoğalırlar ve olgunlaşırlar. Uzun zaman alan bu biyolojik olaylar üreticinin arzusuna göre hızlandırılamazlar.

Doğa ve piyasa şartlarına bağlılık nedeniyle tarım işletmelerinde genellikle çeşitli ürünlerin bir arada yetiştirilmesi gerekli olur. Bu şekilde ekonomik sakıncalar giderilmiş olur. Özellikle öztüketim oranının yüksek olduğu geçimlik aile işletmelerinde, çiftçi üretimiyle kendi ihtiyacını karşılamak ister. Üretimi çeşitlendirmek suretiyle hem bitkisel ve hayvansal üretimin birbirini tamamlaması, işletmede istihdam edilen işgücünün atıl bırakılmaması, hem de her mevsimde sürekli iş görmek amacı güdülür.

Tarımda maliyetlerin ileriye dönük hesaplanması zordur. Bu nedenle tarım ürünlerinde fiyat tespiti veya fiyat oluşumu maliyetlere göre değil piyasa şartlarına veya politik amaçlara göre gerçekleşir. Maliyetlerin ve öz tüketim oranının hesaplanması zor olduğu için, işletmenin kar veya zararını hesaplamak güçtür. Kaldı ki diğer şartlar belli olsa dahi, üreticinin kontrolü dışındaki doğal şartlar birim maliyetleri etkileme şansına sahiptirler.

Tarımsal üretimde azalan verim kanunu daha çabuk ve yaygın şekilde işler. Azalan verim kanunun işlemeye başladığı kıvam noktasına sanayiye göre daha çabuk ulaşılır. Teknolojik ilerleme bu kanunun işlemesini önlememiş yalnızca etkisini azaltmış veya geciktirmiştir.

Tarımsal üretimde faktörlerin mobilitesi zayıftır. Bu zayıflık hem mekan hem de sektörler itibariyle geçerlidir. İş gücü, toprağa bağlıdır. Başka bir bölgeye göç son çare olarak görülür. Meslek değiştirme imkanları da sınırlıdır. Toprak taşınmaz bir faktördür. Kurumsal nedenlerle turizm dışında tarım toprağının başkaca kullanılması hemen hemen mümkün değildir. İşgücünün zayıf olan mobilitesi nedeniyle, tarımsal verimlilik azalmakta gizli ve açık işsizlik büyümekte tarımsal fazla küçülmektedir. İşgücünün tarımdan tarım dışı sektörlere kanalize edilmesi beraberin de birçok sosyo-ekonomik sorunlar getirmektedir.

Tarımsal faaliyet alanında teknolojik ilerleme ancak gecikmeli olarak üretime girer ve yayılır. Bunu çok çeşitli sosyo- ekonomik ve teknik nedenleri vardır. Çiftçi kesimi daha çok gördüğü yenilikleri benimsemek eğilimindedir. Tarımsal teknoloji ve yeniliklerin çiftçi kesiminde benimsenip uygulanması ilk önce çok yavaş gerçekleşir. Uygulama hızı zamanla artar. Teknolojinin yayılmasında finansman ve haberleşme imkanlarıyla tarım işletmelerinin büyüklüğü ve piyasayla bütünleşme derecesi etkili olmaktadır.

Tarımsal üretim doğası gereği ekonominin dinamiğine ancak gecikmeli olarak ayak uydurur. Üretim kısa dönemde talep cephesinde değişmelere uyum sağlayamaz. Ayrıca kısa ve uzun dönem kavramları diğer kesimlere göre farklılık arz eder. Bir tarım işletmesinin üretim kapasitesini genişletemeyeceği ve çevresel etmenleri kontrol altına alamayacağı kadar sınırlı bir süreyi kapsayan kısa dönem, bazı tarım ürünleri örneğin ağaç ürünleri için 8-10 yılı kapsayabilir. Hayvancılılık içinde bu olgu geçerlidir. Bu tür ürünlerde işletmenin üretim kapasitesi, çoğalma ve büyüme süresini kapsayan birkaç yıl boyunca değişmemektedir.

Tarım sektöründe bulunan işletmelerin içinde bulundukları piyasa koşulları farklılık arz eder. Çok sayıda ve dağınık olan tarımsal işletmeler üretttikleri ürünleri "tam rekabete" yakın piyasalarda sattıkları halde, ihtiyaçları olan girdileri "olligopol" hatta bazı hallerde "monopol" piyasalardan sağlamaktadırlar.

Bütün bunların ışığında tarıma "devlet müdahalesi" olmadığı takdirde, tarım ürünü üreticileri, piyasa koşullarına göre, gerek girdi satın alırken gerekse ürünlerini satarken, iki yanlı sömürgeye açıktırlar. Tam rekabet ve eksik rekabet piyasa koşullarında bu durum kaçınılmazdır.

Tarımsal üretim konjonktürel kriz dönemlerinde sanayi ve hizmetler sektörleri kadar derinden etkilenmez. Konjonktürel canlanma dönemlerinde ise, tarım ürünleri fiyatları sınai ürün fiyatların dan daha yavaş artar. Genel olarak tarıma dayalı toplumların ekonomik krizler karşısında daha dayanıklı olduğu söylenmektedir.

3.4 Türkiye'de Tarım Sektörünün Yapısı

Türkiye, sahip olduğu coğrafi ve iklim şartları itibariyle hemen bütün tarımsal ürünleri üretmeye elverişli bir ülkedir[105]. Tarım sektöründe doğal kaynaklar kapsamına, tarımsal topraklar, toprağın kalitesi ve erozyonu, çayır ve meralar ile su kaynakları girmektedir.

Ülkenin tarımsal toprak varlığının, Genel Tarım Sayımı (GTS) verilerine göre yaklaşık %36'sı tarım alanı olarak kullanılmakta, çayır ve meralar ise %8'lik paya sahip bulunmaktadır.

Toplam işlenen alanlarda %68.8'i tarla olarak kullanılıyor, nadasa bırakılan alanlar toplamın %17,3'üne ulaşıyor, meyveler %11,1ve sebzeler de toplamın %2,8 dolayında bir toprak payına sahip bulunuyor[106].

Toprakların üçte biri kurak ve yarı kurak bölgelerdedir. Arazi genelde kireçli ve azot ve besleyici maddeler yönünden fakir, yorgun ve düşük verime sahiptir. Çayır ve meralar, üzerinde kendiliğinden ot yetişen ve hayvan otlatılarak veya otları biçilerek yararlanılan tarım arazileridir. Türkiye topraklarının 8.5 milyon hektarlık kısmı, teknik ve ekonomik olarak sulamaya uygundur.

Türk Tarımı, gerek gayri safi milli hasılada (GSMH) tarımsal üretimin payı, gerek toplam ihracatta tarım ürünlerinin payı, gerek toplam

---

[105] İTO, **Türkiye'de Tarımsal Destekleme ve Taban Fiyatları Politikası**, Yayın No:62, 1999, s.20.

[106] DİE, **Genel Tarım Sayımı Hanehalkı Araştırması Geçici Sonuçları**,Ankara: Aralık 1992.

nüfusta köylü nüfusunun payı, gerek aktif nüfusta tarımsal nüfusun payı v.s. itibarıyla, kendi gelir düzeyindeki ülkelerden daha tarımsal ve daha köylü görünümündedir. Türkiye'nin, sanayi ve kent uygarlığı aşamasına gelmesi, kendi gelir grubundaki ülkelere göre, zaman alacaktır.

3.4.1 Tarımsal Nüfusun Yapısı

Tarımsal nüfusu, iktisaden faal nüfus içinde tarım işletmelerinde çalışan nüfus olarak tanımlayabiliriz. Türkiye'de iktisaden faal nüfusun büyük bir bölümü tarım kesiminde bulunmaktadır. Yine istihdam edilen nüfusun büyük bir kesimi de bu sektörde istihdam edilmektedir[107].

Türkiye'de özellikle planlı dönemle birlikte ekonomik tarım sektörünün payı giderek azalırken, tarımda çalışanların miktarı, mutlak sayı olarak artmıştır. 2000 yılı sonunda Türkiye'nin toplam nüfusunun 67 milyonun üzerine çıkmıştır. Bu nüfusun yaklaşık %64.9'i şehirde %35.1'i ise köylerde yaşamaktadır. Yapılan nüfus sayım sonuçlarına göre Türkiye'nin nüfusu artış seyrindedir. Nüfusun köy ve kent dağılımı farklı olup kentli nüfusun toplam nüfus içindeki payı artarken köylü nüfusunun payı azalmaktadır.

---

[107] Dündar Sağlam, **Türkiye Ekonomisi**, Ankara: Ayyıldız Yayınları, 1976, s.161.

Tablo 16

Türkiye Şehir ve Köy Nüfusu

Yıl	Toplam Nüfus	Köy Nüfusu	Şehir Nüfusu	Köy Nüfusunun Payı (%)	Şehir Nüfusunun Payı (%)
1927	13648270	10.342.391	3.305.877	75.78	24.22
1940	17.820.950	13.474.701	4.346.249	75.61	24.39
1950	20.947.188	15.702.851	5.244.337	74.96	25.04
1960	27.754.820	18.895.089	8.859.731	68.08	31.92
1970	35.605.167	21.914.075	13.691.101	61.55	38.45
1980	44.736.957	25.091.950	19.645.007	56.09	43.91
1990	56.473.035	23.146.684	33.326.351	40.99	59.01
2000	67.803.927	23.797.653	44.006.274	35.10	64.90

Kaynak: DİE, Türkiye İstatistik Yıllığı 2002, Ankara, 2003 , s.51.

Tablo 16'da toplam nüfus, nüfusun köy-kent dağılımı verilmekte olup köylü nüfusunun toplam nüfus içindeki payı azalmakla birlikte gelişmiş ülkelere göre yüksek değerdedir. 1960'ta %68, 1980'de %56, 1990'da %40.9 ve 2000'de % 35.10'dur.

Tablo 17

Türkiye'de Tarım Sektörünün Toplam İstihdam ve GSMH İçindeki Payı

Yıllar	Tarım Sektöründe Toplam İstihdam (%)	GSMH* Payı	GSMH** Payı
1970	70.2	36.7	30.7
1980	62.5	26.7	24.2
1990	46.1	16.8	16.1
1999	42.8	14.4	13.4
2000	35.2	13.5	13.1

Kaynak: DİE, Türkiye İstatatistik Yıllığı 2002, Ankara, 2003, s.633; DPT, VIII.BYKP, Ankara, 2000.
*Sabit Fiyatlarla
**Cari Fiyatlarla

Tablo 18

Toplam İstihdamda Tarımın Payı

Yıl	1999	2000	2001*
Aktif Nüfus (Bin kişi)	23.086	22.727	23.255
Tarım (Bin kişi)	9.152	7.628	7.660
Oran (%)	42.8	35.2	31

Kaynak: DPT,2001 Yılı Programı, Ankara, 2000.
*Tahmini Değerler

Tarım diğer sektörler ile kıyaslandığında, genel ekonomi içindeki büyüklüğünün önemli olduğu yukardaki Tablo'da görülmektedir. Tarımda istihdam edilen emek oranının %35 olduğu bir durumda GSMH içinde tarımın payı (%13.5) düşüktür. Tarımda çalışan insan sayısının yüksek olmasına rağmen elde edilen değerin düşüklüğü tarımda verimliğin düşük olduğu anlamına gelir.

Tarımda verimsizliğin nedeni tarım nüfusunu fazla olması, tarımda teknoloji kullanımının yok denecek kadar az olması, tarımda üretimde bulunan çiftçinin piyasa koşullarından uzak babadan kalma yöntem ile üretim yapması ve daha da önemlisi pazar için üretmenin ne anlama geldiğini hala kavrayamamasıdır.

Tablo 19

Tarımın Diğer Sektörlerle Kıyaslanması; 2000

Sektörle r	GSMH (Milyar $)	İstihdam (Bin Kişi)	GSMH/İstihda m (Kişi Başına $)
Tarım	29.037	7.187	4.040
Sanayi	46.378	3.713	12.424
Hizmetle r	116.038	8.330	13.930
İnşaat	10.519	1.329	7.915
Toplam	201.972	20.578	9.815

Kaynak: Tarım ve Köy İşleri Bakanlığı, 2000 İstatistikleri.

Ayrıca, Türkiye ekonomisinde, GSMH içinde tarımın payı gelişmiş ülkelere göre yüksektir. Tarım Sektöründe, tarımsal işgücü talebi toplam nüfusun %11'i kırsal alanda yaşayan nüfus, toplam nüfusun %35'i tarımda istihdam edilen toplam nüfusun %35.2'sini oluşturmaktadır. Kırsal kesimi ihtiyacının iki katı fazlası işgücünü bünyesinde barındırmaktadır. Türkiye tarımındaki işgücü verimliliği, sanayileşmiş ülkelere göre dört ile on kat daha azdır. Bu sebeple Türkiye'de, tarım sektöründe işgücü verimliliğini arttırıcı ve tarımsal nüfusun şehirlere göçünü önleyici acil tedbirleri vakit geçirmeden yürürlüğe kaymak gerekir. Tarımsal işgücünün göreli olarak az kaldığı mevsimler atıl kalan işgücü köy ile ilgili diğer yatırım ve hizmetlerde istihdam edilebilir. Bu durum tarımsal alanlara yönelik gelişme koşullarına ivme kazandıracağı gibi istihdam alanlarını da arttıracaktır[108].

3.4.2 Tarım Sektöründe Gelir Dağılımı

Türkiye'de 1998 yılında GSMH 205 milyar dolar civarında gerçekleşmiştir. Kişi başına 324 dolar olan yıllık gelir 1960 yılının 9 katıdır. 1960'da %37.9 olan tarım sektörünün payı 1995 yılında %15.0'a düşmüştür.

---

[108] Fatma Doğruel., **Tarım Destekleme Politikaları ve Sonuçları; ABD, AT ve Türkiye**, İstanbul: İstanbul Ticaret Odası Yayınları, 1993.

Tablo 20

Sanayinin ve Tarımın Gelir Payları; Cari Fiyatlarla

	Tarım	Sanayi
1950	41,7	14,6
1960	37,9	17,2
1970	35,0	17,1
1980	23,6	20,1
1990	17,3	25,3
1995	15,0	25,8

Kaynak: DİE, GAP İl İstatistikleri 1950-1996, Ankara, 1997,s.23.

1970'lerden sonra tarımın GSMH içindeki payının hızla düştüğü görünmektedir; ancak tarımsal yapının kendi içinde de gelir dağılımı açısından dengesiz bir yapısı vardır. TÜSİAD'ın 1999 tarihli raporunda tarımda gelir dağılımı aşağıdaki gibi gösterilmektedir:

Tablo 21

Tarımda Gelir Dağılımı (Hane Halkı Yüzdesi-Gelir Yüzdesi)

	1963	**1968**	**1973**	**1987**	**1994**
Birinci % 20	6,00	4,00	3,00	5,21	5,54
İkinci % 20	9,20	6,00	5,50	10,03	10,14
Üçüncü % 20	13,80	10,00	9,50	14,98	14,80
Dördüncü % 20	21,40	19,00	20,00	21,97	21,79
Beşinci % 20	49,60	61,00	63,00	47,82	47,70
TOPLAM	100,00	100,00	100,00	100,00	100,00

Kaynak: Erol ÇAKMAK, H.Kasnakoğlu Tarım Politikalarında Yeni Denge Arayışları ve Türkiye, TÜSİAD, 1999.

En düşük gelirli 3. dilim (%60) gelirin %30'unu alırken en yüksek gelir grubu (%20) milli gelirin %50'sini almaktadır. Dördüncü dilimde ise orta gelirli %20, gelirin %20'sini almaktadır. Son 40 yılda toprak dağılımında olduğu gibi gelir dağılımında da önemli bir değişiklik gözlenmemektedir.

Bu durum, her ne kadar sanayileşmenin ve hizmetler kesimindeki büyümenin bir sonucu olarak gösterilse de kırsal nüfusun devamlı olarak bir yoksullaşmaya doğru gittiğinin işareti olarak yorumlanmaktadır. Nitekim tarım sektöründe kişi başına düşen gelir 1990'da 1014 dolar iken 1995'de 848 dolara düşmüştür. Bu da %16.3'lük bir azalışa karşılık gelmektedir.

Tarım sektörüne yapılan yatırımlara bakıldığında 1980'li yılların başında toplam sabit sermaye yatırımlardaki payının %10-12 iken bu oranın 1984'den sonra giderek azaldığı görülmüştür. Söz konusu oran 94'de %4.2'ye, 95'deki bir yükselişe karşın 96'da %5.4'e düşmüştür.

3.4.3 Tarım Sektöründe Pazarlama

Tarım ve dış ticaret ilişkisine gelince, 1998 yılında ihracat 27 milyar dolarken dış ticaret açığının 19 milyar dolar olduğunu görüyoruz. Tarım ve ormancılık ürünlerinin 1980'lerde ihracat içindeki payı %57 iken 1998'de bu oran 2.7 milyar dolarla %10'a düşmüştür. Ancak sanayi ürünleri ihracatında işlenmiş tarım ürünlerinin payı da artmaktadır. Ama bazı araştırmacıların abarttığı gibi de değildir.

Tarım ve ormancılık ürünlerinin 1980'de 50 milyon dolar iken 1993'te 1.7 milyar dolara, 1998'de ise yaklaşık 2.2 milyar dolara yükselerek toplam ithalat içindeki payı %4.6'yı bulmuştur. Bu rakam toplam tarım ürünleri ihracatına yaklaşmaktadır. Türkiye'nin genel dış ticaretinde olduğu gibi tarım ürünleri dış ticaretinde en yüksek payı A.B. ülkeleri almaktadır.

Türkiye tarımında toprakta klasifikasyon (toprağın hangi ürüne elverişli olduğu ve o ürüne ait girdilerin miktarını ve niteliğini belirleyen düzeyler) bir sorun olarak ortada durmaktadır. Özellikle küçük köylülerin babadan kalma ürünleri yetiştirmeye devam etmeleri, bürokratik faaliyetlere karşı duydukları çekingenlik bu tahlillerin yaygınlık kazanmasını önlemektedir. Örneğin, toprakta hangi tür gübrenin kullanılması gerektiği konusunda yapılacak bir tahlil yerine herkesin kullandığı gübre çeşidini toprağa atmak bir alışkanlık olarak devam etmektedir. Tüm bu bilinçsizce kullanışa rağmen tarımsal girdiler bir noktaya kadar tarımda verimliliği arttırmıştır.

Tarımsal ürünlerin pazarlanmasında da problem çözülmüş değildir. Tarımsal Pazarlamayı, mal ve hizmetlerin üreticiden tüketiciye ulaşımı sürecinde,arz,talep,fiyat masraf unsurlarını çeşitli zaman yer ve şekildeki durumlarının incelenmesi ve gösterilen hedefe varılması için gerekli fonksiyonların yerine getirilmesi şeklinde tanımlamak mümkündür.

Türkiye'de kendi tüketimi için üretilen ürünlerle pazara yönelik ürünlerin işlenmesi birlikte yapılmaktadır. Pazar için yapılan üretim, bölgeler, işletme büyüklüklerine göre farklılıklar göstermektedir.

Tablo 22

Ürünlerin Pazarlama Oranları (%)

Ürünler	**Pazarlama Oranı %**
İnek Sütü	0-20
Sığır, Koyun, Yumurta	21-40
Arpa, Mısır, Tavuk	41-60
Kuru Fasulye, Mercimek, Nohut, Buğday, Patates, Zeytin, Üzüm, Elma, Kavun	61-80
Çay,Pamuk,Şekerpancarı,Tütün,Ayçiçeği,Fındık,Limon, Portakal, Domates, Karpuz	81-100

Kaynak: DİE, Tarımsal Yapı (üretim,fiyat,değer)2001, Ankara, 2002,s.5-10,99.

Ekilen alanların büyüklüğüne baktığımızda ise 1950'li yıllarda 17 milyon hektar olan ekim alanlarının(nadas dahil) 28 milyon hektara yükseldiğini görmekteyiz. Tarımda meraların bu alanlara dahil edilmesinin bunda büyük payı vardır. Gelişmiş ülkelerde mera olarak kullanılan topraklar tarla olarak kullanılmaya elverişli olmayan ya da çok büyük uğraşlarla tarla yapılabilecek alanlardır. Türkiye topraklarında bugün gerçek tarım alanı olarak 21.089.927 hektar arazi bulunmaktadır. Ekim alanlarının genişletilmesiyle ilgili gerekli tedbirler alınmadığından topraklar büyük ölçüde erozyona uğramaktadırlar. Mera topraklarının tarıma açılmasıyla elde edilen ve 3.5 milyon hektar tutan tarıma elverişli olmayan arazilerin kullanımından zengin köylüler ve büyük toprak sahipleri sorumludurlar.

Türkiye'de gayrisafi tarımsal üretim değerinin 3/4'ü bitkisel üretim; geriye kalan 1/4'ünü hayvansal üretim oluşturmaktadır. Bitkisel üretim değerinin yaklaşık %50'si tarla bitkilerinden, %30'u çok yıllık bitkilerden ve meyvelerden, %20'si sebzelerden gelmektedir. Tarla bitkileri içinde en yüksek payı %45 ile tahıllar almakta, bunun %25 ile sanayi bitkileri, %20 ile yağlı tohumlar ve kök bitkileri, %10 ile baklagiller izlemektedir. Tahıllar içinde en büyük payı buğday %65, arpa %20, mısır %10; sanayi bitkileri içinde tütün, pamuk ve şekerpancarı; baklagiller içinde nohut, kuru fasulye ve mercimek; yağlı tohumlarda ayçiçeği ve kök bitkileri içinde ise patates oluşturmaktadır.

Türkiye'de tarımsal üretim büyük ölçüde doğa koşullarına bağlı olarak gelişmektedir. Artık tarımsal girdilerin artmasıyla büyüyen verim artışı eskisi gibi gelişmemektedir. Tarım kesiminde, sanayi kesiminin tersine azalan verim kanunu geçerlidir. Bu da tarım kesimine daha fazla sermaye akışını engellemektedir. Dolayısıyla sermaye yoğun teknolojinin uygulanması sınırlıdır. Özellikle bazı ürünlerde teknolojik gelişmenin getirdiği olanaklar kullanılmamaktadır. Örneğin günümüzde zeytinin ağaçlardan toplanması hala ilkel metodlarla yapılmaktadır. Zeytin yerlerden elle toplanırken, dallardaki zeytin sırıklarla yere düşürülmektedir. Diyarbakır kırsalının bir kısmında mercimek hasadı orak ve tırpanla gerçekleştirilmektedir.

3.5 Tarımsal Girdiler

3.5.1 Mekanizasyon

1950 yılında iktidara gelen Demokrat Parti Hükümetinin tarımsal kalkınmaya ağırlık veren bir politika izlemesi, tarımda süratli ancak plansız, eşgüdümsüz bir makineleşme hareketi başlatmıştır. Makineleşmenin simgesi kabul edilen traktör sayısı 1948'de 1.746 iken, 1950'de 16.580'e, 1955'de 35.600'e ve 1960'da 42.000'e yükselmiştir. Traktör sayısındaki artış planlı kalkınma döneminde de olağanüstü bir hız ile devam etmiştir. 1975'de 243 bine ulaşan traktör adeti 1988'de 650 bini ve 1997'de 850 bini aşmıştır. Ancak tarımda kullanılan traktör sayısı ile traktör ekipmanı ve öteki tarımsal makineler arasında optimal bir denge kurulamamıştır. Kimi tarımsal araç ve gereçler optimal seviyenin üstünde artmışken, bir kısmında ise ihtiyacın çık altında kalmıştır. Aşağıdaki Tablo'da yıllara göre ülkemizde traktörleşmedeki gelişmeler yer almaktadır.

Tablo 23

Türkiye'de Yıllara Göre Traktör Sayısı

	1950	1960	1970	1980	1998
Traktör Sayısı	16.585	42.000	105.865	556.781	902.513

Kaynak: DİE, İlgili Yıl İstatistikleri ;Genel Tarım Sayımları;GAP,1950-1996 İstatistikleri

3.5.2 Kimyevi gübre:

Bitkisel üretimin nicel ve nitel açıdan gereksinilen düzeye ulaştırılması için topraktaki eksik bitki besin maddelerinin tamamlanması zorunludur. Ne yazık ki besin ve organik madde gereksiniminin karşılanmasında önemli bir payı olan hayvan gübresinin (ahır gübresi) %60' ı tezek olarak yakılmaktadır. Bugün ülkemizde tüketilmekte olan azotlu gübrelerin bir kısmı yurt içinde üretilirken özellikle fosforlu gübrede kullanılan hammaddenin tümüne yakın kısmı dışarıdan ithal edilir. Dışalımla sağlanan gübre hammaddesi için yılda önemli bir miktarda döviz ödenmekte ve bu miktar gün geçtikçe büyümektedir.

Günümüzde ise gübre fabrikalarının özelleştirilmesi gündemdedir. 31 Ağustos' a kadar alınacak tekliflerle özelleştirilecek fabrikalar şunlardır: İstanbul Gübre Sanayi A.Ş(İGSAŞ), Türkiye Gübre Sanayi A.Ş(TÜGSAŞ), Samsun Gübre Sanayi A.Ş, Gemlik Gübre Sanayi A.Ş, Kütahya Gübre Sanayi A.Ş.

3.5.3 Sulama:

Bilindiği gibi ülkemizin büyük bir bölümünde yarı kurak ve kurak iklim egemendir. Bu nedenle tarımsal üretim önemli ölçüde hava koşullarına bağlıdır. Bu yüzden bir kısmı Devlet Su İşleri tarafından yürütülen sulama çalışmaları yaşamsal öneme sahiptir.

Tablo 24

Kurumlarca Sulamaya Açılan Topraklar

DSİ Tarafından Yapılan	1.7 milyon hektar
Toprak Su ve KHGM Tarafından Yapılan	1.0 milyon hektar
Üreticilerin Kendi Olanakları Tarafından Yapılan	1.3 milyon hektar
Toplam	4.0 milyon hektar

Kaynak: DSİ, 2000.

3.5.4 İlaçlama:

Tarım Bakanlığında yapılan bir araştırma tarım zararlılarının üretimin %20-50'ye düşmesine sebep olduğunu göstermiştir. Türkiye'de kullanılan tarımsal ilaç miktarı aşağıdaki gibidir:

Tablo 25

Tarımsal Mücadele İlaçları (Bin Ton)

1963	**1967**	**1972**	**1977**	**1979**	**1980**	**1983**	**1985**	**1987**
37	40	51	74	82	34	43	37	33

Kaynak: DPT, 1990.

80'li yılların liberal politikaları sonucu tarımsal mücadele ilacı kullanımında büyük bir düşüş yaşanmaktadır. Bu gerileme fiyat artışlarından kaynaklanmıştır. Örneğin bu artışlar Hektaferrin ilacında 20 mislini bulmuştur. Döviz fiyatlarına bağlı olarak bu büyük artış, tarımsal mücadele çalışmalarını olumsuz yönde etkilemiştir.

Tarımsal ilaç sanayinde toplam sermayenin %39'u yabancılara, %64.61'i ise yerlilere aittir. Doğrudan doğruya dış ülkelerden alınan hazır ilaç miktarı tüm ilaçların %30'unu bulmaktadır. İlaç firmalarının çoğu, ilacın etkili maddesini yurtdışından satın alarak ilaçlarını hazırlamaktadırlar. Bazıları ise dünyada yasaklanmış ilaçları Türkiye'de satmaktan çekinmemektedirler.

İlaç firmaları gereğinden fazla yüksek dozda hazırladıkları ilaçları piyasaya sürmekte ve yaptıkları reklamlarla tüketiciyi etki altına almaktadırlar. Yüksek dozda kullanılan ilaçlar ilk önceleri etkili olsalar da zaman içinde bağışıklık kazanan zararlılara karşı ister istemez üretici daha yüksek dozda ilaç kullanmak zorunda kalmaktadır.

3.5.5 Tohum:

Üretici için yaşamsal öneme sahip tohumların ıslah edilmesi ve üretilmesi için kurulan TİGEM(Tarım İşletmeleri genel Müdürlüğü) devletin tarımdaki rolünün gerekliliğine güzel bir örnektir.

Kuruldukları günden bu yana tarımda verimliliği arttıran TİGEM'lerin özelleştirilmesi halinde tarımın büyük bir darbe alacağı kesindir. Özellikle tohumculuk alanında yabancı ve yerli sermayenin gözünü diktiği işletmeler için TÜRTAV (Türkiye Tarımcılar Vakfı) Başkanı Abdullah Aysu şöyle diyor: "Türkiye'de tohum üretebilecek topraklar sadece TİGEM'lerdir. Bu anlamda ülkemizde yapılacak bilimsel çalışmalar için TİGEM' ler kullanılmalıdır. TİGEM arazileri ister yerli, ister yabancı şirketlere devredilsin ya da kiraya verilsin kar amacına yönelik yapılandırılacaklardır. Böylece TİGEM' in amaçları olarak sıralanan; bitkisel ve hayvansal üretimim artırma, ürün çeşitliliği ve kalitesini sağlama, yetiştirilen tohum, fide, fidan, damızlık hayvan ve benzerlerini yetiştiricilere aktarma, araştırma ve geliştirme yapma, çevre çiftçilere tarımsal teknoloji ve girdi kullanımında öncülük, öğreticilik yapma işlevlerinden uzaklaşılacaktır."

1965 yılından bu yana tohumluk üretim çalışmaları yapan; tohumun daha düşük maliyetle elde edilmesi için uğraşan TİGEM çeşitli işletmelerle sözleşmeli olarak tohum üretmektedir. Sabancı gibi özel sektör kuruluşlarının tohum üretimindeki rolünün artması TİGEM'i sözleşme alanlarını daraltmak zorunda bırakmıştır. Örneğin 1991'de soya fasulyesi tohumluğu üretimine son verilmiştir.

TİGEM'in özelleştirilmesinin gündeme gelmesiyle tepkiler büyürken Tarım-İş sendikası Başkanı Bedrettin Kaykaç konuya dair düşüncelerini şöyle dile getirmiştir: "Çok karlı bir sektör olan tohumculukta faaliyet gösteren ulusötesi dev şirketlerin çıkarı, TİGEM' in bu alanlardaki faaliyetlerinin sona erdirilmesi ya da ele geçirilmesidir. Daha şimdiden ABD Büyükelçisi, amerikan firmalarının TİGEM çiftliklerine ilgi duyduğunu belirtmekte, çiftlikleri ziyaret etmektedir. TİGEM işletmelerine talip olabilecek yabancı şirketlerin kendi hayvanlarını getirme niyeti, Tarım ve Köyişleri Bakanlığına yerli damızlık ırkları ıslahı projesiyle çelişmektedir."

Özelleştirilmek istenen 7 işletmeden sadece Ceylanpınar İşletmesinin toplam 1 milyon 761 bin 594 dekar arazisi bulunuyor. Çok sayıda mühendise sahip ve gelişmiş teknolojiyi uygulayan işletme GAP projesi için deney yapma dönemini geçirmiştir. Böylesine değerli bir işletmenin özelleştirilmesinin üreticiyi etkileyeceği açıktır.

3.6 Tarımsal krediler:

Tablo 26

Türkiye'de Kullanılan Tarımsal Krediler

1963 fiyatlarıyla (milyar TL)

1963	**1972**	**1973**	**1977**	**1980**	**1983**	**1985**	**1987**
22.5	41.2	67.5	96.9	72.5	58.7	57.0	89.2

Kaynak: DPT, 1990.

Türkiye'de Ziraat Bankası, Tarım Kredi ve Tarım Satış Kooperatifleri üreticiye kredi vermektedirler. Merkez Bankasının sağladığı kredi olanakları ise tarım ürünlerinin birliklerce satın alınıp fiyatlarının desteklenmesi içindir. Kendi tüketimini zar zor karşılayan küçük üreticinin yarattığı ve kullanabildiği fonlar sınırlıdır. Bu yüzden borçlanması gerekir. Buna karşılık orta ve büyük işletmeler tarımın yanında ticaretle de uğraştığı için tasarruf yapabilmektedir.

Büyük çiftçiler 80 sonrası kredi almaya getirilen kıstasları yerine getirip rahatlıkla yerel bankalardan ve Ziraat Bankasından kredi alabilirler. Küçük köylünün ise Tarım Kredi Kooperatifleri dışında kredi alabilme hakları yoktur; çünkü mal varlıkları az olduğundan ipotek karşılığı kredi veren Ziraat Bankasından kredi alma olanakları yoktur. Ziraat Bankası için önemli olan arazi büyüklüğüdür. Çiftçiye verilen kredilerde iş deneyimi gibi kıstasların önemi yoktur.

Tarım Kooperatifleri Ziraat Bankasından aldıkları kredileri kefil dışında ipotek şartı olmadan küçük üreticiye verirler. Bu kredinin 1/4'ü para olarak; geriye kalanı tarımsal araçlar ve gübre olarak alınır. Ocak ayında çiftçi aldığı krediyi faiziyle ödemek zorundadır; aksi takdirde faizi yükselir. Bunun dışında tüccardan veya büyük toprak sahibinden borçlanmaktadır küçük üretici. Ancak çok yüksek faizlerin söz konusu olduğu bu borçlanmada üreticinin toprağını kaybetme olasılığı yüksektir.

3.7 Türkiye'de Tarım Sektörünün Yapısı ve Tarihsel Gelişimi

3.7.1 Cumhuriyet Dönemi

Birinci Dünya ve Kurtuluş Savaşı sonrasında ekonominin belkemiğini oluşturan tarımsal üretim yarı yarıya azalmıştı[109]. Savaş gereksinimlerini karşılamak için, vergiler arttırılmış ve yeni vergiler

[109] Kepenek- Yentürk, s.28.

konmuştur. Ayrıca aşar vergisi kaldırılmış, yerini doldurabilmek için de hayvan ve arazi vergileri konmakla beraber boşluğu doldurmaya yetmedi. Ancak kırsal kesimin daha mağdur duruma düşmemesi için tarımdan gelen vergi gelirleri, başka sektörlerden alınmaya başlanmıştır[110]. Kamu gelirlerinin önemli bölümünü oluşturan aşar, tuz ve tütün gibi tekel ürünlerinin üretiminin azalması, konu gelirlerinde azalma yaratmıştır[111].

Atatürk Dönemi ekonomi politikalarında, bir yandan tarımın iyileştirilmesine, öte yandan sanayileşme politikalarında tarımsal ürünleri işleyecek gıda ve dokuma sanayilerine öncelik verilmek suretiyle tarıma önem verildiği gözlemlenir[112]. Toprak üzerinde özel mülkiyeti yaygınlaştırmak üzere yasal düzenlemelere gidilmiştir. Ek olarak bazı tarım ürünlerinin üretiminin özendirilmesi ve sulama, gübre, tohumluk sağlama ve teknik eğitim konularında kamu yardımı önlemleri geliştirilmiştir. Bu dönemde tarım için en önemli olay, 1925 yılında Aşar'ın kaldırılması olmuştur. Ek olarak 1927 ve 1929'da çıkarılan yasalarla topraksız köylülere toprak dağıtılması yoluna gidilmiştir. Ancak bu konudaki denemeler sınırlı kalmış, toprak reformu konusunda devletçi aydınların zaman zaman gösterdikleri çabalar yönetimin üst kademeleri tarafından önlenmiştir.[113] Atatürk'ün önderliğinde tarım politikasının ana hatlarıyla şöyle özetlenebilir:

Toprak reformu yaparak, bir yandan Türk çiftçisini kendine yetecek kadar toprak sahibi kılmak; diğer yandan bölge, nüfus yoğunluğu ve verim

---

[110] A.Aydın Çeçen- A. Suat Doğruel- Fatma Doğruel, **Türkiye'de Ekonomik Büyüme Yapısal Dönüşüm ve Kriz**, İstanbul: Ege Yayınları, 1996, s. 8.

[111] Kepenek-Yentürk, s.73.

[112] Hasan Olalı- İsmail Duymaz, **Tarımın Türk Ekonomisindeki Yeri ve Ekonomik Gelişmeye Katkısı**, İzmir: İzmir Ticaret Borsası Yayınları no:28,1987, s. 65.

[113] İsmail Cem, **Türkiye'de Geri Kalmışlığın Tarihi**, İstanbul: Cem Yayınları,B.10, 1989, s.296.

derecelerine göre, büyük tarım işletmelerinin sahip olacağı toprak alanını sınırlamak,

- Tarımsal mekanizasyonu geliştirmek,
- Tarımsal ürünlerin üretim maliyetlerini düşürmek ve kalitelerini ıslah etmek,
- Tarım sektöründe bölgesel politikalar uygulamak

Gerçi Atatürk ülke ekonomisinin gelişmesi için İzmir'de iktisat kongresi düzenlemiş, mevcut sorunlar ve çözüm yolları tartışılmıştı. İktisat Kongresinin düzenlendiği 17 Şubat 1923 tarihinde, Kurtuluş Savaşından galip olarak çıkan Türkiye, iktisadi açıdan devraldığı "Düyun-u Umumiye" ile karşı karşıya kalan, halkın büyük çoğunluğu fakir ve eğitimsiz, sanayi kuruluşları yok denecek kadar az ve sermaye birikiminden yoksun, geri kalmış bir ülke konumundaydı. Bu Kongrenin ortaya konulan fikirler açısından o dönemin Türkiye ekonomisini yeniden inşa etmede büyük katkıları olmuştur.

Birinci Dünya Savaşından 5 yıl sonra, dünyanın kendine bir düzen vermeye çalıştığı uluslararası konjonktürde toplanan Birinci İktisat Kongresi, daha çok içerdeki dengeleri tesis etmeye ve iktisadi yapıyı oluşturmaya yönelikti.

Kongrede sanayici, tüccar, çiftçi, işçi "murahhaslarının" oldukça çekişmeli ve kulisli bir çalışma ortamından sonra, ana sektörler itibariyle belirlenen "Misak-i İktisadi Esasları" başliği altında bütünleşmeleri, bir ittifak arayışının kanıtı olarak sayılabilir. Bu çerçevede, Kongre kapsami içinde siyasi bağımsızlığın iktisadi bağımsızlıkla birleştirilmesi ve Türk girişimcisinin güçlendirilmesi en temel hedeflerdi.

Kongrede milliyetçi ve liberal politikalarin temelleri benimsenmişti. Gerçckten, 1923-29 dönemi tüm dünyada görüldügü gibi liberal politikalarin uygulandığı bir dönem olmuştur. Bunun nedeni, uygulanan politikalarin, özel girişim öncülügünde ve dışa açık bir ekonomik yapı içinde gelişmesiydi. Dışa açık politikaların benimsenmesinin bir diğer nedeni ise Lozan Antlaşmasının iktisadi hükümleriydi. Antlaşmanın eki olan ticaret sözleşmesi, 1916 yılında Osmanlı gümrük tarifelerinin beş yıl daha yürürlükte kalmasını ve yeni yasaklar getirilmemesini öngörüyordu. Bu nedenle, 1929 yılına kadar gümrük tarifelerinde artışlar gerçekleştirilememiştir.

1923-29 yılları arasında devlet özel girişimi teşvik etmek için yoğun çaba harcamıştır. Bu amaçla yapılanların başında, devlet tekelleri kurularak daha sonra bunların işletmesini özel sektöre devretmek gelmektedir.

Bu dönemde insanlarımız iktisadi ve sınai bilgi ve deneyiminden yoksundu. eğitim seviyesi düşük kalifiye eleman yok denecek kadar azdı. Meteoroloji bilgisinden yoksun olması ve tarımsal üretimin tamamen iklim şartlarına bağlı olması yüzünden üretim dalgalı olmaktaydı. İklim şartlarının kötü gittiği senelerde tahıl ithal edilmek zorunda kalınıyordu.

Sanayileşmek için Türkiye'de ihtiyaç duyulan tasarruf sermayesi de yoktu. Yeni sanayi yatırımlara girişilmesi için yabancı sermayeye şiddetli ihtiyaç vardı. Ancak Osmanlı dönemindeki kapitülasyonlar ve Düyun-u Umumiye idaresinin acı deneyimler unutulmamış, iç kaynaklarla karşılamayı tercih edecek durumundaydılar.

Ayrıca, bu dönemde, milli sanayii geliştirmek için Teşvik-i Sanayi Kanunu ile birlikte çeşitli hammaddelerin ithalatını kolaylaştıran gümrük tedbirleri alınmıştır[114]. Milli bankalar kurularak (İş Bankası, Tütüncüler Bankası ve Sanayi ve Maadin Bankası), İstanbul ticaret ve tahıl borsası açılmıştır. Bu dönemde anonim şirketlerin kurulmsı da kolaylaştırılmıştır. Madenler ve sigara üretimi devletleştirilerek milli üretime dönük bir biçimde işletilmeye başlanmış, şeker fabrikaları için teşvik kanunu çıkartılmıştır. Ancak, bu dönemde, devletin en az düzeydeki müdahaleci tutumuna rağmen, özel sektör istenilen gelişmeyi sağlayamamıştır. Bunu gerçekleştirebilecek faktör donanımına sahip olmayan özel kesim sermayeden de yoksundu.

Tüm dünyayı iktisadi açıdan büyük bir çıkmaza sokan 1929 dünya iktisat bunalımı ise liberal iktisat politikalarını izleyen ülkemizi de etkilemiştir. Sanayileşme hareketini kısmen yavaşlatmıştır. Bununla birlikte o dönemin bir Tarım ülkesi olarak 1929 büyük bunalımından çok az bir zararla kurtulduk[115]. Bu dönemde, Türk parasının değerinin düşmesi sonucu, tarım ürünlerimizin dünya piyasalarinda fiyatları düşmüştür. 1924-1929 döneminde GSMH yılda ortalama yüzde 10,9, sınai üretim ise yüzde 8,5 oranında artış kaydetmiştir. Bu sonuç, üretim kapasitesine yapılan ilavelerden çok, geçmişte meydana gelen kapasite boşluklarının kullanılmasının bir sonucudur. Bu dönemde tarımsal üretimde görülen hızlı artış ise, aktif nüfusun savaş sonrasında toprağına geri dönmesinin büyük etkisi olmuştur.

1930 yılından sonra tüm dünyada, devletçi, müdahaleci ve korumacı politikalara uygulanmaya başlamıştır. Türkiye de, bunalımdan çıkmak ve iktisadi gelişmeyi sağlamak amacıyla çeşitli tedbirler almıştır. Öncelikle, 1930 yılında Merkez Bankası kurulmuş ve Türk Parasını

---

[114]Geniş Bilgi için Bkz: Refik Şükrü Suvla, **Tatbiki İktisat**, İstanbul, 1948, s.354.
[115] Şevket Raşit Hatipoğlu, **Türkiye'de Zirai Buhran**, Ankara,1936, s.14.

Koruma Kanunu TBMM'de kabul edilmiştir. 1931 yılında ise ithalata kota konulması ve ihracatın denetlenmesi hakkında çıkan kanunla korumacılığın ilk adımları atılmıştır. Yine aynı yıl, Sanayi Kongresi düzenlenmiş, bunu takiben, 1932 yılında İktisadi hayatta devletin denetimini artıran bir dizi kanun çıkarılmıştır. 1933 yılında ise, Sümerbank'in kurulması ve Mevduatı Koruma Kanunu ile Ödünç Para Verme İşleri Kanunlarının kabul edilmeleri başlıca iktisadi olaylardır. Devlet bu tarihte ilk defa faiz oranlarını belirlemeye başlamıştır. Devletin iktisadi hayata girişi, doğrudan doğruya devlet işletmeciliğine başlaması, 1934-1938 yılları arasında uygulanan Birinci Beş Yıllık Sanayi Planı ile başlamaktadır. Artık iktisadi kalkınmayı hızlandırmak için devlet iktisadi işlere müdahele edecektir[116]. Bu plan döneminde, öncelikle, büyük kısmı yabancıların elinde bulunan demiryolları, Tramvay, Tünel Şirketi, Zonguldak Kömür Şirketi, İzmir Telefon Şirketi millileştirilmiş ve kamulaştırılmıştır. Atatürk'ün tarım politikası, bir tarım ülkesinde ekonomik kalkınmaya tarımda var olan potansiyelden yararlanarak başlamak, tarımsal ürünlere dayalı bir sanayileşme politikası izlemek üzerine kuruluydu. Bu politika tarıma öncelik tanımakla birlikte tarıma ve doğal kaynaklara dayalı sanayi dallarını da birlikte geliştirmeyi benimseyen telif edici bir stratejiye dayanmaktadır[117]. Burada tarım ve sanayi sektörlerinin birbirini desteklemesi ve tamamlaması, karşılıklı ilişkilerin dengeli şekilde gelişerek ülke kalkınmasını yönlendirmesi söz konusudur[118]. Atatürk Döneminde tarımdaki gelişmenin Türk ekonomisindeki gelişmeye katkısı değişik şekillerde ortaya çıkmıştır. Tarımsal ürün üretimindeki artıştan

---

[116] Bkz: 1948 İktisat Kongresi Raporu.

[117] Erol Manisalı, **Gelişme Ekonomisi**, 3. Baskı, İstanbul: Ar yayın Dağıtım,1982, s.91-96; Yüksel Ülken, **Atatürk ve İktisat**, Ankara:Türkiye İş Bankası Yayınları, Genel Yayın no:224,1981, s. 243.

[118] Yüksel Ülken, **Atatürk ve İktisat**, Ankara:Türkiye İş Bankası Yayınları, Genel Yayın no:224, 1981, s.243.

kaynaklanan mutlak değer artışı, GSYİH'da mutlak olarak artışa katkıda bulunmuştur. Devletçi uygulama döneminde toprak mülkiyeti ile ilgili bir düzenleme yapılmadı ancak devletin elindeki (miri) araziden 1923-1934 arasında 771.322 hektar arazi dağıtıldı. Göçmenlere 4, toraksız ve az topraklı köylülere 3.1, göçebelere ise 1.7 hektar alan kuru toprak dağıtıldı. Ancak bu tarımsal üretim için optimal olmayan ölçekte olduğundan yeterli olmamamıştır. Yinede toprak kullanımında olumlu bir takım gelişmeler olmuştur. Ülke içinde işlenen toprak alanı oranı 1927'de %4.86 iken 1934'te bu oran %10.2'ye yükselmiştir[119]. Bu mutlak artışların ekonominin gelişme hızı üzerinde olumlu etkide bulunduğu söylenebilir. Bu durum aşağıdaki Tablo'da gösterilmiştir. gösterilmiştir. Atatürk döneminde yaşanan ekonominin gelişme hızındaki bu önemli değişim, çiftçinin refah düzeyinde sınırlı ölçüde de olsa göreceli bir iyileşme gerçekleştirmiş, tarımın ekonomik gelişmeye olan katkısını da gözler önüne sermiştir. Tarımdaki gelişmenin ve gelir artışlarının ekonominin diğer mal ve hizmet kesimleri için talep yaratmıştır. Atatürk döneminde çiftçi gelirlerinin iyileşme ve gelir dağılımında çiftçiler lehine kısmi bir iyileşmenin gerçekleşmiş olması, ekonominin sanayi ve hizmet sektörlerinde üretilen mal ve hizmetlere olan talebi artmış, böylece sınai mal ve hizmet piyasalarının gelişmesine katkısı olmuştur.[120]

Tablo 27

Cumhuriyet Döneminde Yıllar İtibariyle Sektörlerin GSYİH İçindeki Payı (%)

Sektörler	1923	1925	1927	1930	1933	1935	1938
Tarım	42.8	46.4	42.3	49.6	44.3	42.4	47.2
Sanayi	11	9.1	10.8	8.5	12.4	13.3	12.5
Hizmetler	46.2	44.5	46.9	41.9	43.3	44.3	40.3

Kaynak: Tuncer Bulutay, Yahya S. Tezel, Nuri Yıldırım, Türkiye Milli Gelirler (1923-1948) Ankara, 1974.

---

[119] Kepenek-Yentürk, s. 71.

[120] Gülten Kazgan, **Tarım ve Gelişme**, İstanbul: İÜİF Yayınları,1977, s.79.

Gelişme ekonomisi teorilerinden bazıları Ekonomik Gelişmenin Finansmanı için tarımdan diğer sektörlere kaynak transferi yoluyla mümkün olabileceği yolundadır. Esasında ekonomik gelişmenin finansmanı için tarım sektöründe diğer sektörlere kaynak transferi iki yolla gerçekleşir;

Birincisi, tarım sektörünün vergilendirilmesi, böylece tasarrufların, tarımdan ekonominin diğer sektörlerine aktarılmasıdır. Sağlıklı bir vergilendirme politikası ile diğer sektörlere cebri tasarruf transferi, öncelikle tarımda belirli düzeyde bir gelişmenin gerçekleşmesine bağlıdır. Konuya bu açıdan yaklaşıldığında; Atatürk dönemine kötü şartlarla devralınan Türk tarımının diğer sektörlere vergi yoluyla kaynak sağlayabilecek düzeyde ve güçte olduğunu söylemek mümkün değildir. Aksine tarım kesiminde uygulanan Aşar ve benzeri vergilerin kaldırılmasıyla tarımda bir gelişmenin sağlanması politikasına öncelik verilmiş olması, kamu gelirlerinde tarım sektörünün vergi payını azaltmıştır.

İkincisi, tarım sektöründe göreceli iyileşmelerin sağladığı gönüllü tasarrufların diğer sektörlere transferidir. Tarım sektöründe vergi yüklerinin bu dönemde, bütçede meydana getirdiği büyük kayıplara rağmen azaltılması, tarımın gelişmesinde ve çiftçi gelirlerinin başlangıcında, tarımdan diğer sektörlere gönüllü tasarruflar yoluyla kaynak transferi azda olsa sağlanmıştır[121]. Birinci Beş Yıllık Sanayi Planı döneminde toprak reformu yapılarak tarıma teşvik sağlanmış ayrıca hammaddesi yurtiçinde bulunan malları işleyecek sanayi kuruluşlari ile devletçe finanse edilmesi mümkün olan kuruluşların kurulmasına öncelik verilmiştir.

---

[121] Olalı-Duymaz, s.81.
[40] Olalı-Duymaz, s.82.

Birinci Beş Yıllık Sanayi Planının başarılı uygulaması ve hedeflere ulaşılması üzerine 1938 yılında İkinci Beş Yıllık Sanayi Planı hazırlanmıştır. Bu planın uygulanacağı yıllarda II. Dünya Savaşının başlamış olması devletin savaş ekonomisine uygun bazı tedbirler almasına yol açmıştır.

3.7.2 1939-1962 Dönemi

Bu dönem, tarım sektörü bakımından zaman zaman olumlu ve olumsuz faktörlerin egemen olduğu, devletçi ve liberal politikaların, kıtlık ve bolluk yıllarının, tarıma öncelik verilen veya tarıma olan güvenin yitirildiği yılların birbirini takip ettiği bir dönemi oluşturur.

İkinci Dünya savaşının bu dönem içinde olması dolayısıyla tarım sektöründe gençlerin orduya alınması bir yandan sektördeki üretim hacmini düşürürken diğer yandan gıda maddelerindeki talep artışı nedeniyle, bu talebin karşılanamaması sonucu yiyecek sıkıntısı yaratmıştır.

Yiyecek sıkıntısı, devletin tarım sektöründen müdahaleci bir politika izlenmesini zorunlu kılmıştır. Bu müdahaleci politika da devlet, bir yandan kurduğu zirai kombinalarla doğrudan doğruya tarım üretimine girişirken, öte yandan Toprak Mahsulleri Vergisi adıyla %10 oranında aynı vergi almış, bazı tarımsal ürünlerin bir kısmının zorunlu olarak devlete satılması uygulamasını getirmiştir.

Bu dönemde tarımsal üretimin artış oranı nüfus artış oranına paralellik arz ediyordu. Pazarlama kanllarının, savaş nedeniyle aksaması tarımsal ürünlerin fiyatlarında spekülasyonlara yol açıyordu[122]. Tarımsal

---

[122] Kepenek- Yentürk, s.72.

ürünlerin üretim ve dağıtımına ilişkin hükümetçe alınan önlemler kırsal kesimde kısmi kıtlığa neden olmuştur[123].

Tarım sektörünü olumsuz yönde etkileyen, ancak zorunlu olarak uygulanan müdahaleci politikaları ve kıtlık dönemini, savaş sonrasının elverişli faktörlerinin yoğunluk kazandığı, tarım için büyük fırsatların ortaya çıktığı, bu fırsatları kısmen iyi, kısmen kötü değerlendirildiği dönemler takip etmiştir[124].

Savaş sonrası Avrupa'sının Türk tarım ürünlerine olan yüksek talebi ile, Marshall Planı çerçevesinde Türkiye'ye askeri ve ekonomik yardımların başlaması, savaş yıllarında ihracat artışından kaynaklanan döviz stoklarındaki büyüme ve Kore savaşının pamuk ve bazı stratejik tarım ürünlerine olan talebi arttırması olarak sıralamak mümkündür. Birde bilindiği gibi tarım ürünleri direkt iklim şartlarından etkilenir. İşte bu dönemde birkaç yıl hava şartlarının elverişli olması ürün artışını sağlamıştır. Ülkemiz savaş sonrasının bu elverişli şartlarından bazılarını iyi değerlendirmek için gerekli girişimleri yapmıştır.

1947 yılında tarıma önem veren Beş Yıllık Bir Planın,1948 yılında bir Tarım Planının hazırlanması, Zirai Donatım Kurumu ile Teknik Tarım Teşkilatının kurulması, Çiftçiyi Topraklandırma Kanunu, Ormanların Devletleştirilmesini ve Devletçe işletilmesini sağlayan Orman Kanununun çıkarılması, buna örnek olarak gösterilebilir. Özel kesime ağırlık verilmesiyle sanayileşmenin sürdürülmesinin amaçlandığı bu dönemde Marshall yardımının başlamasıyla tarımda makineleşme amaçlanmıştır. 1954 yılı Türk Ekonomi politikasında strateji değişikliğinin yapıldığı bir dönüm noktası oluşturmaktadır. Çünkü 1954 yılında elverişsiz hava şartları

---

[123] M. Gologlu, **Demokrasiye Geçiş, (1946-1950)**, İstanbul, 1982, s.213.

nedeniyle tarımsal üretim hacmindeki büyük düşme, başta buğday olmak üzere bazı gıda maddelerinin ithalatına başlanmış bulunması, bunun devamlı bir şekilde olması, kalkınmada tarıma olan umutların kaybolmasına, tarıma verilen önemin azaltılmasına neden olmuştur. Bugüne kadar devam eden bu strateji hatasına rağmen 1939-1962 dönemi, tarımda yaygın anlamda önemli gelişmelerin gerçekleştiği, bitkisel üretim dalında yapısal değişikliklerin olduğu, çiftçinin refah seviyesinin arttığı bir dönem olarak kabul edilebilir[125].

II. Dünya Savaşı dönemine, olası bir tehlikeye karşı savaş ekonomisi uygulanmıştır. Bu çerçevede, hükümete, olağanüstü koşullarda fiyat saptama, özel işletmelere el koyma, zorunlu çalıştırma gibi araçlarla, ekonomiye doğrudan müdahele yetkisi veren 1940 Milli Koruma Kanunu ile, devlet gelirlerini artırmak için Varlık Vergisi Kanunu çıkarılmıştır. Varlik Vergisi Kanunu 1942 yılında gördüğü yoğun tepkiler nedeniyle yürürlükten kaldırılmıştır.

Savaşın bitmesi ve tüm dünyada liberal politikalarin etkin olmaya başlamasıyla birlikte Türkiye'de de bazı değişiklikler olmaya başlamıştır. Çok partili sisteme geçişle birlikte başlayan liberal akım, 1945-1950 yılları arasında, Türk ekonomisinde devlet müdahaleciliğinin belirli sınırlar içinde tutulması ve daha liberal bir ekonomi uygulanması yolundaki girişimleri ön plana çıkarmıştır.

1946 yılında yapılan devalüasyon ile TL'nin değeri yüzde 53,6 oranında düşürülerek 1 Amerikan Dolar karşılığı 2,80 TL olarak kur sabitlenmiştir. Bu dönemde yapılan devalüasyonun nedeni, savaş sonrası uluslararası fiyat düzeylerine ve yeni ekonomi politikalarına uyum

---

[41]Olalı- Duymaz, s.84.

sağlayarak ihracatı artırmaktır. Ancak, bu devalüasyon istenilen sonuçları vermemiş, ithalattaki aşırı artışlar, birikmiş olan döviz rezervleri ve daha sonra dış yardımlarla finanse edilerek 1953 yılına kadar sürmüştür.

Türk ekonomisini dar kalıplardan ve kısır kaynaklardan kurtarmak için 1947 yılında liberal karakterde bir Kalkınma Planı (1948-1952) hazırlamıştır. Bu planda özel kesime büyük önem verilmiştir. Planın 1948-1952 dönemi için öngördüğü toplam harcama miktarında en büyük payı yüzde 44 ile ulaştırma almıştır. Bu dönemde ulaştırma sektöründe ağırlık verilen kesim demiryollarından ziyade karayolları olmuştur.

Tarım ve tüketim malları sanayine önem veren, özel girişimin öncülüğünü savunan ve dış ticaret ile kambiyo rejimlerinde serbestleşmeyi öngören bu stratejiler, 1947 yılında üye olunan IMF ve Dünya Bankası gibi kuruluşların görüşleriyle de uyumlu idi. Yine de, 1947 yılından itibaren askeri ve 1948 yılından itibaren ekonomik yardımlar alan Türkiye'nin 1945-1950 yılları arasında reel GSMH'sinde istenilen büyüme sağlamamıştır.

1950-1953 döneminde gerek tarımda gerekse sanayileşmede önemli gelişmeler sağlamıştır. Tarımın makineleşmesi, kredi imkanları ve tarım için belirlenen yüksek fiyat politikası ile birlikte iklimin elverişli olması, bu dönemde tarım üretimini artırmıştır. Aynı zamanda, yabancı sermaye girişini kolaylaştırıcı uygulamalar, para arzının artırılması, ithalatın sınırlandırılması ve dış krediler ile yardımlar sayesinde de hızlı bir gelişme gözlenmiştir. Bu dönemde, büyük kamu yatırımlarına ağırlık verilmiştir.

1954'den sonra plansız yatırımların yapılması nedeniyle artan ithalatin finansmanında, dış yardımlara paralel olarak döviz rezervlerinin kullanılması sonucu zorluklarla karşılaşılmıştır. Diş ticaret hadleri aleyhimize gelişirken, fiyatlarin hızla artması ile birlikte ekonomik büyüme geçen dört yıla göre aynı oranda olmamıştır. Bankaların tarım ve sanayi sektörüne açtığı kredilerin yükseltilmesi yanında plansız yatırımların yapılması ve 1956 yılında Milli Koruma Kanunu'nun yeniden yürürlüğe konulması sonucunda, fiyatlar üzerinde suni bir baskı yaratılmış, enflasyon körüklenmiştir.

1958 yılında tekrar ekonomik istikrarı sağlamak için sıkı para ve maliye politikaları ve ihracatı teşvik tedbirleri gibi bir takım ekonomik tedbirler alındıysa da enflasyonist gidiş önlenememiştir. 1920'den Planlı döneme kadar Doğu illerimize baktığımızda yatırımlardan yoksun kaldığı iktisadi gelişmeler daha çok batı illerinde yoğunlaştığı gözlemlenmiştir[126]. Ekonomik koşulların kötüye gitmesi ve siyasi bunalımın artmasıyla birlikte 1960 yılında yeni bir Anayasa hazırlanarak, uzun vadeli bir ekonomik planın yapılması çalışmalarına yeniden başlanmıştır. Bunun için ilk önce 1960 yılında Devlet Planlama Teşkilatı kurulmuştur. Ayrıca, 1958 yılında alınan istikrar önlemleri, 27 Mayıs 1960'dan sonra eskisinden daha sıkı bir biçimde uygulanmaya devam etmiştir. 1962 yılında ise, bir yıl süreli bir plan hazırlanmış ve planın başarılı olması üzerine, bundan sonra, beş yıllık planlar hazırlanmaya başlanmıştır.

3.8 1963 Sonrası Kalkınma Planlarında Tarım ve Büyüme

3.8.1 Birinci Beşyıllık Kalkınma Planı Dönemi (1963-1967)

Birinci Beş Yıllık Kalkınma Planında; tarım sektörünün

---

[126] 1950'lerde Türkiye'yi inceleyen yabancı uzmanlar, ülkenin dengesiz bir gelişme içinde olduğunu, bazı yörelerin modern bir yaşam standardına sahipken,diğer kısmı bundan 500 yıl öncesi kadar ilkel bir manzara arz ettiğini raporlarında ifade etmişlerdir. Barker Misyonu Raporu; **Türkiye İktisadi Kalkınması**, Washington; Dünya Bankası, 1951,s.13. Bkz. Ayrıca, Tokgöz,E., **Sanayileşmede Bölgesel Dengesizlikler ve Türkiye**, Ankara, 1976, s.51. Aktaran: Zeynel DİNLER, **Bölgesel İktisat**, 6.Baskı,Bursa:Ekin Kitabevi Yayınları,2001, s.185-187,280.

geliştirilmesi, sanayileşme yoluyla kalkınmanın bir aracı olarak kabul edilmiş ve tarıma önem verilmiştir, Plan metninde, geçmiş dönemde tarımın ihmal edildiği, sektörde gizli işsizliğin varlığından ve maliyetinin yüksekliğinden sözedilmektedir. Sanayileşme hareketindeki başarının tarımsal üretim hacminde bir artışın sağlanmasıyla mümkün olabileceği vurgulanmaktadır. Kalkınmanın gıda sanayiinde ve tarımsal ürünleri işleyen sanayilerde bazı değişiklikler meydana getirmesiyle şehirleşmenin ek gıda maddesi talebi yaratacağı, hızlı nüfus artışından ve yeni sanayilerin yatırım malları ve sınai ara mallar ihtiyacını artıracağı, bu ihtiyacı karşılamak için gerekli döviz girdilerinin sağlanmasını ve refah düzeyindeki gelişmelerin hayvansal proteinli gıda maddelerine olan talebi yükselteceği ve diğer bazı nedenlerle, tarım sektöründe ekstansif tarım sisteminden entansif tarım sistemine geçilmesinin zorunlu olduğu hususu yer almıştır.

Amaçlarını ise;

Enflasyon yaratmadan, milli gelirde %7 gelişme hızını sürdürmek, aynı zamanda tarım üretimini çoğaltarak sanayileşmeyi gerçekleştirmek için ihracatı geliştirmek ve sanayiin artan hammadde ihtiyacını karşılamak beslenme düzeyini düzelmek için üretimde proteinli besinleri arttırmak, Tüketimdeki artışı, gelir farklılığının giderilmesi amacına hizmet edecek şekilde düzenlemek; işsizliğin giderilmesine yardım etmek; tarım dışı kesimlerin iş yaratma imkanlarının üstünde, köyden şehre işçi akımının yarattığı düzensiz şehirleşmeye engel olmak, genel olarak tarım ve toplum kalkınması hamlelerini geliştirmektir. Ayrıca arazi kullanılışında uzun süreli dengeyi sağlayarak planın uzun süreli amaçlarını gerçekleştirmek. Bu hususta yalnız kaynakların korunmasını değil, aynı zamanda kaynaklardan en iyi şekilde yararlanmayı hedef tutmak ve bütün bunları gerçekleştirirken sosyal adalet ilkesinden taviz vermemek[127]. Ancak sosyal adalet ilkesini gerçekleştirecek politikalardan biri hatta doğu bölgemiz için en önemlisi olan toprak reformuyla ilgili düzenlenecek ve uygulanacak önlemler YPK'da reddedilmişti[128]. Onbeş yıllık hedefte tarım ve sanayi sektörünün dengeli bir şekilde gelişmesini sağlayacak ancak uzun vadeli hedefin sanayi ile gelişme sağlanacağını açıklanmıştır. I BYKP'nda sektörlerde, hedeflenen ve gerçekleşen büyümenin sayısal rakamları da aşğıdaki Tablo'da görülmektedir;

Tablo 28

I.BYKP 1963-1967 Sektörlerde Büyüme Hızları (Yıllık Ortalamalar) ve Sabit Sermaye Yatırımlarının Sektörel Dağılımı

I.BYKP	**Büyüme Hızları**		**Sabit Sermaye Yatırımlarının Sektörel Dağılımı (%)**	
Sektörler	**Hedef**	**Gerçekleşen**	**Hedef**	**Gerçekleşen**
Tarım	4.2	3	17.7	13.9
Sanayi	12.3	10.9	16.9	20.4
Hizmetler	6.8	7.2	---	---
GSYİH	6.9	6.4	---	---
GSMH	7	6.6	100	100

Kaynak: DPT, III. BYKP, Ankara, s.30.

3.8.2 İkinci Beş Yıllık Kalkınma Planı Dönemi (1968-1972)

İkinci beş yıllık kalkınma planında ekonominin kalkınmasında sürükleyici sektör olarak sanayileşme öngörülmüştür. Tarım ikinci sırada önemli sektör olarak değerlendirilmiştir. İkinci beş yıllık kalkınma planında tarım politikasının temel ilkelerinin, politikanın hedef ve araçları bakımından temelde Birinci Beş Yıllık Kalkınma Planındaki temel ilke ve

[127] DPT, **Birinci Beş Yıllık Kalkınma Planı**, s. 36, 47, 54, 136, 138, 139, 140, 145.
[128] Kepenek,Yentürk., s.183.

araçlardan önemli bir farkı olmadığı söylenebilir[129]. İkinci beş yıllık kalkınma planının tarım sektörü ile ilgili temel ilkeleri şöyle özetlenebilir. Tarımsal gelişme programları, üretimin hava şartlarına bağlılık derecesini azaltma amacına yöneltilecektir. Tarımsal üretimin artış hızı, ekonomide enflasyon baskısı yaratmayacak ve planın genel kalkınma hedeflerinin gerçekleştirilmesine destek olacak bir seviyede tutulması amaç olacaktır. Tarımsal gıda maddeleri talebi ithalat, ihtiyacı yaratmayacak şekilde iç üretimle karşılanacaktır. Tarımsal bünye, uzun sürede hızlı ve dengeli gelişmeyi mümkün kılacak şekilde düzenlenecek ve planın sosyal amaçlarının gerçekleştirilmesine yardımcı olmak için, tarım içi istihdam yaratma imkanları üzerinde durulacak ve sektör içi ve diğer sektörlerle gelir farklarının azaltılması esas alınacaktır. Tüm bunları gerçekleştirirken tarımsal kaynakların uzun sürede dengeli kullanımı temin ederek muhafaza ilkesi yanında uygun işletmeyi de göz önünde tutmak, ana ilkeler olacaktır[130].

Alınacak Önlemleride şu şekilde özetlemek mümkündür; Tarımda fiyat politikası, üretkenliği artırıcı, bir araç olarak kullanılacak ve üretimde verimliliği artıran girdilerin fiyat yükselmesini önleyerek fiyat dalgalanmalarının önlenmesi esas olacak destekleme alımlarının buna göre yürütülmesi için tedbir alınacaktır.

Tarımın bütün kollarında teknolojik gelişmeyi hızlandırmak ve yaygın hale getirmek amacıyla modern araç ve girdilerin kullanımı teşvik edilecek ve üreticilere yeter miktarda arzı sağlanacaktır. İleri teknolojinin gerektirdiği maddelerin kullanılma ve çeşitli tarım işlerinin daha iyi yapılma yollarını çiftçilere, balıkçılara göstermek üzere gerekli düzen

---

[129]DPT, **İkinci Beş Yıllık Kalkınma Planı**, s.3, 40 ,60.
[4]Türkiye İş Bankası, **İkinci Beş Yıllık Kalkınma Planı Özeti**, s. 128.

kurulacaktır. Tarımsal gelişmeyi etkileyecek önemli araçlardan kredilerin plan hedeflerine uygun yönetilmesi esastır. Tarımda teknolojik gelişme sağlayacak ve verimliliği arttıracak, iyi tohum, yem, gübre, ilaç ve yakıt gibi girdilerin kullanılmasını arttırmak yıllık kredilerin amacı olacaktır. Bu gibi kredilerin aynı olarak verilmesi genişletilecektir. Kredi uygulamalarında bugün iç talebi tam olarak karşılanmayan ürünlerle ihracatında önemli artışlar beklenen ürünler öncelik alacaklardır.

Çiftçi örgütlerinin amaçlarından biride tarımda teknolojik gelişmenin sağlanmasına yardımcı olmaktır. Küçük ve orta çiftçilerin modern araç ve verim arttırıcı girdi ihtiyaçlarının sağlanmasında kooperatiflerden yararlanılacaktır. Ancak tüm bu politikaları gerçekleştirmek için sorunlarıda teşhis etme bakımından ülke koşullarının fakirliğin fesat çemberini ima eden cümlelerde geçmesi bakımından ilginçlik arz etmektedir. Tasarruf, dış ödeme güçlüğü ve ve 2000'li yıllarda hala tartışılmakta olan yapısal sorunlar sıralanmaktadır.

Tablo 29

II.BYKP 1968-1972 Sektörlerde Büyüme Hızları (Yıllık Ortalamalar) ve Sabit Sermaye Yatırımlarının Sektörel Dağılımı

II.BYKP	**Büyüme Hızları**		**Sabit Sermaye Yatırımlarının Sektörel Dağılımı (%)**	
Sektörler	**Hedef**	**Gerçekleşen**	**Hedef**	**Gerçekleşen**
Tarım	4.1	1.8	15.2	11.1
Sanayi	12	9.1	22.4	26.8
Hizmetler	6.3	6.6	---	---
GSYİH	6.8	---	---	---
GSMH	7	6.3	100	100

Kaynak: DPT, III.BYKP , Ankara, s.30.

3.8.3 Üçüncü Beş Yıllık Kalkınma Planı Dönemi (1973-1977)

Üçüncü Beş Yıllık Kalkınma Planın da, uzun dönem bakımından tarımın gerek arz, gerekse talep yönünde hızlı gelişmesini sınırlayan bazı faktörlerin varlığı belirtilerek hızlı kalkınmanın ve milli gelirdeki yüksek artışların, ancak tarım dışı sektörlerde, özellikle, sanayideki gelişme ile gerçekleştirilebileceği, esas kabul edilmiştir. Planın uzun dönem yaklaşımı sınai üretim yapısını değiştirip hızlıbüyümeyi sağlamada kamu kesiminin motor görevini üstlenmesiydi. Özel kesim için ise, Kalkınma Planların 'ruhuna' uygun, özendirici olacaktır. Yine III KP'nda tarım ve yoprak reformundan söz edilmektedir. Üçüncü Beş Yıllık Kalkınma Planında yukarıda kısaca belirtilen temel stratejiye uygun olarak, tarım sektörünün planlamasında; sektördeki gelişme hızının dar boğazlara ve enflasyona yol açmayacak düzeyde tutulması, çiftçinin refah düzeyinin yükseltilmesini sağlamak ve hızlı nüfus artışının ve refah düzeyindeki yükselmenin yaratacağı iç talebin karşılanması için çalışılması gerektiğinden söz edilmektedir. Tarımsal üretim ve verimliliğ arttırmak içi sektörde teknolojinin geliştirilmesi Tarım ürünleri ihracat potansiyelinden yararlanılması esas alınmıştır. Bu amaçlara ulaşabilmek için; Toplam yatırımın %11.7'sinin tarım sektörüne yapılması Tarım sektöründe yıllık ortalama üretim artış hızının %45 Beş yıllık dönem içinde üretimdeki toplam artışın %24.8 olması ve tarım sektörünün GSMH içindeki payının %20.3'e inmesi öngörülmüştür[131].

---

[131] DPT, **Üçüncü Beş Yıllık Kalkınma Planı**, s. 38-44, 253-255.

Tablo 30

III.BYKP 1973-1977 Sektörlerde Büyüme Hızları (Yıllık Ortalamalar) ve Sabit Sermaye Yatırımlarının Sektörel Dağılımı

III.BYKP	Büyüme Hızları		Sabit Sermaye Yatırımlarının Sektörel Dağılımı (%)	
Sektörler	**Hedef**	**Gerçekleşen**	**Hedef**	**Gerçekleşen**
Tarım	3.7	1.2	11.7	11.8
Sanayi	11.2	8.8	31.1	28.2
Hizmetler	7.7	7.3	---	---
GSYİH	7.5	7.1	---	---
GSMH	7.9	5.2	---	---

Kaynak: DPT, III.BYKP , Ankara, s.30.

3.8.4 Dördüncü Beş Yıllık Kalkınma Planı Dönemi (1979-1983)

Siyasi ve ekonomik bunalımdan dolayı 1978'de uygulamaya konulması gereken IV.KP 1979'da yürürlüğe konmuştur. Enflasyon yüksekliği, petrol fiyatlarında yükseliş ve Türkiye ile ekonomik ilişkileri olan ülkelerde meydana gelen durgunluk başlıca nedenlerdi.

Yerli üretimin arttırılması ithalatı kısıp ihracatı arttırarak (%18) dışa açılmayı sağlamak hedeflerdendir. Bunalımdan daha çok sanayi kesimi etkilendiğinden olacak tarım sektörüne öngörülen büyüme hedefi daha yüksektir. Tarım altsektörlerinden hayvancılık başta olmak üzere su ürünleri ve ormancılık ürünlerinin daha hızlı büyümesini ön görmektedir. Diğer taraftan sanayiye ara mal üreten alt sektörlerinde hızla büyümesi hedeflenmektedir. Ancak öncelik verilen ilk sektör madencilik ve enerji'dir. Kırsal kesimde yaşayanlar için kooperatifleşmeyi sağlayacak, girişimciliği destekleyecek ve Pazar durumunu düzeltecek önlemlerin alınması uzun dönemde gelir bölüşümünün daha adil paylaştırılmasını sağlayacak politikaları öngörmektedir[132].

Tablo 31

1978 Programı ve IV BYKP 1979-1983 Sektörlerde Büyüme Hızları

(Yıllık Ortalamalar)

1978 Programı ve III.BYKP	Büyüme Hızları	
Sektörler	1978 Programı	IV. BYKP 1979 1983
Tarım	2.8	0.3
Sanayi	3.4	2.4
Hizmetler	0.1	2.6
GSYİH	4.3	2.2
GSMH	1.2	1.7

Kaynak: DPT, IV.BYKP , Ankara, s.34.

3.8.5 1980-2000 Tarım Sektöründe Gelişmeler

1980 ve özellikle de 1990 sonrasında devletin ekonomideki sınırlandırılması, serbest piyasa şartlarının geçerli olmaya başlaması ve küreselleşme hemen her ülkede olduğu gibi ülkemizde de, tarımsal politikaların değişmesine ve desteklemelerin tartışılmasına başlanmıştır. Gerçekten de 1980'li yıllarla birlikte Türkiye'de ekonomik büyüme stratejisi önemli bir değişim geçirmiştir. 1980 öncesi dönemde uygulanan ithal ikameci büyüme stratejisi terk edilerek dışa açık büyüme stratejisi uygulamaya konulmuştur. Bu dönemde uygulanan büyüme stratejisi, temel olarak, verimlilikte artış sağlamayı ve ekonominin rekabet gücünü artırmayı amaçlamıştır. Bu çerçevede, piyasa ekonomisinin kurumsallaşması yönünde adımlar atılmıştır. Ekonominin dış rekabete açılması, kamunun doğrudan üretim faaliyetlerinden çekilerek altyapı

---

[132] DPT, **Dördüncü Beş Yıllık Kalkınma Planı**, s. 32-200-270.

yatırımlarına yönelmesi ve mali piyasaların serbestleştirilmesi piyasa ekonomisinin kurumsallaşması yönünde atılan başlıca adımlardır[133].

Tarımın ulusal gelir içindeki payı 1960'lardan itibaren düşmeye başlamıştı, bu dönemde %30'un üzerinde olan payı, 1980'lerde %20-25'e 2000'li yıllara doğru %15'in altına düşmüştür. Ancak işgücündeki payı beşte iki kadar olmaya devam etmektedir. 1923'lerde bu oran %81.5'ti. Ekonomi gelişmesi sürecinde bu kaçınılmazdır. Ekonomi geliştikçe tarımda işgücü kentlere doğru göçer. 1980-2000 döneminde GSMH yıllık ortalama 3,65 dolayında artış göstermiştir. Fert başına milli gelir 1980 yılında 1.570 ABD doları iken, yıllık ortalama yüzde 1,5 dolayında bir artış göstererek 2001 yılında 2.143 ABD dolarına yükselmiştir.

Satınalma Gücü Paritesine göre 1980 yılında 2.299 ABD doları olan fert başına milli gelir ise 2001 yılında 6.082 ABD dolarına yükselmiştir. 1980 yılında yüzde 21,8 olan sabit sermaye yatırımlarının milli gelir içerisindeki payı 1993-1997 döneminde yüzde 25 civarına yükselmiş, izleyen yıllarda gerileme göstererek 2001 yılında yüzde 18,4 olarak gerçekleşmiştir.

Sabit sermaye yatırımlarında kamu kesiminin payının azalmasına paralel olarak özel kesimin payında artış gözlenmiştir. Sabit sermaye yatırımları içerisinde 1980 yılında yüzde 60 olan özel kesim payı 1995 yılında yüzde 82,5'e yükselmiş, 2001 yılı itibarıyla ise yüzde 69,1 düzeyine gerilemiştir. Toplam sabit sermaye yatırımlarının sektörel bileşimi incelendiğinde, tarım, madencilik ve imalat sanayinin paylarının azaldığı, ulaştırma, turizm, eğitim ve sağlık sektörlerinin

---

[133] Kepenek- Yentürk, s.334-348.

payının arttığı görülmektedir. Enerji ve konut sektörlerinin payı ise istikrarsız bir seyir izlemiştir[134].

1980-2000 döneminde tarımda kullanılan toprak ve işgücü girdilerinde önemli bir gelişme olmamasına karşılık, sermaye yoğunluğunun arttığına kuşku yoktur. 1987-1997 döneminde tarımsal hasıla 1987 fiyatları ile % 12.1 oranında büyüyerek 13.3 trilyon TL'den 14.9 trilyon TL'ye yükselmiştir. Emek ve toprak girdileri kullanımında hatırı sayılır bir gelişme olmadığına göre, tarımsal hasıladaki bu büyüme sermaye girdilerinin kullanımındaki artış ile sağlanmıştır. Bu arada emeğin ve toprağın verimindeki iyileşmelerin tarımsal üretimi ne derecede etkilediği sorusu akla gelebilir. Gerçekten de 1987-1997 döneminde tarımda çalışan başına katma değerde yaklaşık %6, ekilen hektar başına hasılada yaklaşık %10 oranında bir iyileşme olduğu anlaşılmaktadır. Bu yöndeki gelişmeler tarımdaki maddi ve gayrı maddi sermaye birikiminin ürünü sayılabilir. İş gücü verimindeki artış yeni tarımsal teknolojilerin üreticilere aktarılması, işgücünün daha gelişmiş araç, gereç ve makine ile donatılması sayesinde gerçekleşmiştir. Toprak verimindeki artış her şeyden önce, gübre kullanımının artmasına, sulama şebekelerinin gelişmesine nitelikli tohum kullanımına ve tarımsal zararlılarla daha etkin mücadeleye bağlanabilir[135]. Sırasıyla 1963'ten 2000 yılına kadar uygulanan Kalkınma Planlarında sektörlerde oluşan büyüme hızları ve1980'den 2000 yılına kadar sektörlerde yapılan (özel ve kamu dahil) toplam sabit sermaye yatırımlarını aşağıdaki iki Tablo'da yer alacaktır.

---

[134] DPT, **Sayılarla Türkiye Ekonomisi Gelişmeler (1980-2001),Tahminler (2002-2005)**, Ağustos-2002, Ankara, s.1,5,6.

[135] Hüseyin Şahin, **Türkiye Ekonomisi, Tarihsel Gelişimi-Bugünkü Durumu**, 7.Baskı, Bursa:Ezgi Kitabevi Yayınları,2002, s.288-305.

Tablo 32

Kalkınma Planlarında Sektörlerde Büyüme Hızları 1963-2000 (Yıllık Ortalamalar)

Sırasıyla Beş Yıllık Kalkınma Planları	I. BYKP 1963 1967	II. BYKP 1968 1972	III. BYKP 1973 1977	1978 Prog.	IV. BYKP 1979 1983	1984 Prog.	V. BYKP 1985 1989	VI. BYKP 1990 1994	1995	VII. BYKP 1996 2000
Tarım	3	1.8	1.2	2.8	0.3	0.5	0.5	0.5	2	1.7
Sanayi	10.9	9.1	8.8	3.4	2.4	9.9	9.9	9.9	12.1	4
Hizmetler	7.2	6.6	7.3	0.1	2.6	7.9	7.9	7.9	6.3	4.5
GSYİH	6.4	-	7.1	4.3	2.2	6	6	6	-	-
GSMH	6.6	6.3	5.2	1.2	1.7	6.7	6.7	6.7	7.2	3.9

Kaynak: DPT, www.ekutup.gov.tr.(Erişim:02.05.2002)

1980-2000 Yıllarında ise toplam kamu ve özel sabit yatırımlar aşağıdaki Tablo'da gösterildiği şekilde gerçekleşmiştir.

Tablo 33

Sektörler İtibarıyla Sabit Sermaye Yatırımları (Toplam) 1980-1990 Cari Fiyatlarla Yüzde Dağılım

1980-1990:	1980	1981	1982	1983	1984	1985	1986	1987	1988	1989	1990
Tarım	7,6	10,5	10,8	10,7	9,9	7,4	6,2	6,9	5,9	5,5	5,4
Madencilik	3,3	4,7	4,0	4,4	4,4	5,1	3,6	2,4	2,3	1,9	1,8
İmalat	28,5	28,6	27,3	25,5	25,0	23,1	22,0	17,6	16,1	14,8	19,5
Enerji	8,7	10,3	10,8	11,2	10,2	10,2	11,3	9,7	9,7	10,8	7,3
Ulaştırma	14,2	17,3	18,4	19,8	20,4	22,0	20,8	20,7	16,1	15,9	17,9
Turizm	0,6	0,6	0,6	0,6	1,0	1,4	2,2	2,5	3,1	3,9	3,8
Konut	27,8	17,5	17,5	17,3	18,6	18,8	21,4	27,9	35,8	36,7	33,4
Eğitim	1,8	2,1	2,1	2,1	1,7	2,2	2,0	2,3	2,3	2,5	2,6
Sağlık	0,8	1,0	1,0	0,8	0,8	0,8	0,9	1,0	0,9	1,2	1,5
Diğer Hiz.	6,7	7,3	7,5	7,5	7,9	8,9	9,7	9,0	7,6	6,9	6,7
Toplam	100,0	100,0	100,0	100,0	100,0	100,0	100,0	100,0	100,0	100,0	100,0

Kaynak: DPT, Sayılarla Türkiye Ekonomisi ve Gelişmeler 1980-2001, Tahminler (2002-2005), Ankara, Ağustos 2002.s. 9.

1980-90 yılları arasında kamu ve özel kesimin toplam sabit yatırımları tarım sektöründe ortalama olarak %7.89 olarak gerçekleşmiş ve 6.sırada yer almakta olduğunu görüyoruz. Konut sektörü toplamda ortalama %24.79'la en yüksek sabit sermaye yatırım oaranına sahipken 2. sırada %22.54'le imalat sanayi gelmektedir. Sağlık sektörüne yapılan toplam yatırm oranından aldığı pay gerçekten içler acısı %0.97 ve son sırada yer almaktadır. Son sıralarda yer alan diğer bir sektörde eğitimdir. Toplam sabit yatırım harcamalarından %2.15'i eğitim sektörüne yatırılmıştır. 1990-2000 yılları arasında sektörlere yapılan toplam sabit sermaye yatırım oaranlarında pek bir farklılık göstermemiştir. 1980-2000 yılları arasındaki yatırımlarının iyi analizi için, bu dönemi onar yıllık iki döneme ayırdık. Bu iki dönemin ortalamasını verilerinden yararlanarak ortalamalarını ayrıca bir Tablo'da gösterdik. Şimdi sırasıyla öncelikle 1991-2000 yıllarında dönem boyunca yapılan toplam sabit yatırım oranlarına bakacağız.

Tablo 34

Sektörler İtibarıyla Sabit Sermaye Yatırımları: 1991-2000 (Toplam)Cari Fiyatlarla Yüzde Dağılım

1991-2000:	1991	1992	1993	1994	1995	1996	1997	1998	1999	2000
Tarım	5,7	4,9	5,0	4,1	5,4	5,8	5,8	5,7	4,5	4,5
Madencilik	1,9	1,7	1,4	1,5	1,3	1,2	1,2	1,4	1,6	1,1
İmalat	18,9	18,4	18,0	19,6	22,6	21,6	18,2	18,0	17,5	19,4
Enerji	6,1	5,0	3,6	2,8	2,7	4,1	5,9	6,8	6,6	6,6
Ulaştırma	19,0	21,5	25,3	16,9	18,8	20,9	24,6	24,1	25,0	29,1
Turizm	3,7	2,9	2,2	2,2	2,4	2,1	2,1	2,9	4,0	4,0
Konut	32,9	32,5	32,8	41,7	36,0	32,0	27,8	25,5	24,1	16,7
Eğitim	2,8	3,2	3,1	2,1	2,0	2,8	3,7	3,4	4,7	5,2
Sağlık	1,8	2,0	2,0	2,2	1,8	2,3	3,4	3,9	3,4	4,3
Diğer Hiz.	7,3	7,8	6,6	6,9	6,9	7,2	7,3	8,3	8,7	9,1
Toplam	100	100	100	100	100	100	100	100	100	100

Kaynak: DPT, Sayılarla Türkiye Ekonomisi ve Gelişmeler 1980-2001, Tahminler (2002-2005),Ankara, Ağustos 2002.s.10.

1990'lı yıllarda tarımsal desteklemenin ekonomi ve kamu finansmanı üzerindeki olumsuz etkilerini azaltmak amacıyla bir dizi tedbir alınmış, bunlardan bir bölümü kısa süre uygulandıktan sonra geriye dönüş ortaya çıkmış (1997 yılında tütün kotasının kaldırılması,1995 yılı sonunda gübre sübvansiyon oranının yükseltilmesi,1997 yılından itibaren dünya fiyatlarından uzaklaşılması, 1998 yılından itibaren kararnamelerde hububat satış fiyatlarının belirlenmesi uygulamasının kaldırılması vb.), bir bölümü ise hiç uygulamaya konulamamıştır (fındık ekim alanlarının sınırlandırılması, ürün borsalarının yaygınlaştırılması vb.)[136].

Tablo 35

Sektörler İtibarıyla Sabit Sermaye Yatırımları (Toplam)

Cari Fiyatlarla Yüzde Dağılım

Sektörler	1980-1990	1991-2000	Ortalama
Toplam	100	100	100
Konut	24.79	30.2	27.50
İmalat	22.54	19.22	20.88
Ulaştırma	18.5	22.52	20.51
Diğer Hiz.	7.87	7.61	7.74
Enerji	10.01	5.02	7.52
Tarım	7.89	5.14	6.52
Eğitim	2.15	3.3	2.73
Madencilik	3.44	1.43	2.44
Turizm	1.84	2.85	2.35
Sağlık	0.97	2.71	1.84

Kaynak: Tablo 14 ve 15'ten yararlanarak hazırlanmıştır.

Yukarıdaki iki Tablo sonucunu değerlendirdiğimizde 1980'den 2000'e konut sektörünün birinci sırada yer aldığı imalat ve ulaştırma sektörünün aynı oranda olduğu ancak sağlık sektörünün yine son sıralarda yer aldığı görülmektedir. Tarım sektörünün toplam sabit sermaye yatırımlarından aldığı payın düşmeye devam ettiği %7.89'dan %5.14'e ve 20 yıl ortalamasının %6.52 olduğu görülmektedir.

---

[136] Zafer Yükseler, **Tarımsal Destekleme Politikaları ve Doğrudan Gelir Desteği Sisteminin Değerlendirilmesi**, DPT,Ankara, Ağustos,1999 s.1-5.

Sonuç olarak bir tarıma dayalı ekonomiye sahip bölgelerimizin bu sektöre yapılan düşük orandaki sabit sermaye yatırımlarından doğrudan etkilenecekleri bir gerçektir. Özel sektörün gerçekleştiremediği yatırımlardan, hükümetler de bölge şartlarına göre (sektörlerin alansal yoğunluğu vb.. dikkate alarak) yatırımları gerçekleştirmediğinde, gelişmişlik farkı giderek artmaya devam edecektir.

Bu çalışma, gelişmişlik bakımından 57.sırada[137] yer alan Diyarbakır hakkında yürütüldüğünden 1963'ten 2000'e kadar uygulanan Yedi tane Kalkınma Planlarında bölgesel bazda iktisadi gelişmelerin dengesizliğini gidermeye dönük alınan politikalara da özetle değinmekte fayda vardır.

3.9 Kalkınma Planlarında Bölgesel Gelişme Politikaları

I.KP'nda, ekonmik gelişmenin en hızlı gelişme potansiyeline sahip bölgelerden başlanması gerekliliğinden sözedilmekte ve bölgeler arasındaki gelişmişlik endekslerinin çıkartılarak pilot bölgelerinin oluşturulmasına karar verilmişti. Toprak ve tarım reformu hazırlık aşamasında yer almakla birlikte YPK'da rededilmişti. İllerin yapısına göre idari politikaların oluşturlmasına da yer verilmiştir. Sonuç olarak geri kalmış bölgeler için yatırım indirimi 19 Şubat 1963'te getirldi. Bölgesel çalışmalar da sürdürüldü. II.KP'nda, yatırım indirimi uygulanacak iller çoğaltılarak 22'den 23'e daha sonra ise 1972'de 33'e çıkartıldı. Gelişmemiş bölgeler , "Bölgesel Planlama" yerine "Kalkınmada Önceliki Yöre" (KÖY) başlıklı konularla anılmaya başlandı. 1972'de "Kalkınmada Öncelikli Yöreler Dairesi" (KÖYD) kuruldu. Yine bu planda potansiyel gelişmeye sahip az gelişmiş illere yatırım yapılmasında söz edilmekte ancak plan ve program

---

[137] Zeynel Dinler, **Bölgesel İktisat**, 6.Baskı(Yenileştirilmiş), Bursa:Ekin Kitabevi Yayınları, 2001,s.274

arasında nasıl bir organizasyon sağlanacağı muamma kalmaktadır[138].

III. ve IV.KP'nda, dikkati çekecek bir önlem ve uygulamaya pekte rastlanmamaktadır. V.KP'nda merkezi plan ve bölgesel planlardan sözedilmekle birlikte uygulanmamış ancak yerleşme merkezlerini kademeleştirerek 16 bölgeye ayırıp gerekli politikalar üretilmesine başlanmıştır. VI.KP'nda, Avrupa Birliğinin bölgesel politikları gözönüne bulundurularak önlemler alınmasına karar verilmiştir. VII.KP'nda ise, bölgeler arasındaki gelişmişlik farklarının azaltılması ile ilgili en geniş ve ayrıntılı şekilde yer verilmesi ve uygulanmaya çalışılmasıdır[139].

3.10 GAP Bölgesi Tarımsal Yapı ve Üretim

Önceleri Fırat ve Dicle nehir havzasında sulama ve hidroelektrik enerji üretimine yönelik 13 proje paketinin toplamı olarak planlanan ve kapsamında 22 baraj, 19 hidroelektrik santrali ve 1.7 milyon hektarda sulama şebekesi yapımını ve 7.476 MW kurulu güç kapasitesi ile yılda 27 milyar KWh'lik hidroelektrik enerji üretimini öngören GAP, bugün su kaynakları geliştirme programının yanısıra tarım, ulaştırma, sanayi, kentsel ve kırsal altyapı, eğitim, sağlık, konut, turizm ve diğer sektörlerdeki yatırımları da içine alan, sürdürülebilir insani kalkınmaya dayalı entegre bir bölgesel kalkınma planıdır[140]. Adıyaman, Batman, Diyarbakır, Gaziantep, Kilis, Mardin, Siirt, Şanlıurfa ve Şırnak illerini kapsayan GAP'ın yüzölçümü Türkiye yüzölçümünün yaklaşık %10'una tekabül eden 75.193 km^2'dir. 1997 yılı Nüfus sayımına göre GAP Bölgesi illeri toplam nüfusun 6.1 milyon olduğu ve bu da ülke nüfusunun yaklaşık %9.7'sini

---

[138] Dinler, s.189-205.
[139] DPT, **Beş Yıllık Kalkınma Panları**, www.ekutup.dpt.gov.tr (Erişim:10.08.2002).
[140] GAP BKİB,. **Güneydoğu Anadolu Projesi. 2000 Yılı Faaliyet Raporu**. Ankara: ISBN: 975-19-2769-2. Başbakanlık GAP Bölge Kalkınma İdaresi Başkanlığı, 2001, s.16.

oluşturmaktadır. 1985 sayımında Bölge nüfusunun yaklaşık %52.4'ü kırsal nüfus olarak tanımlanan Bucak-Köy nüfusu iken bu oran 1997 sayımında %35.9 olarak tespit edilmiştir. Bu durum kırsaldan kente oldukça ciddi bir boyutta göç yaşanmakta olduğunu ve kentte olumsuz yaşam koşullarının her geçen gün artmakta olduğunu göstermektedir.

Türkiye'nin bölgesel kalkınmaya yönelik en büyük yatırımı olarak tanımlanan GAP'ın sulama projeleri tamamlandığında Türkiye'de şimdiye kadar devlet eliyle gerçekleştirilen sulama alanına eşit bir alan daha sulu tarıma açılmış olacaktır. Böylece GAP'ın meydana getireceği yüksek tarım ve sanayi potansiyeli, Bölge'de ekonomik hasılayı 4.5 kat artıracak, nüfusu 9-10 milyona ulaşacak Bölge halkının yaklaşık 3.5 milyonuna iş imkanı yaratacaktır.

Ayrıca sulanan alanlardaki artışlara bağlı olarak buğday üretiminde %104, arpa üretiminde %69, pamukta %388, domateste %556, mercimekte %24, sebze üretiminde %80 oranında artış olacağı tahmin edilmektedir. Hâlihazırda 215.080 ha alan sulanmakta ve Türkiye pamuk üretiminin yaklaşık %36'sı bu alanlardan sağlanmaktadır. Aşağıdaki Tablo'dan görülebileceği gibi Diyarbakır'da tarımsal işletmelerin yarısına yakın bir bölümü %66'sı 50 da.'dan küçüktür. Ancak burada çarpıcı bir unsur, bu işletmelerin alansal dağılımı bölgenin ancak % 14'üne karşılık gelmektedir.

GAP kapsamında Şanlıurfa'da yapılmakta olan toprak reformu ve arazi toplulaştırması çalışmaları sonucu bu değerlerin kısmen düzeldiği tahmin edilmekle beraber, Diyarbakır'da böyle bir çalışma yapılmadığı için mülkiyetteki eşitsizlik devam etmektedir. Bu da küçük mülkiyeti sahibi işletmelerin mekanizasyona geçmelerini ve arazilerini optimal kullanmaları önünde en büyük engel olarak görülmektedir.

Tablo 36

Bölgenin Tarımsal Yapısına İlişkin Bazı Değerler Tablo 1 ve 2'de Verilmiştir

	Ekilen (ha)	Nadas (ha)	Sebze (ha)	Meyve, Bağ, Zeytin, Çay, vd. (ha)	Toplam (ha)
Türkiye	**18.449.682**	**5.039.142**	**789.702**	**2.522.656**	**26.801.182**
GAP Toplam	2.720.129	252.560	77.696	396.844	3.447.229
Adıyaman	242.432	5.450	4.788	37.330	290.000
Batman	108.239	6.505	3.637	5.228	123.609
Diyarbakır	649.686	93.806	16.790	25.921	786.203
Gaziantep	209.348	2.340	4.980	156.595	373.263
Kilis	48.307	3.877	12.105	40.998	105.287
Mardin	321.942	11.282	9.179	20.928	363.331
Siirt	48.974	15.000	1.932	11.262	77.168
Şanlıurfa	1.003.987	81.300	23.799	98.331	1.207.417
Şırnak	87.214	33.000	486	251	120.951

Kaynak: DİE, Tarımsal Yapı (Üretim,fiyat,Değer) Ankara, 2000.

Aşağıdaki Tablo'dan görülebileceği gibi Diyarbakır'da tarımsal işletmelerin %66'sı 50 da.'dan küçüktür. Ancak burada çarpıcı bir unsur, bu işletmelerin alansal dağılımı bölgenin ancak %14'üne karşılık gelmesidir. GAP kapsamında Şanlıurfa'da yapılmakta olan toprak reformu ve arazi toplulaştırması çalışmaları sonucu bu değerlerin kısmen düzeldiği tahmin edilmekle beraber, Diyarbakır'da böyle bir çalışma yapılmadığı için mülkiyetteki eşitsizlik devam etmektedir.

Tablo 37

İşletme Büyüklüklerine Göre Türkiye ve Diyarbakır İli'nde Toprak Dağılım Oranı (2001)

İşletme Büyüklüğü (Dekar)	DİYARBAKIR		TÜRKİYE	
	İşletmelerin Tüm İşletmelere Oranı	İşletmeler Tarafından Ekilen Toprağın Ekili Toplam Toprağa Oranı	İşletmelerin Tüm İşletmelere Oranı	İşletmeler Tarafından Ekilen Toprağın Ekili Toplam Toprağa Oranı
0--10	9,12	0,5	15,5	1,32
11--50	56,77	13,5	49,32	20,02
51--200	22,59	20,68	29,36	44,49
201--500	7,66	24,12	5,09	22,83
501--5000	3,85	39,1	0,72	9,43
5000+	0,01	2,1	0,01	1,91
Toplam:	100	100	100	100

Kaynak: DİE, Genel Tarım Sayımı Geçici Sonuçları, 2001.

3.10.1 GAP Bölgesi Tarımsal Mekanizasyon Durumu

Kuru tarımın kısıtlı koşulları altında üretim yapmakta olan üreticiler, GAP kapsamındaki sulama projelerinin devreye girmesiyle birlikte sulu tarımın kendine özgü üretim teknolojisini zaman içerisinde benimseyecekler, doğal kaynakların daha verimli ve sürdürülebilir kullanımına ve sulu tarım tekniklerine uygun üretim yapacaklardır. Sulama ile birlikte artış göstermesi kaçınılmaz olan çiftçi gelirleri, tarımsal mekanizasyon yatırımlarının da artmasına neden olacaktır. Türkiye genelinde ve Bölge'de tarım alet ve makinelerin varlığının 1989 – 1999 yılları arası değişimi aşağıdaki Tablo'da verilmiştir. Tablo'dan açıkça görülebileceği gibi, özellikle traktör sayısında Türkiye genelinde % 37.4 gibi bir artış yaşanırken, Bölge'de %48.18 oranında bir diğer deyişle

Türkiye'nin değişim yüzdesinden yaklaşık %11 daha fazla bir artış olmuştur.

Ülke/Bölge içinde mekanizasyon olanaklarının üretim için değerlendirilmesinde en önemli faktörlerden birisi, işletmelerin tarla büyüklükleri ile ülkedeki/bölgedeki traktörlerin güç grupları arasındaki uyuşumdur. Herhangi bir bölgenin veya ülkenin mekanizasyon düzeyinin belirlenmesinde yaygın olarak kullanılan kriterler arasında; Traktör Başına Alet/Makine Sayısı, Traktör Başına Alet/Makine Ağırlığı (kg/traktör), İşlenen Birim Alana Düşen Traktör Motor Gücü (kW/ha), 1000 ha. İşlenen Alana Düşen Traktör Sayısı (traktör/1000 ha) ve Traktör Başına Düşen İşlenen Alan (ha/traktör) gelmektedir.

1999 yılı itibarı ile GAP Bölgesi traktör parkı 46.638 olup ülke traktör parkının %5'ine karşılık gelmektedir. Mevcut traktör parkının güç gruplarına göre dağılımı incelendiğinde parktaki toplam 1.752.494 kW'lık gücün yaklaşık %61'i 37 kW ve üzeri güçte, %37'sinin 26-37 kW gücündeki traktörler oluşturmaktadır (Diyarbakır traktör parkı 7.897 adet olup toplam traktör gücü 296.138 kW'tır. Şanlıurfa'da ise traktör parkı 1999 yılı itibari ile 12.217 adet olup, toplam traktör gücü 539.065 kW'tır. Parktaki güç dağılımı ise % 69'u 37 kW ve üzeri, % 31'i 26-37 kW güç gruplarında yer almaktadır). 1991-99 yılları arasında birim alana traktör sayısında, % 40 gibi önemli bir oranda artış söz konusudur. Sulama imkanlarına bağlı olarak, ürün yoğunluğu arttıkça bu trend sürecektir.

Aşağıdaki Tablo'da, 1999 yılı GAP Bölgesi ve Türkiye'nin mekanizasyon düzeyindeki gelişmelere yönelik bazı kriterleri vermektedir. Bu kriterler göz önüne alınarak GAP bölgesi, Diyarbakır İli ve Türkiye geneli bir karşılaştırma yapılacaktır.

Tablo 38

GAP Bölgesi Diyarbakır İli ve Türkiye Mekanizasyon Düzeyi

YILLAR		Toplam Trak. (Adet)	Tarım Alanı (ha)	Toplam Güç (kW)	kW/ha	Traktör / 1000 ha	ha/ traktör
GAP BÖLGESİ	1991	33.146	3.257.823	1.196.561	0,4	10	98
	1995	37.122	3.257.823	1.362.753	0,4	11	88
	1997	43.320	3.257.823	1.488.226	0,5	13	75
	1999	46.638	3.257.823	1.752.494	0,5	14	70
Diyarbakır	1991	6.279	650.000	235.463	0.4	10	104
	1995	6.422	650.000	240.825	0.4	10	101
	1997	7.560	650.000	283.500	0.4	12	86
	1999	7.897	650.000	296.138	0.5	12	82
TÜRKİYE	1991	704.408	28.000.000	25.733.091	0,9	25	40
	1995	776.863	28.000.000	28.739.635	1,0	28	36
	1997	874.995	28.000.000	32.749.017	1,2	31	32
	1999	924.471	28.000.000	34.868.572	1,2	33	30
GAP/ TÜRKİYE (%)	1991	4,7	11,6	4,6	40,0	40,4	247,3
	1995	4,8	11,6	4,7	40,8	41,1	243,5
	1997	5,0	11,6	4,5	39,1	42,6	235,0
	1999	5,0	11,6	5,0	43,2	43,4	230,6

Kaynak: DİE, GAP İl İstatistikleri 1950-1996; DİE, GAP İl İstatistikleri 1997, 1998; Tarımsal Yapı 2001.

Tarımsal üretim faaliyetlerinde mekanizasyon olanaklarının verimli bir şekilde değerlendirilmesinde en önemli faktörlerden birisi, işletmelerin tarla büyüklükleri ile ülkedeki traktörlerin güç grupları arasındaki uyuşumdur. Bu gösterge hem ülkemiz hem de Diyarbakır Bölgesinde olumsuz bir şekilde devam etmektedir.

GAP Bölgesinde bir traktöre düşen alan 70 ha. iken ülke genelinde bu değer 30 ha. Diyarbakır'da 82 ha. Çukurova bölgesinde ise 20.2 ha dır. Şanlıurfa da bu değer 98 ha ile halen ülke ortalamasının yaklaşık 4 katı daha büyüktür.

GAP Bölgesi'nde 1999 yılı itibari ile birim alana düşen traktör gücü 0.51 kW/ha olup 1000 ha'a düşen traktör sayısı ise 13.53 adettir. Türkiye'de birim alana düşen traktör gücü 1.3 kW/ha olup 1000 ha'a düşen traktör sayısı ise 34.49 adettir. Bölgenin mekanizasyon düzeyinin ülkemiz ortalamalarına yaklaşması için yaklaşık 2.5 kat artması gerektiği söylenebilir.

Şanlıurfa-Harran ovalarında, 104 köy ve 60.000 ha'lık alan içinde 1997 yıllında gerçekleştirilen değerlendirmelere göre mekanizasyon düzeyi artmış, kullanılan alet-ekipman çeşitlenmiştir. 1583 adet traktör yanında, 1850 adet çeşitli tiplerde pulluk, 1451 adet kültüvatör, 127 adet merdane, 215 adet tırmık ve 730 adet çapa makinesi vardır. Bunların yanında, mibzer, pülverizatör, gübre dağıtıcısı ve atomizer gibi ekipmanlar kullanıma alınmıştır[141]. I.Aşama Şanlıurfa-Harran Sulama Alanında 1996 yılında yapılan başka bir araştırmada; mekanizasyon düzeyi göstergeler açısından sulama öncesi ve sonrası durum incelenmiş, sulama öncesi 0.52 kW/ha lık güç mevcut iken, sulama sonrası bu değerin 1.15 kW/ha'a , 9.7 traktör/1000 ha olan traktör sayısının ise 21.5 adete yükseldiği, yine sulama öncesi 1 traktöre düşen alan (ha) büyüklüğünün 102.2 ha'dan sulama sonrası 46.3 ha'a düştüğü tespit edilmiştir. Bu da gösteriyor ki, sulama ile birlikte artan üretici gelirleri, yeni teknolojilere yatırımı olanaklı (feasible) kılabilmekte ve özellikle de tarımsal mekanizasyon yatırımlarında artış yaratmaktadır. Aşağıdaki Tablo'da örnek olarak GAP Kalkınma İdaresi'nce seçilmiş olan "Örnek Alan Harran Ovası"nda sulama öncesi ve sonrası bazı değerleri göstermektedir.

[141] DPT, 2001. VIII.Beş Yıllık Kalkınma Planı, **Tarım Alet ve Makinaları Sanayi Özel İhtisas Komisyonu Raporu**, Ankara, 2001.

Tablo 39

Örnek Alan Harran Ovası'nda Sulama Sonucu Ortaya Çıkan Gayrısafi Tarımsal Üretim Değeri (GSÜD) ve Katma Değerler

Yıl	Alan	GSÜD*			KATMA DEĞER**		
		Milyon $/Yıl	$/ha.	$/kişi	Milyon $/Yıl	$/ha.	$/kişi
Sulama Öncesi	30.000	31,5	1,050	1,044	18	600	596
1995	30.000	65,4	2,180	2,168	49,8	1,661	1,652
1996	40.000	87,5	2,187	2,229	67,4	1,985	1,717
1997	60.000	125,8	2,097	1,896	100,6	1,667	1,516
1998	90.000	178,8	1,987	2,388	148,8	1,653	1,987
1999	103.000	199	1,932	2,185	160,1	1,554	1,748
2000	111.600	261,9	2,347	2,574	172,2	1,543	1,963

Kaynak: GAP,Son Durum,2001,Ankara, s.17.
*GSÜD: Üretim MiktarıxÜrün Fiyatı; **Katma Değer: GSÜD - Üretim Masrafları

3.10.2 GAP Bölgesinde Ortak Makine Kullanım Olanakları

Ülkemiz genelinde ve özellikle de GAP ve kapsamında olan Diyarbakır bölgesinin kırsalında, nüfus artış hızı ve tarımsal nüfusun fazlalığı işletme ölçeklerinin küçülmesine ve gelir düzeylerinin düşmesine neden olmakta ve bundan dolayı modern üretim teknolojileri uygulanamamaktadır. Farklı tip ve büyüklükteki tarım işletmeleri için, teknik, ekonomik ve sosyal yönlerini de dikkate alarak, uygun tip ve büyüklükte mekanizasyon araçlarının seçim ve kullanım modellerinin belirlenmesi ve hayata geçirilmesi öncelikli ele alınmalıdır. Bunun yansıra, yeter gelir düzeyine erişemeyen işletmelerin aynı makine veya makine parkından faydalanabilmesini ve ayrıca atıl mekanizasyon kapasitesinin üretime döndürülmesini sağlayacak ortaklaşa makine kullanım modellerinin ülkemiz koşullarına uygun olarak geliştirilmesi de önemli görülmektedir.

GAP bölgesinin mevcut tarımsal yapısını ve örgütlenme önündeki engelleri kısaca özetleyecek olursak;

Bölge'de yer alan işletmelerin sayısal olarak % 70'e yakın bir kısmı 10 ha'dan küçük işletmelerdir. Diyarbakır'da ise toplam işletmelerin %66.8'i toplam tarım arazilerin ancak %14'üne sahiptir. Diğer bir deyişle bölge tarım topraklarının işletme ve mülkiyete göre dağılımındaki dengesizlik ve çok parçalılık bölgenin en önemli sosyo ekonomik sorunlarından birisidir.

Bölge'de yaygın olan kuru tarım üretiminin oldukça düşük gelir getirisine bağlı olarak birim alana güç kullanımı Türkiye ortalamasının üçte birine yakın bir düzeydedir. Diyarbakır'da ancak dörtte biri kadardır.

Suyun tarıma girmesiyle birlikte ürün çeşitliliğinin artması kaçınılmazdır.

Üreticilerin eğitim ve sulu tarıma bağlı olarak artacak olan ürün çeşitliliği konusundaki bilinç düzeyleri oldukça düşüktür. Örneğin Diyarbakır'da bulunan Tarımsal Zirai Araştırma Enstitüsü'nden yeterli derecede faydalanılmaktadır. Son yıllarda uzmanların kırsal alanda yaptıkları çalışmalarla ancak tanıtım ve önemini kavratabilmişlerdir.

Yörede yaygın olan kan bağına dayalı geleneksel aile, akraba, aşiret ve köy yapısı, bireysel davranışların önüne set çekmekte ve kişileri ait oldukları aile ve aşiret gibi toplumsal gruplarla özdeşleştirmektedir[142]. Kişilerin davranışları, toplumsal ilişkileri birey düzeyinde değil, ait olunan topluluk düzeyinde olmaktadır, özgün bireysel davranışlar ve siyasi katılım çok sınırlıdır. Davranış biçimini belirleyen aile, aşiret veya köy reisi-

---

[142] GAP BKİB,. **Güneydoğu Anadolu Projesi Sosyal Eylem Planı.** Ankara:Başbakanlık,1995, s.28.

ağasıdır. Diğer bir deyişle, hiyerarşik aşiret örgütlenmesi Bölge'de çağdaş, katılımcı örgütlenmelerin gelişmesini engellemekte ve gelişmenin hızını kesmektedir[143].

Çağdaşlığın yadsınamaz bir göstergesi olan ekonomik ve toplumsal amaçlı örgütlenme, Türkiye genelinde olduğu gibi, hatta ondan da geri, düşük bir düzeydedir. Diyarbakır'da tarım sektöründe örgütlenme daha düşük seviyededir.

Ancak tüm bu sosyal ve ekonomik yapısal özelliklerin çözülme sürecinde olduğu söylenebilir. Eğitim düzeyinde Diyarbakır diğer GAP kırsalına göre daha iyi durumdadır.

Toplumsal kalkınma politikaları, stratejiler ve uygulanacak program ve projeler konusunda toplumsal kalkınmaya ilişkin bir ana çerçeve oluşturmak üzere hazırlanan "GAP Sosyal Eylem Planı", Örgütlenme ve Katılım konusunda Bölgenin sosyo-kültürel ilişkilerinin gelişmesi, modernleşmesi, yerel, ulusal ve uluslararası bilgi ve kültür zenginliklerinin birleştirilerek yöre halkının örgütlü ve açık toplum haline gelmesini temel hedef olarak belirlemiştir. Katılımcılığın teşvik edilmesi ve bu amaçla destek sağlanması, araştırma ve eğitim faaliyetlerine ağırlık verilmesi de bölgede örgütlenme bilincinin oluşturulmasında etken eylemler olacaktır. Bu sayede kaynaklara erişimin etkinliği ve verimliliği de sağlanabilecektir.

Dünya'da değişik formlarda uygulamaya aktarılmış bulunan ve kırsalda örgütlenmenin önemli bir şekli olan ortaklaşa makine kullanımı, işletme biriminde modern tarım teknolojilerinin uygulanabilmesinde

---

[143] GAP BKİB, **Güneydoğu Anadolu Projesi - Sosyal Politika Hedefleri**. Ankara:Başbakanlık GAP Bölge Kalkınma İdaresi Başkanlığı, Eylül 1997,s. 34.

karşılaşılan yapısal sorunlar ve darboğazların aşılmasında başta gelen çözümler arasındadır.

Bilindiği gibi, sulu tarım, beraberinde modern tarım tekniklerinin kullanılmasını zorunlu kılan bir üretim sistemidir. Tarımda makineleşmeyi hızlandırmak için hükümetlerin verdikleri desteğin yetersiz olması ve bölge üreticilerinin ekonomik koşullarının uygun olmaması, sulu tarıma geçen üreticilerin makine edinim ve kullanım eğilimlerini kısıtlamaktadır.

Ortak Makine Kullanımı uygulamalarının bazı temel avantajları arasında şunlar yer almaktadır;

- ✓ Üretici ekonomik olmayan sermaye yatırımlarından tasarruf ederek sabit gider ödentilerinden kurtulur.
- ✓ Elde bulunan işgücü fazlasının diğer işletmelerde çalıştırılması sonucu daha prodüktif bir üretim sağlarlar.
- ✓ Dışarıdan kiraladıkları ilave işgücü kapasitesi sayesinde yıllık işgücü ihtiyaçlarındaki tepe noktalarını aşağıya çekebilirler.
- ✓ Daha yüksek faiz geliri getirebileceğini tahmin ettikleri diğer alanlara yatırım yapma şansına sahip olurlar.
- ✓ Gerek organizasyon ve gerekse üretim değişikliklerine yönelik olarak daha esnek bir yapıya kavuşurlar. Uzun dönem yatırımlara bağımlı değildirler.
- ✓ Tarım makinaları sektörünün gelişiminde rol sahibi olurlar.
- ✓ Kapasite kullanımındaki artışa bağlı olarak amortisman süresinin kısalması ve daha sık aralıklarla makina yenileme sonucu daha yeni teknolojilere yatırım imkanları yaratır.

Sonuç olarak, üretici elindeki kapasite fazlasını değerlendirerek ek kazanç elde etme şansına sahip olmaktadır.

Bireysel kullanmanın bir alternatifi olan ve aynı zamanda tarım makinaları kullanımında kapasite kullanım oranının artmasına neden olan ortak makina kullanımı uygulamada işletmelerin ekonomik, sosyal ve fiziki durumlarına göre farklılık gösterebilmektedir. Dünyada birçok ortak makina kullanım modeli bulunmasına ve değişik ülke/bölgelerde başarı ile uygulanabiliyor olmalarına rağmen evrensel çözümler ortaya koyabilmek oldukça güçtür. Arazi, toprak, iklim, pazar ve finansman koşulları, işletme büyüklük ve tipleri çiftçi deneyimleri ve eğitim düzeyi ve hepsinden de önemlisi bölge insanının sosyal ve kültürel alışkanlıkları en uygun modelin belirlenmesinde en önemli faktörlerdir.

4. DİYARBAKIR'DA TARIMSAL YAPI VE GİRDİ KULLANIMI

4.1. Tarım Topraklarının Mülkiyet Yapısı

Tarım topraklarının kullanımının iki yönü vardır. Bunlar mülkiyet ve işletme yönleridir. Esasında Türkiye'de kullanılan tarım arazisinin tasarruf ve mülkiyet durumu hakkında kesin olarak fikir ileri sürmek zordur. Çünkü toprakların sınır ve alan genişlikleri konusunda tapu ve kadastro kayıtları yeterli ve sağlıklı değildir. Mevcut arazilerin çoğu kadastrosunun yapılmadığı bilinmektedir. Toprak kullanımına ilişkin veriler Genel Tarım Sayımı (GTS) sonuçlarıyla sağlanıyor. Ülkemizde 2001'e kadar 1927, 1950, 1963, 1970, 1980, 1991 ve 2001 yıllarında olmak üzere toplam 7 Genel Tarım Sayımı uygulanmıştır. 2001 Genel Tarım Sayımı uygulaması Haziran-Ekim 2001 tarihleri arasında gerçekleştirilmiştir.

Tarım sayımlarının genel amaçları özetle şu şekilde ifade edilmektedir; Kalkınma planlarımızda amaçlanan "Kaynakların Etkin Kullanımı" çerçevesinde Ekonomik, Sosyal, Çevresel ve Uluslararası gelişmeler boyutunu bütün olarak ele alan örgütlü, rekabet gücü yüksek, sürdürülebilir bir Tarım Politikasının oluşturulabilmesi bu sektöre ilişkin sağlıklı ve ayrıntılı bilgilerin derlenmesine bağlıdır. Her yıl derlenen Cari Tarım İstatistikleri Türkiye'de yetiştirilen ürünlerin Ekiliş Alanları, Üretimleri, Verimleri, Hayvan Sayıları ve Tarım Ürünlerinin Fiyatları vb. bilgileri kapsamaktadır[144].

---

[144] Bkz: DİE, **VII. Genel Tarım Sayımı-2001**.

Bu İstatistikler Tarım ve Köyişleri Bakanlığı aracılığı ile derlenmekte ve veriler İlçe Tarım Müdürlükleri'nin ellerinde bulunan mevcut bilgilere dayanmaktadır.

Türkiye gibi ekonomisi tarıma dayalı ülkelerde tarım potansiyelini ve tarımsal yapının gerçeklerini yansıtacak ayrıntılı, güvenilir istatistiklere ihtiyaç vardır. Bu nedenle ülkemizde belli periyotlarla Genel Tarım Sayımları uygulanmaktadır.

2001 GTS'nda diğer sayımlarda farklı olarak; Avrupa Birliği müktesabları incelenerek diğer sayımlardan farklı olarak önerilen değişkenler soru kağıtlarına ilave edilmiştir. Sonuçlar Avrupa Birliğinin kullandığı sınıflamaya (NACE) uygun olarak sunulmuş ürün çeşidi ayrıntısında derlenecek bilgilerin AB'ye uygun şekilde derlenmesi Bitkisel üretimde derlenecek bilgilerin arazi parçası bazında derlenmesi, ilk defa Hayvansal ürünlerin verim katsayılarını elde edebilecek bilgilerin derlenmesi, amaçlanmıştır[145]. Bu çalışmada verilecek istatistikler mümkün olduğunca Genel Tarım Sayımlarından derlenecektir.

Tarım sektörünün yapısını belirleyen unsurlardan biri mülkiyet ve mülk topraklarının dağılımıdır. Araştırma konusu GDA Bölgesinin en büyük ikinci ili olan Diyarbakır olunca mülkiyet konusunun belirleyicilik unsuru, ülkenin diğer bölgelerine göre, daha da öne çıkmaktadır.

Diyarbakır, aşiret bağlarının ve göçebe yaşam biçiminin, eskiye oranla çözülmüş olmakla birlikte, yine de varlığını koruduğu bir bölgede bulunmaktadır. Bu nedenle, bölgedeki tüm öteki iller gibi, Diyarbakır'ın toplumsal ve ekonomik yapısı, Türkiye'nin orta ve batı kesimlerinden çok daha farklıdır.

---

[145] DİE. Genel Tarım Sayımı. 2001

Tarımda çalışanların il toplam faal nüfusu içindeki payına bakıldığında, bu payın da yüksek olduğu görülür. 1955 ile 1975 arasında tarımda çalışanların faal nüfus içinde ki payı, Türkiye genelinde %77,4'den %64,l'e düşerken, Diyarbakır'da %88'den ancak %76'ya inmiştir.

İldeki tarımsal gelişmenin en belirgin özelliği yavaşlığı ve eşitsizliğidir. Yörenin en önemli geçim kaynağı olan tarımın, 1920'lerdeki durumuyla karşılaştırıldığında, çok ileri bir çizgiye geldiği söylenebilir. Ancak, kırsal kesimi tümüyle kapsayan yapısal bir dönüşüm gerçekleşememiştir. 1980'lerde İl tarımı ürün çeşitlenmesi makineleşme, yoğun tarım girdi ve tekniklerinin kullanımı, pazarlama gibi modern tarımın belli başlı göstergelerine göre, Türkiye genelinin hayli gerisindedir. Ayrıca, modern tarımsal faaliyetin, büyük mülk sahiplerinin belli bir kesiminin adeta tekelindedir. Diyarbakır'ın tarımsal gelişmesinin yavaş ve dengesiz bir biçimde gerçekleşmesinin, yani tüm üretici kesimlerin bu gelişmeden aynı ölçüde yararlanamamış olmalarının doğal, tarihsel ve toplumsal çeşitli nedenleri vardır. Tarihsel neden olarak en büyük problem olarak mülkiyet yapısındaki eşitsizliktir.

4.1.1. Osmanlı Döneminde Mülkiyet Yapısı

Osmanlı ekonomisinin temel yapısını zirai ekonomi oluşturuyordu. Tımar sistemi ise zirai ekonominin dolayısıyla Osmanlı ekonomisinin temelidir. Bu sistem sayesinde teknolojiye ayak uydurmamasına rağmen ülkedeki yüksek tarımsal üretim için gerekli ortam sağlanmıştı. Esasında Tımar sistemi Selçuklu dönemi ikta sisteminin devamıydı. Devlet mülkiyeti (rakabe) altındaki toprakların devlet memuru olan ve maaşlarını tımarların gelirlerinden alan sipahilerin gözetiminde, kullanım hakkına sahip köylüler tarafından işletilmesidir. Tarımsal arazide devlet mülkiyeti esas kabul edilerek önceden tespit edilmiş optimum toprak büyüklüklerinin bozulmamasına dikkat edilirdi. Reayanın tasarrufundaki arazi geçim kaynağını rahatlıkla sağlayacak kadardı[146].

Üretim ve üreticiyi sıkı kontrol altında tutan Devlet bu konuda bir takım sınırlamalar da getirmişti. Örneğin zirai üreticilerin sermayedarların eline düşüp ürünlerin kapatılmasına engel olurdu. Arz ve Talep esnekliği düşük olan zirai ürünlerin bolluk/kıtlık dönemlerinde fiyatların düşük/yüksek tutulmasını engellemek için bir dizi tedbirler alınırdı. Kıtlık dönemlerinde; en yakın civar bölgeden başlayıp merkeze kadar uzanan gıda amaçlı tahıl ihtiyacı karşılanmaya çalışılırdı. Bolluk dönemlerinde ise ihtiyaca göre en yakın bölgeye veya merkeze sevk edilirdi. Narhla tespit edilmiş fiyatın üstünde ya da altında satış yapılamazdı. Halk ve ordu için vüs'at-ı maişet (rahat bir geçim kaynağı) olan temel gıda maddelerinin ihracatı ise zaten yasaklanmıştı. Kısaca provizyonist (iaşecilik) ilkeleri gereğince 'fukara gadr edilmemli' idi.

XIX.yy. ortalarına kadar Osmanlı'da toprak faktörü emek faktörüne oranla daha çoktu[147]. Merkezi otoritenin bozulmasıyla birlikte mahalli güçler tarım kesimi üzerinde etkili olmaya başlamıştı. Bu dönemde Tarımsal üretimin modernleştirilmesi sorunlarının çözülmesi yolunda çalışmalar yapıldı. Meclis-i Umur-i Nafia (1838), ziraat meclisi (1843), Nafia Hazinesi kuruldu[148]. Köylüye kredi sağlanması, eğitim verilmesi,ulaşım yollarının açılması, vergi yükünün hafifleştirilerek bölgeler ve kişiler arasında dağılımın adilleştirilmesi için programlar

---

[146] Ahmet Tabakoğlu, **Türk İktisat Tarihi**, 4.Baskı, İstanbul: Dergah Yay., 1998, s.189.
[147] Tevfik Güran, **Osmanlı Tarımı**, İstanbul: Eren Yay., 1998, s. 54.
[148] Tabakoğlu, s. 213.

yapıldı. Buna ilaveten ürün ticareti serbestleştirildi. Geçici vergi muafiyetleri de sağlandı[149].

Tanzimatla hızlanan ziraattaki bu yenilenmeler, ürünlerin pazarlama ve ticaretinde liberal uygulama getirdi. Tahsis ilkesi de terk edilince mahalli güçlerin daha da güçlenmesine neden oldu.

Ziraattaki bu yapılanma eskiye oranla üretim artışı sağlanmıştı. Ancak bu üretim artışının temelinde yeni ulaşım yollarının açılması var olanların ıslah edilmesi ve son dönemlerde Demiryollarının devreye girmesiyle iç talebi karşılamaya dönük ve iç ticaret'in gelişmesi şeklinde oldu[150].

Sonuçta tarım teknolojisinde fazlada bir değişiklik olmadan bu şekilde üretim artışı olmuş dahası Doğu ve Güneydoğu Anadolu Bölgesi; iç ve dış talep sayesinde üretimin arttığı bölgeler olamamıştır. Üretim artışına dönük diğer bir çalışma ise emek faktörünün kıt olduğundan dışarıdan getirilen Kafkasya ve Balkan göçleri özellikle kalifiye eleman açığının kapatılması ve üretimin arttırılması yönünde ülkenin geneli için iyi olmakla birlikte Güneydoğu Anadolu Bölgesi için bu geçerli olmamıştır.

Diyarbakır yakınlarında ve ilçelerinde (Ergani,Bismil, Çüngüş,Çınar..) iskan edilen göçmenler yerli halkla bütünleşememişti. Kapalı bir hayat tarzını yeğlemiş göçmenlerin çoğu kısa bir zaman sonra akraba ve tanıdıklarının yoğun olarak göç etmiş olduğu bölgeye (daha çok Bursa'ya) göç etmişlerdi. Ancak yine de Diyarbakır'daki yerli halka bir takım yenilikler ve yaşam tarzlarından bir takım izler bırakmışlardı. Özellikle Diyarbakır ilinin güneyinde iskan edilen göçmenlerin küçük tarla

---

[149] Güran, 57.
[150] Güran, s.59.

parçalarını verimli kullanmak için sulama çabaları yerel halkı derinden etkilemişti. Zira tarla parçasının sulanması için, buharlaşma oranının çok yüksek olduğu ortalama sıcaklığın yazın 40°C'nin üstünde seyrettiği aylarda, eşek ve katır gibi binek hayvanlarla 1-2 km.'lik uzaklıktaki Dicle nehrinden sağlanırdı. Bölge halkının bazı yörelerde hemen yanı başlarında bulunan memba ve dere suyu ilerde olsa arazi genelde sulanmıyordu. Çünkü toprak sahipleri böyle bir şeye ihtiyaç duymazdı. Ellerinin altındaki Binlerce dekar arazi her halükarda yetiyordu. Küçük çiftçilerse çok azınlıktaydılar. Teşebbüs etseler bile su kaynaklarından yararlanmalarına izin verilmezdi.

XIX.yy sonlarında tarım ile kırsal kesimde var olan vergi muafiyetlerinin dış borçlar nedeniyle kaldırılması hoşnutsuzluğa yol açmış bu kesimin sefalete sürüklenmesine sermaye birikimlerinin oluşmasının engellenmesiyle sonuçlanmıştı. Makineleşme, damızlık hayvan gibi yenilikler gelmedi.

1857 tarihli Arazi Kanunnamesi, toprak sistemiyle ilgili ilk kapsamlı düzenlemedir. Özünde, tımar sahiplerinin nüfuzlarının kırılmasını ve merkezi bürokrasinin güçlenmesini öngören düzenleme, beraberinde toprakları sınıflandırmış, ilk kez özel mülkiyet hakkını hukuksallaştırmış ve fiilen özel mülkiyete dönüşmüş miri toprakların durumunu yasal hale getirmiştir. Bu arada miri arazi üzerinde özel mülkiyete dair ilk hükümler getiren 1858 tarihli "Arazi Kanunnamesi"nin öngördüğü toprağı üç yıldan fazla boş bırakmama hükmü kaldırılarak, toprak tasarrufu boşlukta bırakılmıştır[151]. Zaten miri arazinin yapısı dışında kalan Doğu bölgesinde miras hükümleri küçük mülkiyetin daha da parçalanması yönünde işlerken, büyük mülkiyetin evlenmeler yoluyla daha da büyüdüğü bir döneme

[151] Rıdvan Karluk, **Türkiye Ekonomisi**, 7.Baskı, İstanbul: Beta Yay.,2002,s .175.

girmiştir. Gerçi daha XII.yy.'da Doğu ve G.Doğu Anadolu ile Suriye'de Mukataa sistemi dışında Malikane sistemi uygulanmaktaydı. Ancak bu İmparatorluk için genel bir sistem değildi. Bölgenin yapısı ve coğrafyasından dolayı bu sistem uygulanmaktaydı. Mülkiyet konusunda dengesizlikler XIX.yy.'dan sonra, uzun süren savaş harcamalarından dolayı ülkenin genelinde artık malikane sistemi uygulanmaya başlanmıştı[152].

XX.yy.'ın başına da, özellikle çiftçilik üretiminin bileşimi, tarım işletmelerinin özellikleri, üretim teknikleri, üretim giderleri vb..konuların yer aldığı iki istatistik araştırması yapılmıştır. 1907'de İmparatorluğun Avrupa ve 1909'da Asya ve Afrika toprakları için hazırlanan "Ziraat İstatistikleri" yapılmıştır. Yapılan bu istatistik araştırmasında, tarım işletmelerinin işledikleri toprak miktarı itibariyle 50 dönüm ve yukarı işletmeler açısından Diyarbakır %47'lik oranla birinci sırada yer almaktadır. İkinci sırada ise Adana yer almaktadır[153].

Diyarbakır ilinde çoğunluğu aşiret reisi, ağalar, olan büyük mülk sahipleri, kırsal nüfus üzerindeki otoritelerinden ve kadastro çalışmalarının henüz yapılmamış olmasından faydalanarak, önemli ölçüde toprağa el koymuş ve bu eğilimi kadastro çalışmalarının yapıldığı dönemlerinde de sürdürmüşlerdir.

---

[152] Malikane olarak satılan Mükataalar, sahibinin ölümünden sonra açık artırmaya çıkartılır ve en yüksek bedeli teklif edene verilirdi. Ancak Doğu ve G.Doğu Anadolu'da XVII.yy. başlarında, diğer bölgelerde ise XVIII.yy. başlarında, teoride kalmaya başladı. Malikane sahibi daha hayatta iken mülkünü dağıtıyordu. Böylece ölümünden sonra miras olarak kalan ve dolayısıyla müzayedeye çıkacak arazi olmayacağından toprak, Malikane sahibinin varislerinde kalıyordu. Bkz: Ekmelettin İhsanoğlu, Osmanlı Devleti Tarihi, İstanbul: Feza Yay. 1999.c.2, s.483, 543-545.

[153] Orman ve Maadin ve Ziraat Nezareti İstatistik İdaresi ,a.g.i, s.Medhal fe-min; Orman ve Maadin ve Ziraat Nezareti Kalem-i Mahsus Müdüriyyei İstatistik Şubesi, a.g.i,s. Medhal ha-kaf. Aktaran: Güran, s. 82.

4.1.2. Cumhuriyet Dönemi Mülkiyet Yapısı

Arazi Kanunnamesiyle Cumhuriyet arasında miri toprakların dağıtıldığı görülmektedir. Bu süreç, merkezin gücünün zayıflaması, bu gücün yerel otoritelere, ayanlara geçmesiyle gelişmiştir. Osmanlı'nın son dönemlerinde doruğa ulaşan büyük mülk sahipliği, ağalık kurumu, beylik gibi kişisel bağımlılık ilişkileri, göçerlik vb unsurlar, 1923'ten günümüze değin Türkiye tarımında gözlemlenen değişmelerin, Diyarbakır'da tümüyle kendine özgü bir biçimde gerçekleşmesine neden olmuştur. Halkın hakim zümrelere bağımlılığının yalnız ekonomik ilişkilerle sınırlanmayıp aşiret dayanışması gibi nedenlerin bağımlılıkta önemli rol oynadığı toprak ağalarının,beylik gibi sıfatlarla da konumlarını pekiştirdikleri bilinmektedir[154]. Sadece Diyarbakır değil Türkiye'nin doğusunda genel olarak ağaların varlığı ve etkinliği ortaya koyması bakımından 1935'te zamanın Başbakanı İsmet İNÖNÜ' nün Karadeniz Bölgesiyle birlikte Doğuyu da kapsayan inceleme gezisinin ardından Cumhurbaşkanı Atatürk ve Bakanlar Kurulu'na sunduğu raporda geçen cümleler dikkate değerdir[155]:

"...Halk düşkün,feryatlı, henüz araziler mal olmamış,çayırlıklar fena taksim edilmiş,halk şikayetçi. Şimdiki halde halk daha çok ağaların elindedir".

Osmanlı'nın son dönemlerinde toprak düzeninin bozulmasıyla başlayan bu dengesiz ve adaletsiz mülkiyet dağılımı, Cumhuriyet döneminden günümüze devam edegeldi. Çeşitli tarihlerde gerçekleştirilmeye çalışılan toprak reformu da amacına ulaşılamamıştır.

---

[154] Mustafa Erkal, **Bölgeler arası dengesizlik ve Doğu Kalkınması**, İstanbul, 1978 s.213
[155] Bkz.: Saygı öztürk, "**2 Ağustos 1935 İsmet Paşa'nın.....Raporu**" 7-10 Eylül, Hürriyet 1992

2000'li yıllarda ise kendi halinde nüfus artışı ve miras yoluyla doğal bir reform süreci yaşandı.

Tarım, gerek çalışanların yüzdesi, gerek yaratılan değer açısından ele alındığında, geçmişte olduğu gibi, bugün de ilde egemen ekonomik faaliyettir. 1980'lerin sonlarında bile, ilde yaratılan gayri safi hâsılanın hemen hemen yarısını tarımsal üretim sağlamaktaydı.

Diyarbakır'da toprak mülkiyeti açısından son derece ilginç bir yapı vardır. Büyük mülkiyetin egemen olduğu yörede, 1970'lere gelindiğinde bile bir tek kişiye yada aileye ait birkaç köy bulunmaktaydı. 1990'ların sonunda da bu yapı azalmakla birlikte yer yer varlığını korumaktadır.

Yukarda değinildiği gibi kökeni Selçuklular'a dek uzanan büyük mülkiyet, toplumsal ve ekonomik yapının temelidir ve belirli bir değişim geçirmiş olmasına karşın bu yapıdaki ağırlıklı yerini korumaktadır.

Özellikle, Mir-i Arazi sisteminin Omanlılar'ın son dönemlerinde bozulmasıyla birlikte yöredeki topraklar aşiretlerin reislerinin tasarrufuna tamamen geçmeye başladı. Aşiret reisi olan 'ağa' veya 'bey' gibi evsaflandırılan kişi öldüğünde, mülkü oğullarına geçmekteydi. Ağır kişisel bağımlılık ilişkileri içeren bu toprak rejimi, Cumhuriyet'in ilk yıllarından 1940 sonlarına kadar devam etti. Bu daha çok, bir değişime hazırlanma ve birikim dönemi olup, çıkarılan yasalar olsun, ekonomik ve politik gelişmeler olsun, amaçlarının tersine, büyük mülkiyetin güçlenmesinden olmuştur.

1950'lerden başlayarak, özellikle traktörleşmenin ve ülke pazarıyla ilişkilerin yoğunluk kazanmasının sonucu, kırsal kesimde büyük bir çözülme süreci yaşanırken, büyük mülk sahipleri topraklar üzerindeki egemenliklerini artırmış ve pazar için üretim yapan çiftliklere dönüştürmeye çalımışlardır. Daha önce ağaların ve beylerin topraklarında ortakçı olarak barınan büyük bir kesim de, küçük işletmesini satmak zorunda kalarak tarım işçisi konumuna girmiştir. Cumhuriyet zaman zaman Osmanlının son döneminden devraldığı bu dengesizliği değiştirmeyi denemişlerse de, işe yaramamıştır. M.Kemal Atatürk Meclis açılışlarındaki konuşmalarında toprak mülkiyetindeki dengesizliklere değinmesine rağmen düzeltme yoluna gidilmemiş gidilememiştir[156]. Özellikle Cumhuriyet döneminin başlarında bazı güçlü aşiretlerin yerel isyanların bastırılmasında etkin rol almaları konumlarını daha da pekiştirmişti. Dolayısıyla devlet nezdindeki bu itibarlarından dolayı toprak reformu teşebbüslerini engelleyebiliyorlardı.

Yasalardaki boşluklar ve büyük mülk sahiplerinin politik kararları etkileyecek gücü ellerinde bulundurmaları, bu yapının değişmesini engellemiştir. Örneğin, 1926'da çıkarılan Medeni Kanun'da, toprakta özel mülkiyet ve miras hakkını mutlaklaştıran hükümler getirilirken, devlete geçmiş olan "miri arazi"nin kullanma, satış vb. durumlarını düzenleyen hükümler ihmal edilmiştir. Bu arada miri arazi üzerinde özel mülkiyete dair ilk hükümler getiren 1858 tarihli 'Arazi Kanunnamesi'nin öngördüğü "toprağı üç yıldan fazla boş bırakmama hükmü kaldırılarak, toprak tasarrufu boşlukta bırakılmıştır. Miras hükümleri küçük mülkiyetin daha da parçalanması yönünde işlerken, büyük mülkiyetin evlenmeler yoluyla daha da büyüdüğü görülmüştür. Diyarbakır ilinde çoğunluğu aşiret reisi, ağalar, olan büyük mülk sahipleri, kırsal nüfus üzerindeki otoritelerinden ve kadastro çalışmalarının henüz yapılmamış olmasından faydalanarak, önemli ölçüde toprağa el koymuş ve bu eğilimi kadastro çalışmalarının

---

[156] Yakup Kepenek ve Nurhan Yentürk, **Türkiye Ekonomisi,** 12.Basım, İstanbul: Remzi Kitabevi Yay., 2001, s. 42.

yapıldığı dönemlerinde de sürdürmüşlerdir.

1920'lerin ortalarından itibaren başlayan isyanlar sonucunda hükümet, isyana karışan büyük toprak sahiplerine karşı sert önlemler alarak büyük toprak sahiplerinin bir kısmını yurdun çeşitli bölgelerine sürgüne göndermişti. Sürüklenen topraklarına el konulmuş ve büyük bir bölümü yöredeki topraksız çiftçilere dağıtılmıştı. Ancak sürgündeki bu büyük mülk sahipleri yerlerine bıraktıkları akrabaları vasıtasıyla topraklarını korumayı başarmışlardı. 1934'te çıkarılan 2510 Sayılı Yasayla memleketlerine geri dönen sürgündeki ağalar ve şeyhler topraklarının büyük bölümünü geri almayı başarmışlardı. Oysa o dönemden hemen önce 1932-33 yılları arasında tüm ülkede 90.000 dönüm toprak dağılımı yapılmış arkasından da 1934 yılında topraksız çiftçilere dağıtılan toprak miktarı 6 milyon dönüm araziye çıkmıştır. Ancak bunlar işe yaramıyor zira reform kapsamında, sahipsiz, metruk yada hazine arazisi diye dağıtılan topraklar birkaç sene sonra elinde tapusuyla gelen kişiler tekrar geri alabilmişlerdir[157].

1945 yılında kabul edilen 4753 sayılı Çiftçiyi Topraklandırma Kanunu bir toprak reformu kanunu olarak düşünülmüştür. Yasanın amacı, toprağı olmayan veya yetmeyen çiftçi aileleri ile Kanunun topraklandırılmalarını kabul ettiği diğer kişileri aileleri ile birlikte geçimlerini sağlayacak ve işgüçlerini değerlendirecek toprağa sahip kılmak; yeter toprağı olsa da sermaye ve donanımları eksik olanlara kuruluş-onarma-çevirme kredisi ve canlı-cansız demirbaş vermek, yurt topraklarının sürekli işlenmesini sağlamaktır. Yasa ilk kabul edildiğinde dağıtım amacıyla özel mülkiyetteki arazilerin kamulaştırılması ilkesini getirmiştir. Bölge için uygun görülen dağıtım miktarının üç katını

---

[157] Karluk, s. 176.

kendisinin seçtiği yerden sahibine bırakılmasını, daha fazlasının kamulaştırılmasını öngörmüştür.

Dağıtım için düşünülen topraklar ise kamulaştırma yolu ile hazineye geçeceklerin yanında, halkın ortaklaşa kullandığı ve kamu güvenliği açısından gerekli görülen alanlar ile ormanlıkların dışında kalan hazine ve vakıf arazileridir. Sahibine bırakılacak arazi büyüklüğünün 5 hektardan az olmaması öngörülmüştür. Dağıtımdan yararlanacak olanlar (T.C. Vatandaşı olmak kaydıyla) tarımla uğraşan çiftçiler veya fiilen uğraşmasa da tarım ve veteriner fakülteleri ile tarım okulları yada tarım kursunu bitirenlerden topraksız ve az topraklılar, tarım işçileri ve yerleşik düzene geçirilmesi amaçlanan göçebelerdir.

Dağıtılacak toprak miktarı 10 ton buğday (1968 yılında yapılan değişiklikle 13,4 ton) değerine eşit yıllık geliri sağlayacak işletme büyüklüğündedir. Bu kanuna göre dağıtılan toprakların borçlanmadan sonra 25 yıl geçmedikçe satılamayacağı, topraklandırılan kişilerin ölümünden sonra da mirasçıları arasında bölünemeyeceği, mirasçıların ya iştirak halinde işletmeleri yada aralarında anlaşarak paylarını içlerinden birine veya birkaçına satabilecekleri hükümleri getirilmiştir. Yasa, 1973 yılına kadar 28 yıl yürürlükte kalmıştır. 22.3.1950 tarihinde 5618 sayılı Kanunla yapılan değişiklikle kamulaştırma sınırı, geniş topraklı bölgelerde 500 hektar, dar topraklı bölgelerde 200 hektara çıkarılmış, ortak mülkiyetli arazilerde bu sınırların her kişi için ayrı ayrı hesaplanması öngörülmüş, ayrıca bağ-bahçe olan alanlar bu sınırların dışına çıkarılmıştır. 1955'te yapılan değişiklik sonucu kanun sadece devlet arazilerini dağıtılacak bir nitelik taşımaya başladı[158].

---

[158] Zeynel Dinler, **Tarım Ekonomisi**, 5.Baskı, Bursa: Ekin Kitabevi Yay., 2000,s. 24.

Sekizinci Beş Yıllık Kalkınma Planı Tarımsal Politikalar ve Yapısal Düzenlemeler Özel İhtisas Komisyonu Raporunda yasa ilk hali ile kamulaştırma bedeli olarak 1944 yılındaki arazi vergi matrahını esas almış ve bedelin ödenmesinde yıllık % 4 faizle 20 yıl süre öngörmüşken, 1950 ve daha sonraki yıllarda yapılan değişikliklerle kamulaştırma bedeli 1944 yılındaki vergi matrahının 4 katına çıkarılmış, 1955 yılında çıkarılan 6603 sayılı Kanunla da peşin ödeme hükmü getirilmiştir. Yasanın uygulandığı dönemde toplam 8.116 köyde 446.825 aileye 2.205.428 hektar arazi dağıtılmıştır[159]. Dağıtılan toprağın 1.540 hektarı kamulaştırma yoluyla sağlanmıştır. Bu 1.540 hektar arazinin yalnızca 540 hektarı özel kişilerden kamulaştırılmıştır 28 yıllık uygulama döneminde 13 milyon hektar arazi tarıma açılmıştır. Bunun yalnızca 2,2 milyon hektarı bu yasaya göre dağıtılmış, diğerleri genelgelerle fuzuli şagillere (işgalcilere) haklar ve ayrıcalıklar tanınarak yada Medeni Kanunun 639' uncu maddesinde yer alan "tapu siciline kayıtlı olmayan bir taşınmazın nizasız ve fasılasız 20 yıl malik sıfatıyla zilyedi olan kişi, bunu mülkiyetine geçirmek için tescil talebinde bulunabilir" hükmüne dayanılarak özel mülkiyete geçirilmiştir. Bu yasaya göre toprak dağıtılırken yasanın amacına aykırı olarak ve daha çok çiftçiye toprak vermek için kısmi topraklandırma adı altında yapılan dağıtım, rasyonel olmayan küçük ve yetersiz işletmelerin çoğalmasına neden olmuştur. Dağıtılan toprakların kullanımı yeterince izlenemediği için toprak sahibi olanların bir bölümü toprağını dolaylı yollardan elden çıkarmış ya da kiracılık-ortakçılık gibi yollarla başkası eliyle işletmiştir.

1945'te çıkarılan ve yörede uygulanmasına 1950'de başlanan "Çiftçiyi Topraklandırma Kanunu" da büyük mülkiyet yararına işlemiştir.

---

159 Kazgan, Gülten. **Tarım ve Gelişme**, 2. baskı., Fakülteler Matbaası, İstanbul Üniversitesi Yayınları No: 226 , İktisat Fakültesi No: 387, 1977, İstanbul.

Tasarı durumunda iken büyük mülk sahipleri zararına köktenci maddeler içeren ve aralarında büyük mülkiyet kesiminden güçlü temsilcilerin bulunduğu mecliste değişmiş ve yumuşatılmıştır.

1950 seçimlerinden hemen önce çıkartılan 5002 sayılı yasa Çiftçiyi Topraklandırma Kanunu'nun yeni alanların özel mülk olarak tapuya tesciline getirdiği sınırlamalar kaldırılmış ve büyük arazi sahipleri için kamulaştırmayı tamamen önlemiştir. Bu yasa yüzünden büyük mülk sahibi olan Adnan Menderes ve iki arkadaşı CHP'den ayrılmış ve yeni parti kurmuşlardı[160].

Bu değişikliğe karşın, 1950'ye değin uygulanamayan yasa, daha sonra bu tarihte mülkiyet kesiminin baskısıyla kaldırılmış ve toprak dağıtımı yalnızca hazine ve vakıf topraklarıyla sınırlandırılmıştır. Böylece, 1950-1965 arasında 5.491 aileye hazine topraklarından yaklaşık 54.000 hektar toprak dağıtılmıştır. Ancak, dağıtımın yetersiz olmasının yanı sıra, toprağı işleyecek araçlardan, sermayeden, kredi alma olanağından yoksun olan köylüler bu toprakları büyük toprak sahipleri ve tüccarlara satmak zorunda kalmış, kendileri ise yeniden yarıcı ve ortakçı konumuna düşmüşlerdir. 1950'de çok partili döneme geçiş ve traktörün tarıma girmesi, yöredeki mülkiyet rejimini ve ilişkilerini yeni bir evreye sokmuştur. Bu yıllarda ilde traktör sayısının hızla artmış olmasına karşın, bu traktörlerin tümü büyük mülk sahiplerinin ve toprağı bulunmasa bile sermayesi olan ve kentte oturan tüccar kesimindi.

Sınırlı traktörleşmenin en önemli etkisi, geleneksel aşiret bağlarının çözülmesi, beyin toprağını işleyen ortakçı ve marabaların bu konumlarını yitirerek, topraksız köylü durumuna gelmeleridir. Buna, traktörle sürümün,

---

[160] Yahya Sezai Tezel, **Cumhuriyet Tarihinin İktisadi Tarihi**, İstanbul, 1994, s.382.

toprakların büyük toprak sahiplerince ele geçirilmesini kolaylaştırdığını da eklemek gerekir.

27 Mayıs 1960 Hareketi, Doğu Sorunu'nu toprak sorunu olarak saptamış ve 105 sayılı kanunla bir grup ağayı sürgüne göndermiştir. Ancak, kişilerin ötesinde mülkiyet yapısını değiştirecek etkin bir politika güdülemediğinden, kısa zamanda eski duruma dönülmüştür. Toprak reformu çalışmaları da yüzeyde kalmıştır. Dolayısıyla, büyük mülkiyet daha da büyürken, küçük rnülkiyet parçalanmış ve yöredeki toprak dağılımı giderek daha da dengesizleşmiştir.

Kısacası, büyük toprak sahipliği ve mülkiyet kutuplaşması, Cumhuriyet Dönemi'nde, alınan ya da alınmak istenen bütün önlemlere karşın artarak sürmüştür. 1945'te çıkarılan ve yörede uygulanmasına 1950'de başlanan "Çiftçiyi Topraklandırma Kanunu" da büyük mülkiyet yararına işlemiştir. Tasarı durumunda iken büyük mülk sahipleri zararına köktenci maddeler içeren nıet in, aralarında büyük mülkiyet kesiminden güçlü temsilcilerin bulunduğu mecliste değişmiş ve yumuşatılmıştır. Bu değişikliğe karşın, l950'ye değin uygulanamayan yasa, daha sonra bu tarihte mülkiyet kesiminin baskısıyla kaldırılmış ve toprak dağıtımı yalnızca hazine ve vakıf topraklarıyla sınırlandırılmıştır. Böylece, 1950-1965 arasında 5.491 aileye hazine topraklarından yaklaşık 54.000 hektar toprak dağıtılmıştır. Ancak, dağıtımın yetersiz olmasının yanı sıra, toprağı işleyecek araçlardan, sermayeden, kredi alma olanağından yoksun olan köylüler bu toprakları büyük toprak sahipleri ve tüccarlara satmak zorunda kalmış, kendileri ise yeniden yarıcı ve ortakçı konumuna düşmüşlerdir. 1950'de çok partili döneme geçiş ve traktürün tarıma girmesi, yöredeki mülkiyet rejimini ve ilişkilerini yeni bir evreye sokmuştur. Bu yıllarda ilde traktör sayısının hızla artmış olmasına karşın, bu traktörlerin tümü büyük mülk sahiplerinin ve toprağı bulunmasa bile sermayesi olan ve kentte oturan tüccar kesiminindi.

Sınırlı traktörleşmenin en önemli etkisi, geleneksel aşiret bağlarının çözülmesi, beyin toprağını işleyen ortakçı ve marabaların bu konumlarını yitirerek, topraksız köylü dururnuna gelmeleridir. Buna, traktörle sürümün, toprakların büyük toprak sahiplerince ele geçirilmesini kolaylaştırdığını da eklemek gerekir.

4.1.3. Diyarbakır'da Tarımsal Arazi Dağılımı ve Mülkiyet Yapısı

27 Mayıs 1960 Hareketi, Doğu Sorunu'nu toprak sorunu olarak saptamış ve 105 sayılı kanunla bir grup ağayı sürgüne göndermiştir. Ancak, kişilerin ötesinde mülkiyet yapısını değiştirecek etkin bir politika güdülemediğinden, kısa zamanda eski duruma dönülmüştür. Toprak reformu çalışmaları da yüzeyde kalmıştır. Dolayısıyla, büyük mülkiyet daha da büyürken, küçük mülkiyet parçalanmış ve yöredeki toprak dağılımı giderek daha da dengesizleşmiştir.

Kısacası, büyük toprak sahipliği ve mülkiyet kutuplaşması, Cumhuriyet Dönemi'nde, alınan ya da alınmak istenen bütün önlemlere karşın artarak sürmüştür.

1840'larda imparatorluk ölçüsünde yapılan "emlak arazi ve temettüat" sayımlarında seçilen örneklere dayanılarak yapılan gözlemlere göre Anadolu'da ekili toprakların %82'si 60 dönümden daha küçük işletmeler tarafından işletetilmektedir[161].

---

[161] Güran, s.55.

1963 Tarım Sayımı'nda, ülkemizde 500 dekar üzerinde 15.915 işletme olduğunu, bunların sayılarının toplam işletmelerin %0.5'ini teşkil etmelerine rağmen işlenen toplam arazilerin %16'sını ellerinde bulundurduklarını göstermektedir[162].

2001 Genel Tarım Sayımı'nda 500 dekar üzerindeki işletme oranların %0.73'ü toplam arazilerin %11.34'ünü ellerinde bulundurmaktadır[163]. 1964'te yapılan Köy Envanter Etüdleri'ne göre Diyarbakır'ın toplam 663 köyünden 70'i, yani 13'ü bir kişinin, ailenin ya da sülalenindi. Mezralar envanter kapsamında yer almadığından, bunlardaki mülkiyet durumu hakkında bilgi yoktur. Ancak, mezralarda bir kişi ya da aileye ait olma durumunun daha da yoğun olduğu kolayca tahmin edilebilmektedir. ilde 1950'den bu yana topraksız aile sayısı artarken, topraklı aileler içinde "az topraklılar" sayı olarak çok büyük bir grup oluşturdukları gibi, toprakların giderek daha azalan bir bölümünü işlemektedirler. Topraksızlık oranı 1950 Ziraat Sayımı'nda % 37,1 iken, 1964 envanter çalışmasında % 47 olarak bulunmuştur. Topraklı ailelerin kendi içindeki toprak dağılımına bakıldığında, bu dağılımın giderek dengesizleştiği açıkça görülmektedir. 1950'de 50 dekardan az toprağı olanlar toplam işletmelerin yaklaşık % 67'sini oluştururkerı, 1970 Tarım Sayımında bu oran % 57'ye düşmüş, bu işletmelerin işlediği toprağın toplam ekili topraktaki payı ise % 29'dan % 8'e inmiştir.

Aynı dönemde 200 dekardan büyük işletmelerin tüm işletmeler içindeki oranı %3,2'den %13,5'e yükselirken, bunların toplam toprak içindeki payı da % 19'dan % 66'ya çıkmıştır.

---

[162] İstatistik Genel Müdürlüğü, **1963 Tarım Sayımı**, Ankara, 1965.
[163] DİE, **2001 Genel Tarım Sayımı Geçici Sonuçları,** Ankara, 2003.

Tablo 40

İşletme Büyüklüklerine Göre Türkiye ve Diyarbakır İli'nde Toprak Dağılımı % (1971-2001)

İşletme Büyüklüğü (Dekar)	DİYARBAKIR				TÜRKİYE			
	İşletmelerim Tüm İşletmelere Oranı		İşletmeler Tarafından Ekilen Toprağın Ekili Toplam Toprağa Oranı		İşletmelerim Tüm İşletmelere Oranı		İşletmeler Tarafından Ekilen Toprağın Ekili Toplam Toprağa Oranı	
Yıllar	**1970**	**2001**	**1970**	**2001**	**1970**	**2001**	**1970**	**2001**
0--10	24.10	9.12	0.90	0.50	24.40	15.50	2.40	1.32
11--50	33.00	56.77	7.30	13.50	48.28	49.32	24.30	20.02
51--200	29.40	22.59	25.60	20.68	23.70	29.36	43.80	44.49
201--500	9.70	7.66	23.10	24.12	3.00	5.09	17.60	22.83
501--5000	3.60	3.85	25.90	39.10	0.60	0.72	9.20	9.43
5000+	0.20	0.01	17.20	2.10	0.02	0.01	2.70	1.91
Toplam	100.00	100.00	100.00	100.00	100.00	100.00	100.00	100.00

Kaynak: DİE, 1970 Genel Tarım Sayımı,Ank., 1971; 2001 Genel Tarım Sayımı Geçici Sonuçları, Ank.,2003.

Optimal tarım arazilerinin Türkiye geneli için kuru tarımda; 200 dekar, sulu tarımda 100 dekar kabul edilmektedir. Bu değer bölgeden bölgeye çok değişir. Örneğin Antalya'da 100 dekar sulu ve ya 200 dekar kuru araziyi, Konya ovası arazileri ile karşılaştırmak mümkün değildir. Bu nedenle bu değerler ortalama bir değer olarak kabul edilmektedir[164]. 200 dekarlık bir toprak parçası Diyarbakır yöresinde büyük mülkiyeti ifade etmemektedir. Bu nedenle büyük mülkiyetin alt sınırı rahatlıkla 1.000 dekara çıkarılabilir. 1970 Tarım Sayımı sonuçlarına göre, 1970'te ilde 1.000 dekarın üstündeki mülklerin genişliği 1.160.300 dekarı bulmaktaydı ve ekili alanın yarısını oluşturan bu topraklar 286 aile adına 441 kişinin mülkiyetindeydi. 2001 Genel Tarım Sayımı sonucunda Diyarbakır ilinde mülkiyet yapısı bir takım değişikliği uğradığı görülmektedir. 5000 dekar ve

---

[164] Ercan Taşkın ve İl Bilge Bayca, "Türkiye'de Tarımsal Pazarlama Alanında Yaşanan Sorunlar ve Çözümleri", **Standart,** Temmuz, 2003,s.28-31.

üstü arazi işletmelerinin nüfus artışı ve miras gibi nedenlerden dolayı, 500-5000 dekar işletmelere doğru küçüldüğü görülmektedir. İşletmeler tarafından ekilen toprağın ekili toplam toprağa oranı 1970'te %25,9'dan 2001'de %39,1'e yükselmiştir. Aynı dönemlerde Türkiye ortalamasında fazla bir değişiklik olmadığı görülmektedir. İşletmeler tarafından ekilen toprağın ekili toplam toprağa oranı 1970'te %9,2'den 2001'de %9,43'e yükselmiştir. Optimum alan olarak kabul edilen 200-500 dekarlık işletmelerin oranı ise pekte değişikliğe uğramamıştır. 1970'te %23,1 iken 2001'de %24,12 olmuştur. Türkiye genelinde ise bu oran sırasıyla %17,6'dan %22,83'e yükselmiştir.

5000 dekar ve üstü işletmelerin küçülerek 200 ve 5000 dekarlık işletmelere dönüşmesinin belli başlı bazı nedenleri vardı, bunların en önemliside şüphesiz hızlı nüfus artışıdır. Bölgede *yoksul kesim için* çocuk sahibi olmak bir tür sosyal güvence gözüyle bakılmaktadır. Bunun yanı sıra dindar-muhafazakar kesimin çoğunlukta bulunduğu bölgede aksine nüfus artışı teşvik edilmektedir. Kaldı ki Nüfus kontrolü için devletinde ciddi bir sağlık ve eğitim çalışması yoktu. *Büyük mülk sahibi* (ağa,bey..), varlıklı kişiler için ise çok çocuk sahibi olmak en başta kişisel prestij ve büyük mülkü çevirebilme kapasitesine sahip olma kaygısından ileri gelmektedir. Bu nedenle de her ne kadar çok evlilik yoksul bölge halkı arasında istisnai olarak gerçekleşsede esas çok evlilik büyük mülk sahiplerinde gerçekleşmektedir. Böylece miras yoluyla zamanla çocukları arasında işletme arazilerinin paylaşılması sonucu işletmeler küçülmüştür.

İkinci bir neden olarak ta büyük mülk sahiplerinin civardaki aile yada aşiretlerle anlaşamayıp (kan davaları vb.) toprağını elden çıkarması ve batıya göç etmesi şeklinde gösterilebilir. Son neden olarak ta şunu gösterebiliriz. Esasında o mülkün (5000 dekar ve üstü tarla parçasının) belli bir takım kişilerin ismine kayıtlı olmasına rağmen, işletmeyi fiilen tasarrufu altında olmadığından dolayı (göç, kaçak, çocuksuzluk, ölüm, vb..) topraklı veya topraksız kişilerce işlenmesi sonucu aradan 20 yıl geçtikten sonra tapusunu (yasa gereği) otomatikman üstüne almalarıyla sonuçlanmıştır.

Esasında bu küçülme tarımsal sektörde sermaye birikimi ve teknolojik girdiyle paralel olarak sürekli küçülmüştür.1950'den itibaren süregelmiştir. 5000 dekar ve üstü işletmelerin daha çok ülke genelinde bu ortalama küçülme neredeyse değişikliğe uğramazken Diyarbakır ilinde bu denli değişikliğe uğramasının kendine has sosya-ekonomik yapısından kaynaklanmıştır.

Büyük mülkiyetin kendi içindeki dağılımı da ilginçtir. Çünkü burada da bir yığılma ve dengesizlik söz konusudur:

Tablo 41
Diyarbakır'da Büyük Tarımsal Mülkiyetin Dağılımı (1970)

Arazi Büyüklüğü (Dekar)	Arazi Payı (%)	İşletme Sahibi (Kişi)
1000-2500	36.5	297
2501-4999	18.6	63
5000-9999	19.5	47
10000+	25.4	34
Toplam	**100**	**441**

Kaynak: Rıfkı Arslan, Diyarbakır'da Toprakta Mülkiyet Rejimleri ve Toplumsal Değişme, Yayımlanmamış Doçentlik Tezi, İÜİF,1975.

Büyük mülkiyetin Dörtte biri 1970 yılında 34 kişinin elinde toplanmıştır. Büyük mülkiyetin en yoğun olduğu yerler merkez ilçe ,Silvan, Bismil ve Çınar'dır. 10.000 dekardan daha büyük toprağı olan 16 aileden 14'ü ve bu büyüklükteki toplam toprakların % 84'ü bu 4 ilçede bulunmaktadır. Hazro ve Ergani ilçelerinde de büyük mülkiyet bulunmakla birlikte, sözü geçen 4 ilçe kadar büyük ölçekli değildir. Geri kalan ilçelerde ise, büyük mülkiyet yoktur. Diyarbakır ilinde büyük mülkiyetin iki kaynağı vardır.

Bunlardan birisi, kökeni eskilere uzanan geleneksel ağalık, beylik, şeyhlik kurumudur. Öbürü ise Cumhuriyet Dönemi'nde özellikle ticaret kesiminde sağlanan birikimdir. Bankalara ise küçük mülkiyet sahiplerinin başvurabilecekleri bir yol olmamıştır.

Bu açıdan, toprak satın almada tefecilik de önemli bir birikim kaynağı olmuştur.Büyük mülk sahiplerinin değişen üretim biçimi ve koşulları karşısındaki tavırları, kökenlerine göre değişmektedir. Ticaretten tarıma geçenler, genellikle daha modern bir anlayışla üretim yapmakta, tarımsal girdi ve yeni yöntemleri gerektiği gibi uygulamaktadırlar. Tarihsel kökenli büyük mülkiyet ise kendi içinde farklılaşmış durumdadır. Bunlardan bir bölümü kapitalist tarımsal üretim koşullarına ayak uyduramayıp, ekonomik gücünü yitirirken, bir bölümü ticaretten tarıma geçenler gibi davranmayı başarmış ve hem topraklarını genişletmiş, hem de. birikimini artırmıştır.

Bu durum, Diyarbakır'da tarım ve ticaret kesimleri arasında bir iç içe geçme süreci olduğunu ortaya koymaktadır. Bu kesim kredi kanalları üzerinde de etkindir ve bu, söz konusu kesimlerin tarımsal üretimi denetlemelerini kolaylaştırmaktadır. Orta büyüklükteki işletmelerin bir bölümü, miras yoluyla yada pazar için üretim yapamadıklarından parçalanarak küçük mülkiyete dönüşmüş, bir bölümü de kiralama yoluyla traktör kullanma yada birleşerek küçük traktör satın almanın kolaylaştığı ve yaygınlaştığı yıllarda, pazar ve iklim koşullarının iyi gitmesi, toprağın sulanan verimli bir bölgede yer alması gibi nedenlerle belli bir birikim sağlamış ve toprağını büyütmüştür. Bu tür olanaklardan yoksun olan küçük mülk sahipleri ise birikim yapmak bir yana, ya toprağını tümüyle yitirmekte yada işlediği topraktan geçimini bile sağlayamamamıştır. Topraklardaki dengesiz dağılım nedeniyle ortakçılık 1960'lara değin son derce yaygındı. Ortakçılık biçimleri anlaşma koşullarına göre değişir ve "yarıcılık", "icare", "cariyek" (1/4) ve "marabalık" gibi adlar alırdı.

Bunlardan marabalık, son derece ağır koşullar içermekteydi. Marabalar, Ağa'nın yada Bey'in toprağında adeta boğaz tokluğuna çalışırdı. Bu tür işletme biçimleri mülkiyet ilişkilerindeki çözülme ile birlikte yavaş yavaş ortadan kalktı. makineli tarıma geçişle birlikte, büyük toprak sahipleri topraklarını ortakçılık yada rnarabacılıkla işletmekten vaz geçerek, kendileri işleme yada kiraya verme yollarından birini yeğlemeye başlamışlardır. Böylece ortaya önemli bir topraksız köylü grubu çıkmıştır. Bunların büyük bölümü kent merkezine ve il dışına göçmüş, geri kalanlar da kırsal kesimde kalarak, mevsimlik tarım işçiliğine başlamıştır.

4.2. Tarımsal Üretimde İklim Faktörü

Tarımsal gelişme karşısındaki ilk engel, olumsuz iklim koşullarıdır. Türkiye genelinde olduğu gibi, Diyarbakır'da da bitkisel üretim büyük ölçüde iklim koşullarına bağlıdır. Hava sıcaklığı -24 ila 47 derece arasında değişebilmektedir. Ekime ve sulamaya elverişli toprakların ve yerüstü su kaynaklarının zengin olmasına karşın, sulama sisteminin gelişmemiş olması, bu topraklardan gerektiği gibi yararlanılmasını önlemektedir. Çok uzun süren (yaklaşık 6 ay) yaz kuraklığı ve erken donlar, bitkisel üretimi büyük ölçüde düşürmektedir. Sulandığında yılda iki ürün alınabilen toprakların yarısına yakını, her yıl nadasa. bırakılmaktadır. Varolan su kaynakları gereğince değerlendirilebildiğinde, ilin bitkisel üretimi kolaylıkla birkaç katına çıkabilecektir. Bu açıdan Diyarbakır'ı da kapsamına alan Güneydoğu Anadolu Projesi (GAP)'nin gerçekleştirilmesi, büyük bir önem taşımaktadır. Şimdi kısaca iklim şartlarının tarımsal üretim üzerindeki etkilerine gözatalım.

Tarımsal üretim üzerinde, tabiat şartları sanayi malların üretiminde olduğu gibi diğer tarım dışı mallar üretiminde söz konusu olmayan, ancak oldukça önemli bir etkisi vardır. Hava koşullarının iyi ya da kötü gitmesi (bol yağış, kuraklık,) bitki ve hayvan hastalıklarına ve tarımsal üretimin olumlu yada olumsuz yönde etkilemesine neden olmaktadır. Üretimde yer alan girdilerin dışında, üretimin beklenenin üzerinde artmasına ya da azalmasına neden olan bu doğal koşulların tümüne, "dışsal etkenler" denir[165]. Bilindiği gibi dışsal ekonomiler (external economics)'de üretim faktörlerinin maliyetine katlanmadan elde edilen fayda olarak açıklamak mümkün[166]. Dolayısıyla iklim şartlarına göre verimlilik yıllara göre dalgalanmaktadır. Sulama, gübreleme,seracılık gibi teknolojik girdilerin kullanılmasıyla tabiat şartlarının olumsuz etkisinin nisbeten giderilmesi mümkün olabilmektedir. Ürün çeçidine göre üretimle hasat dönemi yılın çeşitli aylarında tayin olunduğundan geri kalan aylarda atıl kapasite söz konusu olmaktadır. İşgücü ve tarımsal makinalar gibi girdilerin diğer aylarda boşta kalması ve başka yerlerde istihdam edilmemesi durumunda mevsimlik işsizliğe ve makine ekipmanların maliyetinin yükselmesine neden olmaktadır.

Bilindiği gibi tarımsal işletmelerde canlı hayvanların beslenmesi için belli bazı iklim koşullarına bağlıdır. Böylece hayvaların laktasyon (et

---

[165] Zeynel DİNLER, **Tarım Ekonomisi**, 5.Basım, Bursa: Ekin Kitabevi, 2000.s.128
[166] Orhan ŞENER, **Kamu Ekonomisi**, 6.Baskı,İstanbul: Alkım Yayınları,1998, s. 54

verimliliği) süt gibi verimlerin artışı belli bazı bitkilerin varlığına ve dayanabilecekleri hava sıcaklığının alt-üst sınırına bağlıdır. Tarımsal üretimin canlı varlıkları konu almasının ikinci sonucu, hangi bölgelerde ne gibi bitkilerin ya da hayvanların yetiştirileceği kararında, tabiat şartlarının sınırlayıcı etkiside vardır. Mesela sulama yoluyla yetiştirilen pamuk, ancak sıcak iklimli bölgelerde yetiştirilebilir. Sanayi malların üretiminde ise, üretimin yapılacağı bölgenin seçiminde, iklim ve tabiat şartlarının pekte etkisi olmamaktadır.

Gerçi bazı iktisat teorisyenleri, iklimin bölge insanlarının ekonomileri üzerinde direkt olumlu yada olumsuz etkisi olduğu da iddia edilmiştir. Ancak bu, istisnai coğrafi alanlar dışında (elbetteki örneğimizde kuzey kutbu veya çöl iklimi'nin hakim olduğu bölgeler hariçtir) minimum düzeyde olduğu son zamanlarda görülmüştür. sadece teoride kaldığı da bir gerçektir.

4.2.1. Diyarbakır ili İklim Faktörleri

Diyarbakır, coğrafya olarak, nasıl ki bir geçiş bölgesi özelliği sergiliyorsa, iklim yapısıyla da benzer özelliklere sahip bulunmakta, bir taraftan karasal iklim etkisini yaşıyorken, diğer taraftan da tropikal etkilere açık bulunmaktadır. Ayrıca, Akdeniz iklimi etkilerinden de sözedilebilmektedir.

Dolayısıyla, SUB-TROPİK bir iklim yapısına sahip bulunduğu anlaşılmaktadır. Diyarbakır'ın yaz ayları sıcak, kısa süren kış ayları ise soğuk geçmektedir. Diyarbakır havzası, yukarı Mezopotamya'nın kuzeyi dağlarla çevrili (Antitoroslar) alanını temsil etmekte, yağmur halindeki yağışlar kışın ve ilkbaharda düşmekte ve Akdeniz'in ılık-nemli hava kütlelerinin doğuya doğru sokulmasının sonucu yaşanmış olmaktadır. Yaz ve sonbahar mevsimleri ise Diyarbakır havzasında yağışsız geçmektedir. Çünkü bu mevsimlerde bölge, tropikal-karasal kütlelerin egemenliğine girmiş bulunmaktadır. Özellikle Temmuz ve Ağustos aylarında sıcaklıklar en yüksek derecelere ulaşmaktadır. Özetle denebilir ki, anti-torosların ili kuzeyden sarmış bulunması, önemli sayılabilecek değişimlere neden olmaktadır. Anti-toroslar, güneyden bölgeyi etkilemekte olan hava kütlelerinin kuzeye sokulmasını önlemektedir. Aynı biçimde, Doğu Anadolu'yu etkisine alan soğuk havanın da güneye doğru inmesine engel olmaktadır. Toros dağları, güneyden gelen cephelerin kuzeye doğru ilerlemesini engelleyerek okltizyon (kavuşmuş) cephelerin oluşmasını sağlarken, böylece, dağların güneye bakan yamaçları fazla yağış almış olmaktadır.Yaz aylarında, Basra Körfezi alçak basınç sahasının etkisini yaşadığından, sıcak ve kuru hava etkili olmaktadır. Kış aylarında ise Kuzeyden gelen soğuk hava ile güneyden sokulan sıcak havanın etkisinde kalmaktadır. Bu iki hava kütlesinin karşılaşması ile oluşan cephe sistemi bölgeyi etkilemektedir. Bazen, Doğu Anadolu'dan sokulan soğuk ve kuru hava (karasal polar) bölgeyi etkilediğinde sıcaklık birdenbire düşmekte, bölgenin iç ve yüksek kesimlerinde orta şiddette don olayları meydana gelmektedir.

4.2.1.1. Diyarbakır'ın İklim Değişkenleri

Yıllık ışıklanma süresi, 3000 sa/yıl olmakla, Türkiye ortalamasının üzerinde bir değere sahiptir. Ortalama günlük aydınlanma süresi 8 saattir[167]. Bu olgu, bitkinin vejetatif gelişmesi için gerekli olan fotosentez olayının hızlandırmakta, diğer klimatolojik faktörlerin elverişli kılınabilmesi halinde, yılda 3 ürünün yetiştirilme potansiyelinin varolduğu

---

[167] DİE,**Türkiye İstatistik Yıllığı**,2002.s.16-30.

anlaşılmaktadır[168].

4.2.1.2. Yağış Özellikleri

Yıllık yağış miktarı, son 71 yılın ortalamasına göre 491,4 mm/yıl olarak belirlenmiş bulunmaktadır:

Tablo 42

Son 71 Yıldan Günümüze Günümüzde Ortalama Yağış Miktarı (mm)

Aylar	1	2	3	4	5	6	7	8	9	10	11	12	**Yıllık**
Ölçüm	74,6	68,4	66,2	73,5	40,8	7,2	0,7	0,6	2,6	30,8	54,6	71,4	**491,4**

Kaynak: DİE,Türkiye İstatistikleri Yıllığı,2002 s.24.

Yıllık yağış miktarı, ilin kuzeyinden-güneyine inildikçe azalmakta, Batılıların "Verimli Hilal" diye adlandırdıkları Anti-torosların güneye bakan yamaçlarında 600 mm/yılın üzerine çıkılırken, ilin güneyine inildikçe bu miktar azalmakta, "Mardin Eşiğine ulaşıldığında 300 mm/yıl düzeyine kadar düşmektedir. Anti-torosların Karaoğlan-Lice aksında (Verimli Hilal'in batı yayında) yağış, yılda 1300 mm'ye kadar yükselirken, bu aksta Akdeniz iklimi etkileri gözlenmektedir. Güneydoğu Toroslar'ın ve özellikle güney eteklerinin daha çok yağış aldığı, bu nedenle, Çüngüş, Çermik, Ergani, Dicle, Hani, Kocaköy, Lice ve Kulp ilçelerinin, yıllık yağış toplamları daha fazla gerçekleşmektedir. Diyarbakır'da, kar yağışlı gün sayısı, 7 olarak geçmekte, genellikle kar, Kasım ayının ilk haftasında başlamaktadır. Ve son 40 yılın ortalamasına göre, karla örtülü gün sayısı 13 olarak belirlenmektedir. Diyarbakır'da ortalama nisbi nem (oransal nem), ortalama olarak %54 düzeyindedir. Haziran, Temmuz, Ağustos ve Eylül aylarında nisbi nem %36'ların altına düşmektedir. Kuraklık özellikle Haziran, Temmuz, Ağustos ve Eylül aylarında had safhaya ulaşmakta,

---

[168] DTSO, **Diyarbakır Modern Sera YatırımıFizibilite Raporu,** Ankara ,1998.s.41

sözüedilen aylarda, ortalama olarak, sırasıyla 7.2-0.7-0.6 ve2.6 mm yağış alınabilmektedir.

4.2.1.3. Yıllık Rüzgar Hızları

Diyarbakır'ın ortalama rüzgar hızı 2.4 m/s'dir. En hızlı rüzgarın 33.8 m/s ile Şubat ayında güneyden estiği belirlenmiştir. Kuzey eksenli rüzgarlar da, güneyden esen rüzgarlardan sonra yüksek bir hıza sahip bulunmaktadır. Eylül ayında, Kuzey-batıdan 28.7 m/s hızla esen rüzgar belirlenmiştir. Esme sayılarına göre hakim rüzgar yönü, güney eksenli rüzgarlarda (Güney, güneybatı, güneydoğu) daha fazladır, 8.6 esme sayısına ulaşmaktadır. Kuzey eksenli rüzgarların yıllık toplam esme sayısı ise 7.8'dir. Batıdan 3.1 sayısında esme sözkonusu iken, doğudan 2.1 sayısında kalmaktadır. Diyarbakır'ın ortalama fırtınalı gün sayısı 5.1 'dir. Ve ortalama kuvvetli rüzgarlı gün sayısı 36.6'ya yükselmektedir.

4.2.1.4. Diyarbakır ve Sıcaklıklar

Diyarbakır'da ortalama yıllık sıcaklık 15.8^{0}C olarak gerçekleşirken, en yüksek sıcaklığın 46.2^{0}C'ye yükseldiği, en düşük sıcaklığın ise -24,2^{0}C'ye indiği belirlenmiş bulunmaktadır. Ortalama toprak sıcaklığı 17 .7^{0}C'dir. Bu yüksek bir değeri ifade etmektedir. Ve bu ekolojik avantajın önemli olduğu düşünülmektedir.

Tablo 43

Ortalama Yüksek ve Düşük Sıcaklık Değerleri (°C)*

Aylar	1	2	3	4	5	6	7	8	9	10	11	12	Yıllık
Ortalama Yüksek Sıcaklık	6,4	8,9	14,2	20,3	26,5	33,2	38,2	38	33,3	25,2	16,3	9,2	**22,6**
Ortalama Düşük Sıcaklık	-25	-1	2,4	7,1	11,3	16,4	21,6	20,9	15,9	9,8	4,3	-22	**8,8**
Ortalama Sıcaklık	1,6	3,6	8,3	13,9	19,3	25,9	31,0	303	24,9	17,1	9,8	4,1	**15,8**

Kaynak: DİE, Türkiye İstatistik Yıllığı: 2002,Ankara s. 16-19.
*Gözlem Süresi 74 Yıldır.

4.2.1.5. Diyarbakır'da Ortalama Buharlaşma Değerleri

Buharlaşma (evaporation) olgusu, tüm güneydoğu ve Mezopotamya alanında ciddi sorunlar doğurmakta ve kuraklığın şiddetini arttırmaktadır. Diyarbakır yöresinde yıllık buharlaşmanın 2000 mm/yıl düzeyinde gerçekleştiği ve bu olgunun özellikle Mayıs-Eylül ayları arasında su açığını 500 mm'ye kadar yükselttiği anlaşılmaktadır[169].

4.3. Tarımsal Üretimde Gübre Kullanımı

Üretim teknolojilerinin göstergelerinden bir taneside kimyasal gübre kullanımıdır. Toprak birimi başına verimi arttırmak için kullanılan en önemli girdilerden biridir. Kimyasal gübre, bitkilerin gelişmesi ve veriminin artması için toprağa karıştırılan bitki besin maddesidir[170]. Toprakların nadasa bırakılmaksızın devamlı suretle ekilmesi, toprağın içinde bulunan bitki besin maddesinin azalmasına neden olmaktadır. Bu eksikliğin giderilmesinde ise gübre kullanılmaktadır. Yapılan araştırmalarda arazilerin, gübrelenmesi ve ilaçlanmasıyla, ortalama olarak

[169] **DTSO**, s. 45
[170] DPT, VIII.BYKP, **Gübre Sanayi Özel İhtisas Komisyonu Raporu**, Ankara, 2000.s.VII

toprak birim başında, verimde % 50 artış sağlanabilmektedir[171]. Girdi kullanımında önemli olan bir ya da birkaç girdinin sayısal artışından çok, en iyi girdi bileşimleri sağlanmasıdır.

Ülkemizde planlı dönemden itibaren gübre kullanımında önemli bir artış olmuştur. Ancak yinede gelişmiş ülkelere göre geriden takip edebilmiştir. Planlı dönemin başında çiftçilerin diğer girdilerde olduğu gibi gübre kullanımında da önündeki en büyük engel sermaye sorunudur[172]. Kimyasal gübreleri 4 sınıfa ayırmak mümkündür. Amonyum Sülfat, Can, An ve Üre azotlu gübreler sınıfına girmektedir.[173] Bunlar genellikle ilkbahar döneminde buğday, hububat vc sebzeler için kullanılmaktadır. Triple ve Diamonyumfosfat denilen gübreler ise halk dilinde fosfat gübreler olarak bilinmekte ve tane sayısı ve meyve ağırlığını artırmak için kullanılmaktadır. Potasyum bazlı gübreler kalite ve tadın artırılması için kullanılmaktadır. 20.20.0 ve 15.15.15 gibi kompoze gübreler daha çok BBM'li gübreler olup, ilk sayı azot, ikinci sayı fosfat ve üçüncü sayı ise potasyum yüzdesini vermektedir. 20.20.0 sonbaharda buğday için kullanılırken, 15.15.15 her zaman ve her ürün kullanılabilmektedir. Ekilebilir alanları verimli hale getirmede zirai alanların gübrelenmesi önemli rol oynamaktadır. Tarımsal ürün maliyetleri içinde %10-15 paya sahip olan gübrenin, tek başına, bitki ve bölgenin özelliklerine bağlı olarak, verimi %50'ye yakın artırdığı tespit edilmiştir. Bu nedenle kimyasal gübreler tarım sektörünün ana girdileridir ve tarım ürünlerinin maliyetlerinde ve fiyatlandırılmasında önemli etki yapmaktadır. Tarım sektörünün mevcut durumu, eskiden beri varolan yapısal sorunları ve bu

---

[171] DTSO, **Entegre Amonyum Nitrat Üretim Tesisi Fizibilitesi**, Ankara: Nurol Yay., 1998, s.19

[172] AÜ, SBF, **Türkiye'de Zirai Makineleşme**, Ankara, s.80

[173] DTSO, **Yerel Ekonomik Gelişme Programı,Entegre Amonyum Nitrat Üretim Tesisi Fizibilitesi**, Ankara,1998, s.37

sorunları çözmek için uygulamaya konulan tarım reformları, çerçevesinde gübre tüketimi tarım işletmecilerini yakından ilgilendirmiştir. Verim artışı sağlayan ancak önemli bir maliyet unsuru olan ve sermaye yetersizliği nedeniyle devlet, planlı dönemden günümüze çeşitli oranlarda (1997'de % 45, 2000 yılında % 20) sübvanse ederek, önemli bir miktarda tasarruf sağlamalarına yardımcı olmuştur.

4.3.1. Dünyada ve Türkiye'de Gübre Üretim ve Tüketimi

Planlı dönemin başında Türkiye'de yılda kullanılan gübre miktarı 100-200 bin ton civarındadır. Yine 1963 verilerine göre yılda hektar başına kullanılan potaslı gübre 0.4 kg. iken aynı yılda Almanya'da 78 kg. Belçika'da 91 kg. komşumuz Yunanistan'da ise 4 kg.'dır.

Tablo 44

1963'te Seçilmiş Bazı Ülkelerde Kimyasal Gübre Kullanımı

Ülkeler	Gübre Türü	
	Potas (Kg.)	Fosfat (Kg.)
Almanya	78	51
Belçika	91	63
İtalya	9	23
Yunanistan	4	25
Türkiye	0,4	1,8

Kaynak: Konjonktör Dergisi. Yıl;20. Sayı 10-12. s.73.

Uluslararası Gübre Kurumu (IFA) verilerine göre dünya gübre tüketimi 1950 yılından bu yana genellikle artma eğilimindedir. 1960 yılında tüketilen toplam gübrenin % 88'ini gelişmiş ülkeler kullanmıştır. 1998'de ise bu oran, gelişmekte olan ülkelerin hızla gübre kullanımına geçerek % 38'e düşmüş durumdadir. Dünya gübre üretimi 1999'da 138 milyon tondur. Türkiye'nin yıllık üretim kapasitesi ise 5.8 milyon ton/yıl'dır. Ancak kapasite kullanım oranı 2000 yılında % 55 civarındadır.

Dünya gübre tüketiminin % 30'unu ABD tek başına gerçekleştirmektedir. 1990'lı yılların başındaki düşüş, yıllık 24 milyon ton gübreyle dünyada en çok gübre tüketen ülke olan Sovyetler Birliği'nin yıkılmasından kaynaklanmaktadır. 1994 yılında bu ülkenin tüketimi, yaklaşık 23 milyon tondan 7 milyon tona inmiştir. 1960 yılında dünya gübre tüketiminin %88'i gelişmiş ülkelerde gerçekleşirken, bu oran 1999 yılında %39'a düşmüştür. Gelişmekte olan ülkeler arasında Asya ülkeleri toplam gübrenin % 48'ini tüketmektedir. 1992-1999 döneminde yıllık gübre tüketimi büyüme hızları incelendiğinde, gelişmiş ülkelerin yıllık büyüme hızı 1996 ve 1997 yılları hariç negatif iken, gelişmekte olan ülkeler ise, 1994 yılı hariç büyümeye devam etmişlerdir.

Türkiye'nin gübre üretim kapasitesi toplam gübre tüketimini karşılayabilecek düzeydedir. Ancak, gübre cinslerine göre dağılım incelendiğinde, Fosfat içerikli ve kompoze gübrelerde fazla kapasite, diğer gübre çeşitlerinde ise yetersiz kapasite olduğu görülmektedir. 1995-1998 döneminde % 66-% 67 arasında seyreden sektörün kapasite kullanım oranı 1999 yılında % 58 olarak gerçekleşmiştir. 1999 yılı ilk yarısında % 61,6 olan kapasite kullanım oranı ise, 2000 ilk yarısında %52'ye düşmüştür. Sektörel kapasitenin dağılımına bakıldığında ise, % 59'unun özel % 41'inin ise kamu kurumlarına aittir[174].

Gübre sektörünün çıktısını kullanan tek sektör tarımdır. Bu anlamda tarım sektörünün yapısı ve işleyişi, iç pazara yönelik çalışan gübre sektörü üzerinde de kritik bir öneme sahiptir. 8–10 milyon ton arasında değişen

---

[174] DİE, **Tarımsal Üretim**, İlgili Yıllar

gübre tüketiminin artması bitkisel üretimin artmasına bağlıdır. Diyarbakır bölgesinde sulanan arazilerle bitkisel üretimin artması sonucu ihtiyaç duyulan gübre'nin ilde üretilmesi için ilin Ticaret ve Sanayi Odası nezdinde bir çalışma yürütülmektedir. Planlanan bu çalışmada yıllık 100.000 tonluk üretim tesisi için fizibilite raporu hazırlandı.[175] Ancak şu ana kadar bu tesisi yapmaya kamu yada özel sektörden herhangi bir talep henüz gelmedi.

Dünya ortalamasının da altında olan birim alanda, gübre tüketimini ve dolayısıyla ürün verimini artırmak için tarımın yapısal sorunlarının çözülmesi gerekmektedir. Toplumun eğitim seviyesi en düşük kesimini oluşturan tarım sektöründe, eğitim ve yayım hizmetleri yeterli düzeyde değildir. Toprak ve bitki analizlerine dayalı gübreleme, tüketici eğitim programının önde gelen konularından biri olmalıdır. Tarım ve Köy İşleri Bakanlığı tarafından gübre ithalat şartları 2000 yılında değiştirilerek minumum 20 bin ton sınırı iptal edilmiştir. Gübre fiyatlarındaki artış nedeniyle alınan bu kararı, KDV oranlarının %17'den %1'e düşürülmesinin izlemesi beklenmektedir. Sektörün ara ve hammadde ihtiyacının yarısından fazlasının ithalatla karşılandığı ve tüketimin %40'ının ithal edildiği düşünüldüğünde, uluslararası hammadde fiyatları ve döviz kurlarındaki değişmelerin gübre maliyetleri üzerinde kritik bir öneme sahip olduğu görülmektedir. Hammaddede yurt dışına bağımlı olunması ve maliyetler içinde önemli bir payı olması nedeniyle, petrol fiyatlarındaki olası bir yükselişe bağlı olarak, gübre üretim maliyetlerinde önemli artışlar meydana gelebilecek ve bu durum satışları olumsuz etkileyebilecektir. 2001 yılında da, bazı ülkelerin gübre üreticilerini sübvanse etmeye devam etmeleri

---

[175] DTSO, 1998, s.25

beklendiğinden, sektör üzerinde, ithal gübrenin baskısının da devam etmesi beklenmektedir.

Tarımda uygulanacak reform sonucu; tarımsal veri tabanı ve çiftçi kayıt sisteminin kurulması; tarımla ilgili ekonominin kayıt altına alınması; verimlilik ve üretimin artarak, üreticinin refah seviyesinin yükselmesi; dünya ülkeleri ile rekabet edebilecek üretim çeşitliliği ve kalitesinin yakalanması; tarım ürünleri dış ticaret dengesinin ihracat lehine gelişmesi; tarım – sanayi entegrasyonu ile sanayi yatırımlarının kırsal alana kaydırılması ve sanayiye yeterli, sürekli, kaliteli, standart ve uygun fiyattan hammadde sağlanması hedeflenmektedir. Reformun başarıyla gerçekleşmesi ve yıllık gübre tüketimini 1 milyon ton arttıracak olan GAP projesinin tamamlanması halinde, uzun vadede, hektar başına 83 kg. olan gübre tüketiminin 95 kg. olan dünya ortalamasına doğru yükselmesini beklenmektedir.

4.3.2. Diyarbakır Bölgesinde Tarımsal Üretimde Gübre Kullanımı

Zirai verimi artıran en önemli tarımsal girdilerden biri olan kimyasal gübre kullanımı, 1960'larda başlamış, ancak 1970'lerin başına değin çok yavaş bir biçimde artmıştır. 1963'te ilde yalnızca 210 ton kimyasal gübre kullanılmışken, bu miktar 1969'da yaklaşık 38.000 tona, 1975'te 65.000 ton dolayına, 1979'da 143.600 ton dolayına yükseldi. 1980'de fiyat artışlarından dolayı kimyasal gübre kullanımı 93.000 ton dolayına düştükten sonra, 1981'de tekrar artmaya başladı. İlin Türkiye kimyasal gübre tüketimi içindeki payı 1963'te binde 5 iken, bu oran 1979'da % 2'ye yaklaşmış, 2000'de ise % 3'ü bulmuştur.

Tablo 45
Diyarbakır'da Yıllara Göre Gübre Tüketimi ve Türkiye'ye Oranı

Yıl	Diyarbakır (ton)	Türkiye (ton)	Oran (%)
1963	210	420.000	0,05
1969	38.000	....	.....
1975	65.000	....	.....
1979	143.600	....	.....
1980	93.000	5.967.000	2
1998	279.584	10.945.816	3
2001	248.245	8.292.760	3

Kaynak: DİE, Tarımsal Yapı (Üretim, Fiyat, Değer) 2001, s.536.; DİE, Türkiye İstatistik Yıllığı, 2002, s.286.; Diyarbakır Tarım İl Müdürliğü, İl Tarım arazileri Gübre İhtiyacı Raporu.

Diyarbakır'da , gübre tüketiminde Türkiye ortalamasına göre bu artış oranını üç nedene bağlamak mümkündür. *Birincisi;* özellikle 1990'dan sonra, GAP kapsamında sulamaya açılan arazilerden (27.000 ha) ve halkın kuyu ve moto-pompaj sistemiyle sulamaya açtığı arazilerden (42.000 ha) kaynaklanmaktadır.[176] Sulanan arazilerde ürün değeri yüksek ve daha çok sınai bitkiler yetiştirildiğinden, ekim alanı çok daha fazla miktarda gübreye ihtiyaç duymaktadır[177]. *İkincisi;* Nüfus artışına bağlı olarak özellikle büyük mülkiyetlerin nisbeten küçülmesi[178] (500-5000 da) sonucu, toprak birimi başına eski verimi almak için modern girdileri kullanma ihtiyacı ve *üçüncü* olarakta modern teknolojiye ve yeni üretim tekniklere ve girdilere karşı ihtiyatla yaklaşan[179] eski mülk sahiplerinin yerine yeni neslin daha eğitimli[180] olması sonucu yenilikleri yakından takip etmeleri olarak açıklanabir.

---

176 GAP,**Ana Rapor,** Ankara Cilt;2, 2002, s.77

177 DTSO, **Yerel Ekonomik Gelişme Programı,Entegre Amonyum Nitrat Üretim Tesisi Fizibilitesi**, Ankara,1998, s.65

178 DİE, **VII. GTS, Tarımsal İşletmeler Anketi Geçici Sonuçları.**

179 Haluk CİLLOV, **Türkiye Ekonomisi**, İstanbul: İÜ Yay. No; 1132, 1965 s. 191.

180 DİE, **GAP İl İstatistikleri: 1950-1996**, s.204; DİE, **GAP İl İstatistikleri: 1996-1998**, s.12.

4.4. Diyarbakır İlinde Tarımsal Kredi Kullanımı

Kırsal alanda ekonomi, bilindiği gibi, geniş ölçüde tarımsal uğraşılara dayalı olan ekonomilerdir. Bu yüzden, tarımla uğraşanların dolayısıyla tarımın da krediye, desteğe gereksinimi vardır. Türkiye gibi, tarım işletmelerinin yaklaşık %85'inin 100 dekarın altında işletme büyüklüğüne sahip olduğu ülkelerde üretimin ve işletmenin devamlılığı için sermaye büyük önem taşımaktadır. Özelliklede Diyarbakır'datarım işletmelerinin %66'sının 50 dekar alanın altında olması sermaye önemini dahada arttırmaktadır. Çiftçiler için sermaye temininde iki olanak söz konusudur. Bunların birincisi, işletmede elde edilen gelirlerin bir bölümünün tasarruf edilmesidir (Öz sermaye). İkincisi ise, işletme dışından yabancı sermaye sağlanmasıdır (Kredi). Gelirlerin bir bölümünün tasarruf edilmesi yoluyla sermaye temini için işletmenin net gelirinin işletmeci ailesinin yıllık geçim harcamalarının üzerinde olması gerekmektedir. Özellikle Diyarbakır ilinde küçük tarım işletmelerinde bu yolla sermaye birikimi sağlaması oldukça güç ve çoğu zaman olanaksızdır. Çünkü, bu işletmelerin gelirleri, genellikle üretici ve ailesinin tüketim harcamalarını bile yeterli ölçüde karşılamaya yetmemektedir. Dolayısıyla küçük tarım işletmelerinin yaygın olduğu ülkelerde sermaye gereksiniminin yabancı kaynaklardan sağlanması zorunluluğu ortaya çıkmaktadır.

İşletmelerin gerek duydukları tarımsal krediler, sermayenin eksik unsurlarını gideren ve karşılıklı sözleşmelere bağlı olarak işletmecinin belirli bir tarihte faizi ile birlikte geri ödemesi için söz verilen mali bir anlaşma niteliği taşımaktadır. Kredi, bir kişi veya kurumun parasını önceden belirlenen zamanda geri ödemek üzere almaktır. Kredi sözcüğü "güven anlamına gelir ve başarılı bir kredi sistemi güvene dayanır. Kredi ile gelecekte oluşacağı umulan sermayenin peşin olarak kullanılması sağlanır[181].

Tarım İşletmeleri Sermaye Yapıları ve Kredi Gereksinmeleri Bakımından Üç Grupta İncelenebilir. Birinci grupta, tamamen kendi öz sermayeleri ile çalışan ve normal koşullarda hiç bir şekilde yabancı sermayeye gereksinim duymayan işletmeler yer almaktadır.

İkinci grupta, kendi öz sermayelerinin yetersiz kaldığı durumlarda, geçici bir süre için yabancı sermaye kullanmak zorunda kalan işletmeler yer almaktadır. Üçüncü grupta ise, yabancı sermaye sağlayamadığı için basit ve ilkel yöntemlerle üretim yapan işletmeler bulunmaktadır.

Bu işletmeler içerisinde sermaye yapısı bakımından en ideal durumda olanlar, birinci grupta yer alan işletmelerdir. Yabancı sermaye kullanmadan işletmenin tüm gereksinimlerini kendi kaynaklarından sağlayabilen bu tür işletmeler, finansman bakımından güçlü bir yapıya sahiptirler. Sermaye birikimini sağlayabildikleri ölçüde, doğabilecek üretim ve pazar risklerinden az etkilenirler. Bu bakımdan faaliyet alanlarında daha serbest hareket edebilirler. İkinci ve üçüncü grupta bulunan işletmelerin verimli olarak çalışabilmeleri için, yabancı sermaye sağlamalarına bağlıdır. Bu tür tarım işletmelerin oranı, Türkiye'de olduğu gibi özellikle Diyarbakır ili gibi küçük işletmelerin çok sayıda bulunduğu bölgelerde, çok yüksektir. Büyük işletmeler için elbetteki bu tür sorunlar sözkonusu olmayacaktır. Bunun sonucu olarak, bu tür bölgelerde tarımsal üretimde gerekli sermayenin sağlanmasında kredi çok büyük bir önem kazanmaktadır.

---

[181] Bkz: E.N. Castle, M.H. Becker., A.G. Nelson, **Farm Business Management Decision,** Third Edition, New York, USA: Macmillian Publishing Company, 1987, s. 28.

4.4.1. Tarım İşletmelerinde Kredi Gereksinimini Doğuran Başlıca Nedenler

Türkiye'de tarım işletmelerinin önemli bir bölümü işletme büyüklüğü ve sermaye bakımından yetersizdir. Tarımsal gelirleri ve öz sermayeleri yetersiz olan bu işletmeler yabancı sermayeye yani krediye gereksinim duyan işletmelerdir[182].

Çoğu ürünü yılda bir satılan, buna karşılık bütün bir yıl masraf yapılan tarım sektöründe, sermayenin devir hızı yavaş ve tasarruf edilerek sermaye oluşturmak zor olduğundan kullanılabilir sermaye miktarı çoğu zaman yetersiz kalmaktadır[183]. Bu yetersizlik, üretimin artırılması için gerekli faaliyetlerin gerçekleştirilmesini,işletmelerin rasyonelleştirilme olanaklarını ve dolayısıyla çiftçinin gelir düzeyinin yükseltilmesini geniş ölçüde engellemektedir. Bu durumda öz sermayesi yetersiz olan çiftçilerin, üretim faaliyetlerini zamanında ve eksiksiz yerine getirebilmeleri, satın alma ve yatırımlarını aksamadan yapabilmeleri için uygun şartlarla tarımsal kredi ile desteklenmeleri gerekmektedir.

Tarımsal üretimin doğa koşullarına bağımlı olması, hastalık ve zararlılardan etkilenmesi, buna karşılık sigortacılığın gelişmemiş olması tarımda risk ve belirsizlikleri arttırmaktadır. Bunun sonucunda, çiftçinin kredi gereksinimi artmaktadır[184]. Hızlı makinalaşma, girdi kullanımındaki artışlar ve tüketici tercihlerindeki değişmelere uyum için, çiftçilerin ek harcama yapmaları gerekmektedir. Tarım ürünlerinin arz ve talep esnekliklerine bağlı olarak ortaya çıkan fiyat dalgalanmaları, tarım

---

[182] A.R. Karacan, **Tarım İşletmelerin Finansmanı ve Tarımsal Kredi,** İzmir: EÜZF Yayınları No: 498, 1991

[183] Bülen Gülçubuk, **Kırsal Alanda Kredi Kullanımının Sosyo-ekonomik Temelleri**, Ankara: Burcu Yay. 2000, s. 17.

[184] Karacan, s.13.

işletmelerinin gelirlerine de yansımaktadır. Beklenen geliri elde edemeyen çiftçiler faaliyetlerini sürdürebilmek için krediye gereksinim duymaktadır[185].

Yukarıda belirtilen bu nedenlerle, tarım politikalarının en önemli bölümünü oluşturan kredi, tarım sektörünün gelişmesinde temel faktörlerden birini oluşturmaktadır. Kar marjının düşük ve belli dönemde girdi kullanımının gerekli olduğu dikkate alınırsa tarımsal kredinin faiz oranının düşük olması, zamanında ve yeterli miktarda kolaylıkla kullanılması özelliklerinin bulunmasının üreticiler için büyük önemi vardır. Tarımda işletmelerin dışa dönük bir yapıya dönüşmeleri, tarımın ekonominin diğer sektörleriyle yakın ilişkiye girmeleri, çiftçilerde ticari düşünce ve rantable işletme yapısının gelişimini artırmıştır[186]. Tarımsal üreticilerde kredi kullanımı, sektörün özelliklerinden oldukça etkilenmektedir.

4.4.2. Kredi Kullanım Alanları

Çiftçiyi bir işletme sahibi yapmak veya mevcut işletmeyi genişletmek amacıyla çiftçi, aldığı krediyle daha geniş ölçekli çalışarak, mevcut üretim dallarını genişleterek veya yeni üretim dallarına yer vererek gelirini artırabilir[187]. Diyarbakır'da pamuk üretimi değerinin diğer ürünlere oranla çok yüksek olması özellikle küçük işletme sahiplerini sulama ve mekanizasyon amacıyla kredi ihtiyacını hissetmektedir. İşletmede arazi ıslahı, bakım yaparak, hayvancılık koşullarını düzelterek ve ırk ıslahına giderek verimin ve işletmenin gelirinin arttırılmasına yardım eder.

---

[185] İ.H. İnan, **Tarım Ekonomisi**, Tekirdağ: Hasat Yay, 1994, s.25.

[186] M. Bülbül ve Ark.,1990. *"Türkiye'de Tarım İşletmelerinin Sermaye Durumu ve Kredi Kullanımı."* ZMO-Türkiye Ziraat Müh.3.Teknik Kongresi, Ankara. 8-12 Ocak 1990.

[187] İnan, s.36.

Çiftçi aldığı kredilerle alet-makina, kaliteli tohum ve damızlık satın almak, gübrelemeye ve ilaçlamaya önem vermek ve entansiteyi artıran diğer unsurlara yer vermek suretiyle gelirini artırabilir.

Çiftçi işletme masrafları ve ailesinin tüketim harcamaları için gerekli nakit ihtiyacını aldığı kredi ile karşılarsa, ürününü bekleterek daha uygun fiyatlarla satabilir ve böylece gelirini artırır. Ayrıca, tarımsal krediler çiftçiler tarafından işletmenin teknik donatımının geliştirilmesi ile yapı ve tesisler için de kullanılmaktadır.

4.5. Türkiye'de Tarımın Finansmanı ve Organizasyonu

Türkiye'de genel olarak sektörlerin finansal gereksinimlerini karşılayan organizasyonlar içerisinde başta özel sektör bankaları olmak üzere, çeşitli kooperatifler, kamu kurum ve kuruluşları ile aracı ve şahısların yer aldıkları görülür. Geçmiş yıllarda halkın altın ve değerli varlıklarını bir ücret karşılığında koruyarak faaliyette bulunan bankalar, günümüz gelişen sermaye piyasası içerisinde yer alan, topladıkları mevduatların bir bölümünü ödemeleri için saklayan ve kalan kısmını kredi talep edenlere ödünç veren organize olmuş kuruluşlar haline gelmişlerdir.

Ülkemizde tarımsal kredi organizasyonu içerisinde TCZB dışında, çeşitli tarımsal kooperatifler ile Tarım ve Köyişleri Bakanlığı'nın etkinlikleri bulunmaktadır. Ayrıca, bu organizasyon içinde, TCZB'na çeşitli fonlardan reeskont kredileri sağlayan TC Merkez Bankası ile yabancı kaynaklı ve bütçeden tahsis edilen fonlar da yer almaktadır. Diğer yandan dış satımı destekleyen bir kuruluş olarak Eximbank da dış ticaretin finansmanını sağlamasın bakımından önem taşımaktadır.

TCZB bir yandan tarımsal kooperatifleri, diğer yandan da

sözleşmeli besicilik, tohumculuk kredileri gibi farklı zamanlardaki uygulamalarla Tarım ve Köy İşleri Bakanlığı'nın tarıma finansman sağlamasında kaynak rolü oynamaktadır. Ayrıca, TCZB, düşük oranlarda da olsa tarım dışı sektörlere kredi vermektedir. TCZB, TC Sanayi ve Ticaret Bakanlığı'na bağlı olarak faaliyette bulunan Tarım Kredi ve bu arada destekleme alımlarında Tarım Satış Kooperatif ve Birliklerine finansman sağlamaktadır.

Diğer yandan Tarım ve Köyişleri Bakanlığı'nın Tarımsal Kalkınma Kooperatiflerine açtığı projeye dayalı yatırım kredileri de bulunmaktadır[188].

Bunların dışında tarımsal ürünlerin ihracatını artırmak için ihracatçıların kredi taleplerini değerlendirmeye çalışan Eximbank, özellikle işlenmiş tarım ve tarıma dayalı ürünlerin dış ticaretinin finansmanında önemli görevler yürütmektedir. TC Merkez Bankası ve Eximbank kredileri, tarımsal ürün dış satımını teşvik etmek amacıyla düşük faizli olarak ihracatçılara açılmaktadır. Aynı zamanda bu iki bankanın fonları, diğer ticari bankalara dış satımda kullanılmak üzere çeşitli limitlerde verilmektedir[189].

Günümüzde resmi kredi kuruluşları bulunmasına rağmen, çiftçilerin genellikle yüksek faizle kişilerden (tefeci ve/veya tüccar) borç aldıkları bilinmektedir. Kişilerden alınan krediler, daha çok kısa vadeli, yüksek faizli ve ödeme şartları ağır koşullara sahip kredilerdir. Bu tür kredilere uygulanan yüksek faiz oranı, tarım sektörünün kendi gereksinimi olan sermayenin, başka alanlara kaymasına da neden olmaktadır. Çünkü, krediyi

---

[188] E. Güneş, **Türkiye'de Tarımın Finansmanı,** AÜ Fen Bilimleri Enstitüsü Basılmamış Doktora Semineri, Ankara. 1995.

[189] B. Seval,**Kredilendirme Süreci ve Kredi Yönetimi,** Muhasebe Enst. Yayın No:59. Eğitim ve Araştırma Vakfı No:11,1990, s. 85.

veren kişiler, bu kredilendirme ile elde ettikleri geliri, tarım sektörü yerine, daha karlı gördükleri diğer sektörlerde kullanmayı tercih etmektedirler. Diyarbakır'da kredi kullanımı yaygın olmadığı aşağıdaki Tablo'da görülmektedir.

Tablo 46
Diyarbakır İli Tarımsal Kredi Kullanımı 1999

Tarım (Milyon TL)	**TÜRKİYE**	**DİYARBAKIR**	**Oran %**
Toplam	21.290.790.129	102.449.354	0,48
Bitkisel üretim kredileri	2.064.514.088	26.885.016	1,30
Hayvansal üretim	3.483.699.699	25.168.051	0,72
Kimyevi gübre	337.239.715	13.507.618	4,01
Su ürünleri kredileri	101.153.381	-	
Tarımsal araç ve gereçler	566.468.214	19.484.018	3,44
Tarım kredi kooperatifleri	4.781.094.791	16.141.453	0,34
Tarımsal içerikli krediler	9.957.287.942	1.263.198	0,01
Tarımsal sanayi	467.678	-	

Kaynak: TC Ziraat Bankası, Diyarbakır Merkez Şubesi 1999.

Diyarbakır'da işletmeciler, tarımsal üretim için 1999 yılında kullanılan kredilerin Türkiye toplamının ancak %0.48'ini alabilmişler. Tarımsal sanayi ve su ürünleri için hiç kredi alınmamış. Oysa Devegeçidi ve Göksu barajları gibi alanlarda rahatlıkla su ürünlerini yetiştirme imkanları var. Kullanılan kredilerin en büyük payını kimyevi gübre (%4.01) arkasından da mekanizasyon (%3.44) için kullanılmıştır.

Esasında bölgede işletmeciler bankalardan ihtiyaç olsa bile kredi kullanımını ihtiyatla yaklaşmaktadır. Büyük işletme sahiplerinin mevcut üretim yapılarına uygun ve yeterli sermaye birikimine sahipler. Üretim teknolojisini ancak 1990'lardan sonra değiştirmeye ve yenilikleri takip etmeye başlamışlar. Bu yıllarda en büyük yatırımları, (GAP sulama kanallarının inşası geciktiğinden) tarlası elverişli ise kuyu açtırıp sulama yoluyla üretimini artırma yoluna gitmektedirler. Hayvancılık altsektörü, sera ve su ürünleri yanaşılmayan yatırımlardır. Küçük işletmeler ise bankalara yeterli teminatı yatıramadıklarından kredi çekme imkanından da yoksun kalmaktadırlar. Böylece yeterli derecede finansal destek sağlandığı takdirde, tarımsal alanlarını optimal kullanmaları beklenen ve en çok krediye ihtiyacı olan küçük işletmeler yoksun kalmaktadırlar. Ancak Diyarbakır'da tarımsal kredilerin bu denli az kullanılmasını yukarda sayılan bu iki nedene bağlı kılmak elbetteki eksik olur. Bankaların da yeterli güvenceyi ve kolaylığı sağlamadıkları düşünceside akla gelmektedir. Konuyu pekiştirmek amacıyla aşağıda vereceğimiz Tablo'da Diyarbakır'da üretilen toplam tarımsal ürünlerin üretim değerleri ile Türkiye karşılaştırılması verilecektir.

Tablo 47
Tarımsal Üretim Değerleri (1995)

	ÜRETİM DEĞERLERİ				
	Bitkisel	**Canlı Hayvan**	**Hayvansal Ürün**	**Toplam**	**Oran %**
DİYARBAKIR	24.069.246	10.046.989	5.096.848	39.213.083	1,94
TÜRKİYE	1.084.215.159	549.267.085	384.640.609	2.018.122.853	100

Kaynak: DİE, GAP İl İstatistikleri s.454, s.553.

Türkiye'de üretilen tarımsal ürünlerin toplamının %1.94 değerinde üretimi gerçekleştiren Diyarbakır, banka kredisinin ancak %0.48'ini kullanmaktadır. Üretim değerinde Türkiye ortalamasının neredeyse dört kat altında bir kredi hacmine sahiptir. Oysa GSMH'nin yarısını tarımdan karşılayan bir il konumunda ve daha çok desteklenmeye ihtiyaç duyulan bir kırılma noktasındadır. Yukarda geçen bu iki Tablo, Diyarbakır ilinde tarımsal kredilerin zaten talep edilmediği ve kullanılmadığı, sanayi ve turizm gibi sektörlerde kullanıldığı düşüncesi akla getirmektedir. Ancak aşağıdaki Tablo bu düşüncenin yanlışlığını ortaya koymakta ve genel olarak kredi kullanımının Türkiye'nin en gerilerinde olduğu ortaya çıkmaktadır.

Tablo 48
Diyarbakır'da Kullanılan Toplam Banka Kredileri**

Kredi* Sıralaması	İLLER	1995		1996	
		TOPLAM (MİLYAR TL.)	KİŞİ BAŞINA (TL.)	TOPLAM (MİLYAR TL.)	KİŞİ BAŞINA (TL.)
1	ANKARA	1.203.736	341.486.236	1.656.645	462.293.788
2	İSTANBUL	1.866.866	215.609.451	2.492.890	277.591.515
14	GAZİANTEP	41.221	35.545.479	48.878	41.012.763
70	DİYARBAKIR	6.205	4.958.192	11.107	8.645.693
TÜRKİYE		**5.062.023**	**82.117.040**	**6.277.044**	**100.117.139**

Kaynak: www.ekutup.dpt.gov.tr (Erişim:03.04.2003).
*1996 Yılı Kişi Başına Toplam Banka Kredilerine Göre Sıralama.
**1997 Yılı Fiyatlarıyla.

1995 ya da 1996 her iki yılda da Diyarbakır'da kredi kullanımının ne kadar düşük olduğunun esasında net resmidir. 1996'da Türkiye genelinde kişi başına düşen kredi tutarı 100 milyon, Diyarbakır'da ise yalnızca 8 milyon düşmektedir. Ankara kişi başına kredi tutarında birinci sırada yer alırken arkasından İstanbul gelmektedir.

4.6. Tarımsal Mekanizasyon

Birim alandan yüksek verim elde edilmesinin önemli şartlarından birisi de; toprak işleme ve iyi bir tohum yatağı hazırlanması, ilaçlama, gübreleme ve hasat-harman gibi işlemlerin uygun makine ve ekipmanlarla yapılması, yani tarımsal mekanizasyondur. Onun için tarımsal mekanizasyon, tarımsal girdiler içerisinde önemli bir yer tutmaktadır.

İkinci Dünya Savaşından sonra Türkiye tarımında makineleşme süreci başlamıştır. 1948 yılında Marshall Yardım Planının uygulamaya konulması ve 1950 yılında iktidara gelen Demokrat Parti Hükümetinin tarımsal kalkınmaya ağırlık veren bir politika izlemesi, tarımda süratli ancak plansız, eşgüdümsüz bir makineleşme hareketi başlatmıştır. Makineleşmenin simgesi kabul edilen traktör sayısı 1948'de 1.746 iken, 1950'de 16.500'e, 1955'de 35.600'e ve 1960'da 42.000'e yükselmiştir. Traktör sayısındaki artış planlı kalkınma döneminde de olağanüstü bir hız ile devam etmiştir. 1975'de 243 bine ulaşan traktör adeti 1988'de 650 bini ve 1997'de 850 bini aşmıştır. Ancak tarımda kullanılan traktör sayısı ile traktör ekipmanı ve öteki tarımsal makineler arasında optimal bir denge kurulamamıştır. Kimi tarımsal araç ve gereçler optimal seviyenin üstünde artmıştır. Bunlara örnek olarak kültivatör, gübre dağıtıcı ve mekanik tırmık gösterilebilir. Buna karşılık, kimi araç-gereç sayısı yeteri kadar artmamıştır. Örneğin distora, merdane, çapa makinesi ve özel mibzer daha yavaş çoğalmıştır. Sonuçta çarpık ve uyumsuz bir makine parkı ortaya çıkmış, tüm tarımsal makine ve ekipmanın hizmetinden optimal seviyede faydalanmak mümkün olmamıştır.

Tarımda gözlenen süratli makineleşmeye karşılık, ülkemizde traktör ve diğer makine ve ekipman sayıları mevcut ekilen arazinin optimal düzeyde işlenmesi için gerekli olan sayıların çok altındadır. Bu konuda yapılan bir çalışmada tarım alanlarının optimal bir biçimde işlenmesi için 31.3 milyon beygir gücü kapasitesinde tarımsal makineye ihtiyaç olduğu hesaplanmıştır.[190] 1985 yılı verilerine göre mevcut tarımsal makinelerin kapasitesi ise 23.9 milyon beygir gücüdür. 1985 yılı itibariyle Türkiye'nin 880 bin civarında traktöre, 265 bin civarında gübre dağıtıcısına, 165 bin çapa makinesine, 8.700 pancar sökme ve patates hasat makinelerine ihtiyacı olduğu tahmin edilmiştir. Buna göre, aynı yıl için traktörde 200 bin, gübre dağıtıcısına 140 bin, ve çapa makinesinde 180 bin açık vardır.

---

[190] Zeynel Dinler;**Tarım Ekonomisi**, UÜ, Bursa:Güçlendirme Vakfı Yayını,1988, s.213.

100 adet pancar sökme ve 2.000 adet patates hasat makinesi mevcuduna karşılık, bu tarımsal makinelere olan ihtiyacın 8.700'er adet olduğu tespit edilmiştir. Diğer makine ve ekipman için de açık oldukça geniştir.Türkiye, tarımda ihtiyaç duyulan bu makine ve araç gereç parkına on yıl sonra da ulaşamamıştır. 1980'den sonra piyasa ekonomisine geçme temel stratejisi doğrultusunda tarıma devlet desteğinin azaltılması, ekonomik istikrarsızlık ortamında iç ticaret hacimlerinin tarım sektörü aleyhine gelişmesi tarımda makineleşme hızını yavaşlatmıştır.

Verim artırıcı girdi kullanımında 1970'li yıllarda gerçekleşen olumlu gelişmeler sekteye uğramıştır. tarımda kullanılan başlıca makinelerin sayısındaki gelişmeyi göstermektedir. Türkiye, tarımda optimal makineleşme düzeyinden çok uzakta olduğu gibi, İspanya, Yunanistan, Portekiz, İtalya gibi Akdeniz ülkelerinin ulaştığı tarımsal mekanizasyon ve modern girdi kullanım düzeyinin de çok gerisindedir. 1994-96 döneminde Türkiye'de traktörle işlenen 100 hektara düşen traktör sayısı 318 iken bu rakam İspanya'da 525, Portekiz'de 692, Fransa'da 721 ve İtalya'da 1797'dir. 1000 tarımcı işgücü başına düşen traktör sayısı, Türkiye'de 57 ve söz konusu ülkelerde sırasıyla Portekiz'de 203, İspanya'da 513, İtalya'da 867 ve Fransa'da 1.189 olarak tespit edilmiştir.[191] Ülkemizde tarımda makineleşmenin gözlenen ilk etkisi ekilişe açılan a-lanların çayır, mera ve ormanlar aleyhine süratli biçimde genişlemesi olmuştur.[192] 1950'li yılların başında ekilen alanların genişliği 12-13 milyon hektar iken 1980'li yıllarda bu alanın 25 milyon hektarı aştığı görülmektedir. 1950'lerde çayır ve meralar toplam toprakların %50'sine ulaşırken, bu oran günümüzde %25'in altına inmiştir. Ekilişe açılan toprakların süratli ve kontrolsüz genişlemesi, toprak erozyonunu ve

---

[191] Bkz.:Dünya Bankası, **World Development Report**, 1998.

[192] Haluk Cillov, **Türkiye Ekonomisi**, İstanbul: İÜ.Yay., No: 1132, İstanbul, 1965, s.169.

çoraklaşmayı hızlandırmış ve mera hayvancılığı gerilemiştir. Türkiye, planlı kalkınma dönemine bilindiği gibi 1960 yılından sonra geçmiştir. Türkiye'de, 60'lı yıllardan sonra, karasabandan traktöre hızlı bir geçiş süreci yaşanmıştır. Böylece zaman içinde tarımda teknoloji düzeyi yükselmeye başlamıştır. 1963-1972 yıllarını kapsayan Birinci ve İkinci Kalkınma Planı döneminde, 1971 sabit fiyatlarıyla toplam 33.3 milyar TL., Üçüncü Kalkınma Planı döneminde ise 1978 fiyatlarıyla 118 milyar TL. tutarında sabit sermaye yatırımı yapılmıştır. Bu yatırımların yaklaşık olarak %45'i toprak ve su kaynaklarının iyileştirilmesi, %33'ü makine ve teçhizat için harcanmıştır. Türkiye, planlı kalkınma dönemine 1960 yılından sonra geçmiştir. Türkiye'de, 60'lı yıllardan sonra, karasabandan traktöre hızlı bir geçiş süreci yaşanmıştır. Ancak her bölgede aynı zaman ve oranda makineleşme başlamadı.

Tablo 49

Seçilmiş Bazı Bölgelerde Traktör Başına Düşen Hektar Alan (1954)

Bölge	**Hektar/Traktör Sayısı**
Çukurova	5.460
Ege	488
Akdeniz	972
Orta Anadolu	1.247
Karadeniz	285
Diyarbakır	6.136
Türkiye	**1.100**

Kaynak: AÜ, SBF; Türkiye'de Zirai Makineleşme, Ankara, s.104.

Yukardaki Tablo'ya baktığımızda, 1950'lerde Traktörleşmenin en az olduğu bölgeler aynı zamanda tarımsal arazilerin çoğunlukta olduğu yerlerdir. Traktör başına en çok hektar alanın düştüğü bölge olarak birinci sırada Diyarbakır ili (traktör başına düşen hektar alan; 6.136) alırken, hemen akabinde Çukurova bölgesi (traktör başına düşen hektar alan; 5.460) gelmektedir. 1960'lı yıllardan sonra Diyarbakır ilinde de tarımsal üretimde hızlı bir makinalaşma dönemi başlamıştır.

Büyük mülk sahipleri sermaye sıkıntısını çekmeden rahatlıkla alabilecek durumdaydılar. Ancak küçük işletme sahiplerinin böyle bir sermaye birikiminden yoksundular. Makineleri ortaklaşa kullanma, kooperatifleşme gibi organizasyonlardan temin etme konusunda, Türkiye genelinde olduğu gibi, Diyarbakır bölgesinde de gelişmemiş durumdaydı. Oysa bu tür organizasyonlarla rahat bir şekilde bir araya gelerek sermaye sıkıntılarını giderebileceklerdi. O dönemde Türkiye genelinde makinaların yalnızca % 0.8'i ortaklaşa yada kooperatif yoluyla kullanılıyordu[193].

Diyarbakır'da makineleşme, daha doğrusu 'traktörleşme' 1950'lerde başlamıştı ve 1970'li yıllara değin hemen tümüyle büyük mülkiyet kesiminin tekelinde kalmıştır. Büyük mülk sahipleri makine tekniğine ve bilgisine sahip olmadığı bu aracı, daha çok bir prestij unsuru olarak görerek, üretim tekniğinde nitel bir değişim olmadan, sahip olduğu traktörleri, bir toprak kapatma ve yeni ekim alanları açma aracı olarak kullanmıştır. Nitekim 1963'te tarımın makineleşmesi hakkında Ankara Üniversitesi Siyasal Bilgiler Fakültesi tarafından yapılan anket sonucuna göre; tarıma açılan yeni alanların ortalama olarak her traktöre düşen artış miktarı 287 dönüm olmuştur.[194] Ancak pazar ilişkilerinin yaygınlaşması ve deneyim kazanma sonucu, büyük mülkiyetin geleneksel tutumu, yerini giderek "kapitalist çiftçi" tutumuna bırakmıştır. Böylece bu kesim, traktör kiralama yoluna da gitmiştir. Gerek traktör kiralamanın, gerek küçük traktörler kullanımının başlamasıyla, traktörleşme daha geniş bir üretici kitlesine yayılmış ve özellikle orta mülk sahipleri traktör edinmeye

[193] Cillov, s.197.
[194] A.Ü.,Siyasal Bilgiler Fakültesi. **Türkiye'de Zirai Makineleşme**, Ankara, 1954, s.102.

başlamışlardır. İlin traktör varlığındaki en önemli artış da, 1970'ten sonra görülmüştür. İlde 1950' de 92 olan traktör sayısı, 1970'te ancak 557'ye çıkabilmiş,1975'te ise 2.093, bundan sonra ise hızlı bir artışla 1980'de 3.791'e,1998'de 6.422'ye ulaşmıştı. Traktör sayısındaki artışla birlikte, traktör başına düşen alan hızla daralmıştır. 1963'te traktör başına 891 hektar alan düşmekteyken, 1998'de traktör başına 85 hektar alana düşmüştür.

Tablo 50

Türkiye Genelinde ve Diyarbakır'da Tarımsal Mekanizasyonda Gelişimi

Yıl	Traktör		Türkiye Oranı(%)	Biçerdöver		Türkiye Oranı(%)
	Diyarbakır	Türkiye		Diyarbakır	Türkiye	
1970	557	105.865	0,53	61	8.568	0,71
1975	2.093	243.066	0,86	111	11.245	0,99
1980	3.791	436.369	0,87	107	13.667	0,78
1985	5.703	583.974	0,98	78	13.615	0,57
1990	6.070	692.454	0,88	92	11.741	0,78
1995	6.422	792.909	0,81	102	12.705	0,80
2001	8.193	993.963	0,82	106	21.595	0,49

Kaynak: DPT, IV.BYKP Öncesi Gelişmeler, Ankara;1990, s.125; DİE, Tarımsal Yapı (Üretim Fiyat,Değer), 2001, Ankara, 2002, s.520,521;DİE, GAP İl İstatistikleri, 1950-1996, Ankara, 1997.

Traktör dışında kalan harman makinesi, biçerdöver, motopomp ve mibzer gibi tarım araçlarında, özellikle 1970-2001 arasında hızlı artışlar olmuş, buna karşın geleneksel tarım araçlarından döven ve karasaban azalmıştır.

Ancak tarıma sulu alanların açılmasıyla birlikte gittikçe mekanizasyona ihtiyaç gittikçe artmaktadır. Güneydoğu Anadolu Proje'sinin devreye girmesiyle birlikte yapılan çalışmada Diyarbakır bölgesinin sulanabilen %3'lük arazinin %53'e çıkacağı tahmin edilmektedir. Arazilerin sulanmasıyla tarımsal arç ve gereçlere olan ihtiyaç aynı aranda artacaktır. Kuru arazi'de örneğin, buğday üretimi için 0.68

saat/dekar alet makine kullanımına ihtiyaç varken, pamuk için 1.94 saat ve sebze üretimi için ise 4.8 saat/dekar alet makine kullanımına ihtiyaç duyulacaktır[195]. Şu anda zaten Türkiye ortalamasının altında olan mevcut alet ve makine ihtiyacının 7-10 kat artacağı rahatlıkla anlaşılmaktadır. Sulu araziye geçişle avantajlı duruma geçecek olan küçük işletme sahipleri yeterli sermaye oluşturamadıklarından mekanizasyon ihtiyaçlarını karşılamakta ciddi problemler yaşadıkları ve yaşayacakları öngörülmektedir. Tarımsal alet-makineleri edinebilecek sermaye birikimine sahip olsalar bile sorun bitmeyecektir. Atıl kapasite sorunu kaçınılmaz olarak ortaya çıkacaktır. Bu da ayrılacak amortisman payının artmasına ve maliyette artışa neden olacaktır[196].

İşlenebilir tarım topraklarının sınırına ulaşmış birçok ülke, artan nüfuslarının beslenme, barınma ve giyinme ihtiyaçlarını karşılayabilmek için birim alandan daha fazla ürün elde etmenin yollarını aramakta ve bu amaçla ileri üretim tekniklerini uygulamaya koymaktadırlar. Ülkemizdeki tarım alanlarının büyümesinde yıllardır önemli bir artış görülmemektedir. Başka bir değişle Türkiye, ekonomik olarak işlenebilir tarım alanlarının sınırına 1970'lerde ulaşmıştır. Diyarbakırda da 1980'lerden sonra tarım alanlarında önemli bir artış kaydedilmemiştir.

Bu durum göz önüne alındığında, ülkemizde tarımsal üretimin artırılabilmesi için en uygun seçenek, birim alandan daha fazla ürün alınmasını sağlayacak ileri tarım tekniklerinin uygulamaya aktarılmasıdır.

Tarımsal mekanizasyon, diğer tarım teknolojileri uygulamalarından farklı olarak verim artışını doğrudan etkilemez. Ancak, tarımsal

---

[195] TEMAV, **GAP Bölgesinde Tarımsal Mekanizasyon**, Ankara, 1996, s.3-8.
[196] Zeynel Dinler, **Tarım Ekonomisi**, 5. Basım Ekin Kitabevi Yayınları, Bursa, 2000, s.202.

mekanizasyon, diğer teknolojik uygulamaların etkinliğini ve ekonomikliğini artırır ve çalışma koşullarını iyileştirir.

Sağladığı bu yararlara karşın, gerek sermaye ve gerekse üretim giderleri içerisinde tarımsal mekanizasyon önemli bir yer tutmaktadır. Uygulamada, mekanizasyon düzeyindeki artışa bağlı olarak, makina giderlerinin sermaye ve toplam üretim giderleri içerisindeki oranı %50'lere ulaşmaktadır[197].

Tarımsal üretim, birbirinden çok farklı sayıda girdinin bir araya getirilmesini gerektiren, değişken yapılı bir süreçtir. Ayrıca üretim sürecine giren her girdinin özellikleri, kendi içinde de geniş sınırlar arasında değişmektedir. Tarımın bu dinamik yapısı, üretim sürecine giren tüm girdilerin en verimli şekilde kullanılmasını sağlayacak bir planlamayı zorunlu kılmaktadır. Çünkü ileri tarım teknolojisi uygulamalarında amaç, verimi olduğu kadar verimliliği de artırmaktır. Tarım işletmelerinde verimliliğin artırılması ise; bu uygulamaların ayrı ayrı ve en iyi şekilde yapılması ile değil, üretim girdilerinin etkin ve akılcı kullanımını sağlayacak iyi bir planlama ve organizasyon ile gerçekleştirilebilir.

Diyarbakır'da tarımsal faaliyetler, sulama projelerinin uygulanmasındaki gelişmelere paralel olarak, giderek genişleyen sulanan alanlarda yer almaktadır. Bundan önce kuru tarımın kısıtlı koşulları altında üretim yapan çiftçiler, bundan böyle sulu tarımın kendine özgü üretim teknolojisini zaman içerisinde benimseyerek, doğal kaynakların daha verimli ve sürdürülebilir kullanımına ve sulu tarım tekniklerine uygun üretim yapmaları gerekmektedir.

---

[197] Mekin Tüzün, R.Yenigün vd., *"GAP Bölgesinde Ortak Makina Kullanımı Organizasyonlarının Önemi ve Yönetimi"*.**GAP'ta Son Durum,** Temmuz, 2002.

5. DİYARBAKIR'DA TARIMSAL ÜRETİM (1963-2000)

5.1. Bitkisel Üretim

Diyarbakır'da bitkisel üretimin en yoğun olduğu yöreler, Dicle ve kollarının çevresindeki düşük eğimli alanlardır. Büyük bölümü alüvyal vadi tabanları olan bu ovalar, akarsular boyunca zincirleme olarak sıralanır. Özellikle Behremki Ovası, Kiki ovası, Diyarbakır ovası'nın doğu kesimleri ve "Dicle Sol Şerit Ovaları" denilen Pamuklu, Ambarçay, Sinan, Silvan ve daha birçok küçük ova, işlemeye ve sulamaya son derece elverişli alanlardır. Bu ovalar dışında, daha çorak, eğimli ve taşlı alanlarda da ekim yapılmakta, ancak buraların taşlı oluşu, erozyon, vb. sorunların yaygın olması, üretimi düşürmektedir.

Eskiden beri Diyarbakır yöresi, Güneydoğu Anadolu'nun en yoğun tahıl tarımı yapılan alanlarından biridir. Kurak bölge iklim koşulları ve binlerce yıllık gelenek, görenekler sonucu ortaya çıkan bu durum, 1980'lere değin, pek fazla değişmeden sürmüştür. 1980'de tahılların il toplam tarla bitkileri üretimi içindeki payı % 87 dolayında olmuştur. Buğday, arpa ve darı ilin her yöresinde, pirinç ise sulanan alanlarda ekilmektedir.

Tahılların önde geldiği ürünler tablosunun tekdüzeliği, 1960'lardan sonra pamuk, tütün, keten, susam gibi sanayi bitkileri ve bağcılıkla yavaş yavaş kırılmaya başlamış, 1970'lerde sebzeler, mercimek ve ayçiçeği de ürün tablosuna eklenmiştir. 1990'larda ise toprakların sulanmasıyla birlikte ürün desenine mısır'da eklenmiştir. İlin geleneksel olarak ün kazanmış ürünleri olan kavun, karpuz dışında, hıyar, patlıcan, kabak, biber üretimi de, 1970'lerden 1980'lere değin hayli artmıştır. 1990'larda Adana ili karpuz ve kavun üretiminde öne geçmiştir.

Meyvecilik iklim koşullarının izin verdiği yörelerde belli bir ölçüde gelişebilmiştir. Özellikle badem, ceviz ve nar üretiminde, ilin Türkiye toplamındaki payları önemlidir. Ayrıca genel olarak meyvecilikte, çok belirgin bir üretim artışı yoktur. 1970'lerin sonunda Diyarbakır Türkiye darı üretiminin yaklaşık %30'unu, keten tohumu üretiminin %40'ını, badem üretiminin %12'sini, bostan ürünleri üretiminin %12'sini, hıyar üretimin %10'unu karşılamıştı.

Diyarbakır'ın bitkisel üretim yapısını iyi anlamak için bitkisel üretim alanlarındaki gelişmeleri, üretim deseni, üretim miktarı ve üretimde verimlilik konusu ele alınacaktır. Türkiye geneli ile yıllara göre oransal karşılaştırmalar yapılacaktır. Tarımsal üretim yapısındaki gelişim ve değişimin muhtemel nedenleri, veriler ışığında değerlendirilerek, Diyarbakır'daki tarımsal üreticinin iktisadi yaşamına etkileri tartışılacaktır.

5.1.1. Ekim Alanları ve Tarımsal Ürünler

Toplam alanı 1.535.400 hektar dolayında olan Diyarbakır'da toprakların büyük bölümü işlenmeye elverişlidir. Ancak sulamanın gelişmemiş olması, gübreleme ve toprak geliştirme çalışmalarının yetersizliği nedeniyle, bu topraklardan gerektiği gibi yararlanılamamaktadır. Türkiye genelinde sulamaya elverişli toprakların tüm topraklara oranı %10,7 iken, Diyarbakır'da bu oranın %27 olduğu göz önüne alınırsa, yörenin tarımsal potansiyelinin yüksekliği ortaya çıkar. Ancak 1960'lardan 1980'li yıllara kadar var olan koşullarda sulamaya elverişli toprakların ancak %12'si, bitkisel üretim yapılan alanın ise %7.5'i sulanabilmektedir. Bunların yanında yanlış ve bilgisiz toprak kullanımı da, erozyonu artırmakta ve gerek topraklara gerekse üretime zarar vermektedir.

1980 Toprak-Su ve Orman Envanteri verilerine göre, bitkisel üretim yapılan toplam alan, nadas alanlarıyla birlikte, 626.500 hektar (%41) dolayındadır. Çayır ve meraların kapladığı alan 333.000 hektar (%21,5) kadarken, orman-funda alanı 499.000 hektardır (%32,5). Böylece, bitkisel üretim yapılan toprakları, ormanları, çayır ve meraları kapsayan geniş anlamda tarıma elverişli alanların oranı %95'i bulmaktadır. Geri kalan alanlar, yerleşmeler, su yüzeyleri ve tarıma elverişli olmayan sazlık, bataklık, kayalık topraklardır.

1980'de bitkisel üretim yapılan alanın, 567.000 hektarında nadaslı kuru tarım, 25.000 hektarında ise sulu tarım yöntemiyle olmak üzere, toplam 592.000 hektarında tarla bitkileri ekilmekteydi. Bağ ve bahçelerin kapladığı alan 34.000 hektar dolayındadır. Sebze ve meyve üretilen bu alanların büyük bölümü sulanmaktadır. Nadas dışında, tarla bitkileri üretimi yapılan toprakları kapsayan ekili alan, Türkiye genelinde olduğu gibi Diyarbakır'da da 1950'lerden başlayarak genişlemiştir. 1950'de yaklaşık 115.000 hektar olan bu alan, 1960'ların başına dek 1 kat artarak 217.000 hektara ulaşmıştır. Bundan sonra 1970'lerin başına dek önemli bir artış olmamış, ancak 1970'lerden itibaren alan genişlemesi yeniden başlamış ve 1970'lerin sonunda ekili alan 368.000 hektar dolayında olmuştur .

1970'lerdeki ekili alan artışının en önemli nedeni traktörlerin yaygınlaşması ve ekilebilir toprakların sınırına henüz ulaşılamamış olmasıdır. İl toplam ekili alanının Türkiye ekili alanları içindeki payı 1970'lerin sonuna dek %1,5 dolayında ufak dalgalanmalar göstermiş, 1970'lerin sonunda ise %2,3'e ulaşmıştır. 1990'larda GAP projesinin devreye girmesiyle birlikte sulanan alanlar başta Şanlıurfa Harran ovası olmak üzere bir çok alan sulanmaya açılmıştır. Diyarbakır'da bu kapsamda sulama alanları açılmıştır. Ancak GAP aksayan çalışmalarından yapılmayan su kanaletleri nedeniyle bölge tarım üreticisi kendi imkanlarıyla sulama yöntemlerini seçmişlerdir. Önemli bir maliyet unsuru olan sulama tesisleri üzerinde ayrı bir başlıkla ele alınacaktır.

1950'den 1970'lerin sonuna değin, ekili alanın kendi içindeki dağılımına bakıldığında, bunun uzun bir zaman diliminde değişmediği ve tahılların %90 dolayında dalgalanan paylarla, en büyük yeri kapladığı görülür.1980'lerden sonra ve özellikle 1990'ların sonuna doğru üretim deseninde önemli değişiklikler arz etmiştir. Tahıl alanları azalırken baklagil ve sanayi bitki alanlarının payı, artmaya başlamıştır.

1950'de baklagil ekili alanlar il toplam ekili alanının %10.3'ünü kaplamaktaydı. Sanayi bitkileri ekilen alanların payı ise ancak binde 6 idi. Bundan sonra baklagil ekilen alanların payı azalarak, 1980'lerin başında %3,6'ya inmiş, daha sonraki yıllarda özellikle mercimek talebinin yurtdışından gelmesi üzerine il'de üretim alanı artmaya başladı 2000'li yıllara doğru %23.48'e çıkmıştır.

Sanayi bitkileri ekimi ise 1960'lardan başlayarak önem kazanmış ve 1980'lerin başında ekili alan içindeki payı %4 dolayına çıkmıştır. Diyarbakır'da ekili alanın ana ürünlere göre dağılımı aşağıdaki Tablo'da yer almaktadır.

Tablo 51

Diyarbakır'da Ekili Alanın Ana Ürünlere Göre Dağılımı; 1950-2001 (%)

Ürün Türü	1950	1960-61-62 Ortalaması	1970-71-72 Ortalaması	1978-79-80 Ortalaması	1997-98-01 Ortalaması
Toplam Ekili Alan (ha)	114.924	216.713	219.836	367.782	645.199
Toplam Tahıl	**88,9**	**93,6**	**92,5**	**91**	**65,01**
Buğday	45,3	42,2	62,6	68,1	61,33
Arpa	23,2	43,7	24,8	19,8	38,02
Darı	17,9	5,8	3,6	2	0,18
Pirinç	1,3	0,9	1,1	0,8	0,34
Toplam Baklagiller	**10,3**	**4,6**	**3,4**	**3,6**	**23,48**
Mercimek	1,7	2,1	2,2	1,9	17,39
Keten	---	---	0,4	0,5	---
Susam	0,1	0,1	0,2	0,4	---
Sanayi Bitkileri	**0,8**	**1,8**	**4,1**	**5,4**	**9,97**
Pamuk	0,3	0,7	1,1	1,9	9,55
Tütün	0,2	0,1	1,4	1,2	0,37
Yağlı Tohumlar	---	---	---	---	**1,22**
Yumru Bitkiler	---	---	---	---	**0,33**

Kaynak: DİE, GAP İl İstatistikleri 1950-1996 Ankara,s.471;DİE,GAP İl İstatistikleri; 1997-1998, s.108,109; DİE,GAP İl İstatistikleri 2001, s.99'daki verilerden yararlanarak bu oranlar çıkarılmıştır.

GAP'ında etkisiyle sulama alanlarındaki gelişmeler sonucunda özellikle pamuk üretiminde artış sağlanmaya başlamıştır. 2000'li yıllarda %9.97'ye çıkmış olan sanayi bitkilerinin üretiminde en büyük paya elbetteki pamuk ürünündür (%99).

Ekili alan artışı üretim artışına neden olurken, üretim tekniği değişmediği için, nadasa bırakılan alanlar da doğal olarak artmaktadır. 1970'lerin başında bile, tarla bitkileri üretimi yapılan alanın %48 gibi çok büyük bir bölümü her yıl nadasa bırakılmaktaydı. Böylece topraklardan ancak iki yılda bir ürün alınması, bitkisel üretimi ve üretici gelirlerini önemli ölçüde düşürmektedir

5.1.2. Tahıl Alanlarında Gelişmeler

İlin en önemli ürünü tahıllardır. En çok buğday, arpa, darı ve pirinç ekilir. Tahıl ekiminde tümüyle nadaslı kuru tarım egemendir. Toprak, genellikle yağışlı kış mevsimini izleyen ocak ile mayıs arasındaki devrede işlenmektedir. Karasaban kullanılıyorsa, toprak 2-3 kez sürülerek ekime hazırlanır. İlk sürme ocakta, ikileme mart, nisan aylarında, üçleme mayısta yapılır. Hasat ağustostadır. Makineli tarımda, hasattan hemen sonra, tarla sürülerek anız bozulur. Tahıl ekimine eylül sonlarında başlanarak, yağışların izin verdiği ölçüde, aralıklarla şubata değin sürdürülür. 2. sürme genellikle nisanda yapılır.

Tahıl ekilen alanlar toplam ekili alandaki genişlemeye benzer bir gelişme göstermiş ve 1950'de 102.000 hektar dolayında iken, 2 kattan fazla artarak 1970'lerin sonunda yaklaşık 335.000 hektar olmuştur. Tahıl alanlarındaki ilk büyük genişleme, 1950 ile 1960'lar arasında olmuş ve tahıl alanları yaklaşık 1 kat artmıştır.

1990'ların sonunda ise yaklaşık 3 kat artış sağlanmıştır. Bu daha çok traktör sayısındaki artış yanısıra ekilen arazi miktarındaki genişleme sonucudur. Özellikle büyük ölçekli tarım arazisine sahip olanlar, sermaye sıkıntısını çekmemiş ve üretim ve verimliliği artıracak girdileri kullanabilmişlerdir.

Aşağıdaki Tablo'da 1950'den 2001 yılına kadar Diyarbakır'da tahıl üretim alanlarındaki gelişmeleri içeren bir Tablo yer almaktadır.

Tablo 52

Diyarbakır İlinde Tahıl Ürünlerinde Üretim Alanı (1950-2001) Hektar

YIL	Toplam	Buğday	Arpa	Mısır	Darı	Pirinç
1950	114.924*	102.000	-----	-----	-----	1.500
1964	196.228	115.000	70.665	1.238	7.725	1.600
1967	210.647	119.013	82.497	920	6.575	1.642
1972	240.300	175.750	54.390	73	7.887	2.200
1977	312.220	227.750	72.800	1.105	7.785	2.780
1982	369.642	235.500	123.700	1.045	4.977	4.420
1983	128.807	91.335	29.604	588	5.270	2.010
1984	393.039	255.434	128.470	923	6.252	1.960
1985	420.783	276.361	137.730	896	3.218	2.578
1986	255.428	249.924	141 008	858	3.084	1.562
1987	339.625	220.069	113.809	1.050	3.357	1.340
1988	404.459	266.886	133.642	564	2.204	1.163
1989	402.969	258.176	141.064	694	1.780	1.255
1990	411.854	254.214	153.131	766	2.130	1.613
1991	446.193	262.642	180.319	695	1 726	2.537
1992	448.806	260.565	183.409	742	1.781	2.309
1993	439.435	246.379	190.998	625	1 754	1.433
1994	433.204	244.509	185.138	680	1.485	1.392
1995	409.199	228.228	179.122	706	1 414	1.143
1996	402.868	230.942	168.402	687	1.447	1.390
1997	401.915	235.978	162.959	811	634	1.533
1998	409.982	257.157	150.073	623	532	1.597
2001	446.439	279.247	164.755	264	1.085	1.088

Kaynak : DİE, GAP İl İstatistikleri 1950-1996 Ankara,s.471;DİE,GAP İl İstatistikleri 1997-1998 s.108,109; DİE,GAP İl İstatistikleri 2001, s.99;DİE, 1950 Ziraat Sayım Neticeleri- İlgili Veriler
*1950 Yılında Diyarbakır Bölgesinde Toplam Ekilen Tarımsal Alan Yaklaşık olarak 115 bin hektardır.

Diyarbakır ilinde arazi kullanımında mülkiyet yapısının yıllara göre değişim seyri daha çok büyük mülk sahiplerinin lehine gelişmiştir. Yukarıdaki Tablo'yu incelediğimizde Planlı dönemden 1980'li yıllara kadar tarımsal arazilerde artış olmuştur. Bu artış daha çok büyük mülk sahiplerinin lehine değişime uğramıştır. Hazineye ait ve/veya karasabanla işlenemeyen araziler tarımsal mekanizasyona geçişle üretime açılması mümkün olabilmiştir. Durumu daha net bir şekilde gözler önüne sermek için aşağıdaki şekile bakarak daha iyi anlaşılacaktır.

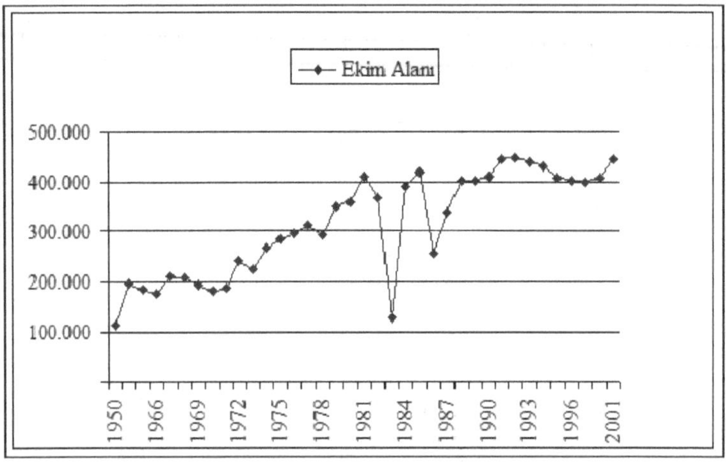

Şekil 2. Diyarbakır'da 1950-2001 Tahıl Üretim Alanı (Hekter)

Bu dönemde tarımsal alanların genişlemesi daha çok büyük işletme sahiplerinin mekanizasyonuyla gerçekleşmiştir. Büyük mülk sahiplerinin traktör kullanmalarıyla tarımsal işletmelerini genişletmeye başladıkları bir dönemdir. Sermayenin getirisi çok yüksek oranlara çıkmıştır. Örneğin elindeki sermaye ile bir traktör alımgücüne sahip olanlar gelecek 5-10 yıl içinde birkaç traktör değerine ulaşacak 150-200 dekar alanlık toprak parçasını işletmesine ilave etmeye başlamıştır. Traktör sahipleri işgücü tasarrufu yanısıra kendi mülküne, hazine arazilerini veya taşlı, bataklık v.b.. nedenlerden dolayı kullanılmayan toprak parçalarını tarımsal alana dönüştürerek gelirlerini artırmaya başlamışlar. Dolayısıyla sosyal yapının aleyhinde işleyen bir durum olmakla birlikte, tarımda kapasite kullanım oranını yükselterek dolaylı bir şekilde ülke ekonomisine katkıda bulunmuşlardır.

Küçük işletme sahipleri ise sermaye yetersizliğinden dolayı mekanizasyona geçemediklerinden karasabanla ve ilkel araçlarla tarımsal faaliyetlerine devam etmişlerdir. Elimizdeki verileri incelediğimizde, Tahıl arazisi kullanımında genel olarak bir artış olmuştur. Örneğin 1964'te Buğday ekimi için kullanılan arazi miktarı 177.723 hektar alan'dır. 1984 yılında ise 249.431'dir. 1985-1998 dönemleri arasında ise tarımsal üretime açılan arazi miktarında artış olmaya devam etmiştir. Tüm tahıl ürünleri için kullanılan ortalama arazi miktarı 1964-84 arasında 260.656 hektar iken bu dönemde ise ortalama 411.927 hektar alan'dır. Buğday üretimi için kullanılan ortalama arazi miktarı dönem itibarı ile 177.723 hektar alan'dan 249.421 hektar alana çıkmıştır. 1985-2001 yılları arasında ise tahıl ekimi için ayrılan ortalama tarımsal alan 414.228 hektar alanın 251 bin hektarı buğday üretimi için ayrılmıştır.

1970'lerin başında ise, hem toplam ekili alan, hem de tahıl alanları aşağı yukarı 1960'lardaki düzeyinde kalmıştır. Her iki alandaki büyük artış 1970'lerin sonunda gerçekleşmiştir. 1970 başlarındaki duraklama, üretimi de etkilemiş ve bu yıllarda, 1960'lardakinden daha az ürün alınmıştır. Bu, üretim artışının büyük ölçüde ekim alanı artışına bağlı olduğunu göstermektedir. Bu arada "süne" zararlısının bazı yıllarda ürüne büyük zarar verdiğini de eklemek gerekir.

Tahıl üretim alanında bu denli gelişme sağlanınca haliyle tahıl üretimi de artmaya başlamıştır. 1964'te 1996 yılına kadarki süre içinde Türkiye ve GAP bölgesindeki payı gittikçe artmaya başlamış ve yaklaşık olarak 2 katına çıkmıştır.

Tahıl il alanlarının il ekili alanı içindeki payı 1950 ile 1980'lerin başı arasında %90 dolayında dalgalanırken, Türkiye tahıl alanları içindeki payı %1,5 dolayından %2.5'e yükselmiştir. 1990'dan sonra ise toplam Türkiye tahıl üretiminin yaklaşık olarak %3'ünü karşılayacak duruma gelmiştir.

Aşağıdaki Tablo'da Diyarbakır'da toplam tahıl üretiminde Diyarbakır'ın Türkiye ve GAP bölgesine oranını gösteren bir Tablo yer almaktadır.

Tablo 53

Diyarbakır'ın Tahıl üretiminde Türkiye ve GAP Bölgesine oranı

Yıl	Türkiye Oranı (%)	GAP Oranı (%)
1964	1,52	11,46
1967	1,62	16,85
1972	1,82	17,23
1977	2,3	19,91
1982	2,89	24,82
1987	2,54	22,14
1990	3	24,92
1991	3,21	26,36
1992	3,22	26,31
1993	3,11	24,75
1994	3,06	24,17
1995	2,97	23,82
1996	2,89	22,97

Kaynak: DİE, GAP İl İstatistikleri 1950-1996, Ankara: 1997, s.556.

5.1.2.1. Buğday Ekim Alanlarında Gelişmeler

Dünyada tahıl dediğimiz zaman ilk akla gelen buğday, mısır ve pirincin elde edildiği çeltiktir. Her üçünün de dünyada yıllık üretimleri 550 milyon tonun üzerindedir. Türkiye'de de tahıl dediğimiz zaman ilk akla gelen buğday ve arpadır. Temel besin maddesi ve unlu gıdalar sanayi hammaddesi olarak buğday; Orta Anadolu, Trakya, Güneydoğu Anadolu

Bölgesi ve Çukurova Bölgeleri başta olmak üzere tüm ülke düzeyinde üretilmektedir. Ülkemiz insanın ekmek ve unlu gıdaları tüketim alışkanlığına olan eğilim üretimi yönlendirmektedir. Buğday üretimi, 1946-1950 yılları arasında 3,6 milyon ton iken, 2000 yılında 21 milyon ton olarak gerçekleşmiştir. 1960'larda ekim alanlarımız Buğday için 7.8 milyon arpa için ise 2.7 milyon hektar alandı[198].

Tablo 54

Ana Ürünler Bakımından Diyarbakır Ekim Alanlarının ve Üretiminin Türkiye Toplamındaki Oranı (%)

Yıl:	1950		1960-61-62		1970-71-72		1978-79-80		2001	
Oran:	Aln. %	Ürt. %	Aln. %	Ürt. %	Aln. %	Ürt. %	Aln. %	Ürt. %	Aln. %	Ürt. %
Toplam Ekili Alan	1,36	—	1,45		1,4	——	2,26	—	3,65	2,80
Toplam Tahıl	1,46	1,28	1,57	1,82	1,53	1,18	2,47	2,42	3,21	39,11
Buğday	1,36	1,37	1,18	1,33	1,59	1,44	2,72	2,88	2,99	3,54
Arpa	1,82	1,37	3,37	3,79	2,12	1,67	2,66	2,89	4,53	6,24
Darı	19,2	11,3	25,3	27,6	20,3	18,1	36,5	29,3	31,00	17,88
Pirinç	6,24	5,73	3,18	3,43	3,81	3,39	4,08	3,81	1,84	3,56
Toplam Baklagiller	2,67	2,44	1,74	1,76	1,36	0,85	1,94	1,64	8,85	10,02
Mercimek	3,3	3,22	4,46	4,93	4,51	3,08	3,7	3,49	26,35	24,25
Keten	---	---	---	---	7,63	6,47	19,4	39,2	---	---
Susam	0,16	0,1	0,25	0,44	0,8	1,08	3,32	3,94	2,97	4,64
Pamuk	0,07	0,06	0,23	0,22	0,36	0,23	1,13	0,91	7,86	7,94
Tütün	0,17	0,29	0,08	0,14	0,93	1,13	1,75	2,33	0,61	1,35

Kaynak: DİE; GAP İl İstatistikleri 1950-1996 s.556,534,471;Tarımsal Yapı 2001, s.99,13.

[198] DİE, **GAP İl İstatistikleri 1950-1996**, s.334.

Son yıllarda tahıl ekim alanlarımız azda olsa düşüş göstermesine rağmen halen buğday ekim alanımız 9.3 milyon, arpa ekim alanımızda 3.5 milyon hektarın üzerindedir[199].

Diyarbakır bölgesinde de buğday ve arpa yüzyıllardır en çok üretimi yapılan tahıl ürünleridir. Diyarbakır bölgesinde planlı dönemin başlarında buğday alanı 115 bin hektar alan'dan 2001'de 279 bin hektar alana çıkmıştır. İlin en başta gelen tarımsal ürünü olan buğday, en çok Merkez İlçe, Bismil, Çınar, Silvan ve Çermik ilçelerinde ekilir. Buğday ekili alanlar 1950'lerde 52.000 hektar dolayında iken I.,II.,III.,BYKP sonunda sırasıyla 119, 175, ve 227 bin hektar alan olmuştur. 2000'li yıllarda ise 279 bin hektara yükselmiştir. Buğday alanlarının il toplam ekili alanı içindeki payı 1950'de % 45,3 iken 1960'ların başında %42,2'ye inmiş, bundan sonra artarak 1980'lerde % 68'i bulmuştur. 1990'ların sonlarına doğru pamuk ve mercimek üretimine başlanınca buğday alanı il içindeki oranı azalmaya başlayarak 2000'li yılların başında %61.33'e gerilemiştir. Diyarbakır buğday alanlarının Türkiye buğday alanları içindeki payı 1950 ile 1970'lerin başı arasında %1-1,5 dolayında olmuş, 1970'lerin sonunda ise %2,7'ye yükselmiştir. 1990'lı yılların sonunda %3'ü yakalamıştır.

5.1.2.2. Arpa Ekim Alanlarında Gelişmeler

İlin ikinci önemli ürünüdür. Arpa, hemen her yörede ekilmekle birlikte, en çok buğday ekiminin yoğun olduğu ilçelerde ekilir. Ekim alanı 1950 ile 1960'ların başı arasında hızla artarak 26.600 hektar dolayından, yaklaşık 95.000 hektara çıkmış, 1970'lerin başında yarıya yakın bir azalma gösterdikten sonra 1980'lerde 73.000 hektara yaklaşmıştır. Arpa alanlarının

---

[199] DİE, **Tarımsal Yapı (Üretim,Fiyat,Değer) 2001**, s.13.

il toplam ekili alanı içindeki payı, 1950'de %23,2 iken, 1960'ların başında %43.7'ye yükselmiş, bundan sonra azalarak 1980'lerin başında yaklaşık %20 olmuş, yani oransal olarak 1950 düzeyinin altına inmiştir. İl arpa alanlarının Türkiye arpa alanları içinde 1950'de %1,8 olan payı, 1960'ların başında %3,4'e yükselmiş, bundan sonra %2-2,5 arasında dalgalanmıştır. Arpa ekim alanı il'de dönemin başında 70 bin hektar'dan 164 bin hektar alana çıkmıştır[200].

5.1.2.3. Darı Ekim Alanlarında Gelişmeler

Darı, ekimi giderek azalmasına karşın, Türkiye içindeki ekiliş ve üretim payı giderek artan bir tahıldır. En çok ekildiği yer Ergani ilçesi'dir. Bunun dışında birkaç ilçede daha, çok küçük alanlara ekilmektedir. İlde darı ekim alanları 1950'den 1980'lere değin sürekli küçülerek 20.500 hektardan 7.000 hektara inmiştir. Diyarbakır bölgesinde 1940-50 yıllarında darı buğday ununa karıştırılıp ekmek yapılıyordu. O dönemde pazarlama değeri olmamakla birlikte 2.Dünya savaşı yıllarında hüküm süren kısmi kıtlık bölgede daha çok hissedilmişti. Besin değeri ve tadı iyi olmamasına karşılık yokluktan ve yoksulluktan dolayı ekim alanı genişti. Birim başına verimlilik buğday ve arpaya göre daha yüksek olması yanı sıra ekim için lazım olan tohumluk buğday ve arpanın bulunmaması da bu ürünün ekimini yörede yaygınlaştırmıştır. bölgede söz konusu dönemde darı ekim alanlarının il toplam ekili alanı içindeki payının %18'den %2'ye düşmesine karşın Türkiye darı alanları içindeki payı %19,2'den %36,5'e yükselmiştir. Bunun nedeni, darı ekim alanlarının Türkiye genelinde, Diyarbakır'da olduğundan daha büyük bir hızla daralmasıdır. I.,II.,III., BYKP'ın sonlarında sırasıyla 6,575 ha., 7.887 ha. ve 7.785 ha olmuştur. 2001 yılında

---

[200] DİE, **GAP İl İstatistikleri 1950-1996**, s.471; DİE, **Tarımsal Yapı (Üretim,Fiyat,Değer) 2001**, s.13.

ise toplam ekilen darı alanı 1.085 hektar. Üretim alanı, il oranında %0.8'e düşmüştür.

5.1.2.4. Pirinç Ekim Alanlarında Gelişmeler

Yörede eskiden beri tarımı yapılan pirinç, giderek genişleyen alanlarda ekilmektedir. Sulanabilen alüvyal topraklarda yapılan pirinç üretim tekniği geçmişe oranla hayli ilerlemiştir. Bu tahıl, Merkez İlçe, Çermik, Çınar, Hazro ve Silvan ilçelerinde ekilmekte, talebin ve fiyatın yüksek oluşu nedeniyle ekimi giderek artmaktadır. Ancak 1970'lerde Diyarbakır ve yöresinde, pirinç üretimi ve ticaretinin, Arcaklar diye bilinen bir tek ailenin tekelinde olması ve bu ailenin pirinç ekimini istediği gibi ayarlayabilmesi nedeniyle, ekim alanları zaman zaman daralıp genişlemektedir. Pirinç ticaretinde Türkiye genelinde etkin olan aile, maliyetlerin en düşük olduğu yerleri seçerek toprak kiralamakta ve pirinç ektirmektedir. Diyarbakır'ın güneybatısına düşen Karacadağ eteklerinde ekilen pirinç kalitesi ve kendine has lezzeti ile diğer türlerinden daha çok rağbet görmektedir. Yörede karacadağ pirinci diye nitelendirilmektedir. Üretim ya geçimlik düzeyinde kalmakta yada iç pazarda tüketilmektedir. Taşlardan ayıklanmış şekilde piyasaya sunulamadığından marketlerde satışa çıkarmak yerine direkt tüketiciye pazarlanmaktadır.

İlde pirinç ekimi, "madrap" denilen, geniş, düz, verimli ve sulanabilen ovalarda yapılmaktadır. Pirinç ekimi, genellikle nisan ayı boyunca sürer. Ekim yapılmadan önce madraplar sulanır ve çeltik tohumu ekilir. ekim genellikle eylül ortalarında yapılır. Ürün saplarından ayrıldıktan sonra, kabuğundan ayrılması için çeltik fabrikalarına gönderilir. İlde pirinç ekilen alan 1950'den 1980'lere dek sürekli artarak 1.500 hektar dolayından yaklaşık 3.000 hektara yükselirken, bunun il toplam ekili alanı içindeki payı %1 dolayında dalgalanmıştır. Diyarbakır pirinç alanlarının Türkiye pirinç ekim alanları içindeki payı, 1950'de %6,3 iken, 1960'larda ve 1970'lerde pirinç ekiminin Türkiye genelinde yaygınlık kazanmasıyla %3-3,5 dolayına inmiş, 1980'lere gelindiğinde %5'e yaklaşmıştır. 2001 yılında pirinç ekimi için ayrılan alan 1.088 hektardır.

5.1.3. Baklagil Ekim Alanlarında Gelişmeler

Diyarbakır'da seçilmiş baklagillerin ekilişlerine ait alanlar tarihlerin göre aşağıdaki Tablo'da yer almaktadır.

Tablo 55

Diyarbakır'da Seçilmiş Baklagillerin Ekiliş Alanı 1950-2001 (Hektar Alan)

Yıl	Toplam Ha.	Mercimek	Nohut	Burçak	K.Fasulye	Diğer*
1950	12.000	-----	-----	-----	-----	-----
1964	11.514	6.900	1.795	2.300	40	479
1967	11.093	7.096	1.403	973	120	1.501
1972	3.809	1.524	1 773	364	148	1.773
1977	8.180	3.470	2.850	940	800	120
1982	131.145	120.270	8.050	2.335	330	160
1983	40.151	37.851	1.561	190	384	165
1984	131.055	112.820	17.413	320	287	215
1985	118.305	96.132	21.446	318	220	189
1986	132.472	109.060	22.714	373	170	155
1987	170.525	135.603	32.764	1.863	220	75
1988	241.839	196.828	42.879	1.685	372	75
1989	237.327	193.874	40.703	1.675	894	181
1990	182.201	135.937	43.188	1.735	777	564
1991	171.920	121.095	48.244	1.781	644	156
1992	166.741	115.762	48.411	1.775	642	151
1993	162.929	115.947	44.463	1.433	726	360
1994	161.842	115.756	43.711	1.407	694	274
1995	157.950	118.448	36.322	1.862	918	400
1996	163.126	115.288	45.237	1.514	630	457
1997	160.719	115.047	43.335	1.790	266	281
1998	155.571	116.110	37.382	1.500	280	299
2001	138.159	105.387	32.078	272	87	335

Kaynak: DİE, GAP İl İstatistikleri 1950-1996 Ankara,s.355;DİE,GAP İl İstatistikleri 1997-1998 s.108,109; DİE,GAP İl İstatistikleri 2001, s.99;DİE, 1950 Ziraat Sayım Neticeleri- İlgili Veriler
*Fiğ ,Yeşil Mercimek,Börülce

Başta mercimek olmak üzere, nohut, burçak vb. baklagil türleri ilin her yöresinde ekilir. Baklagiller her zaman önemli olmuş ve tahıllardan hemen sonra gelmiş olmasına karşın, 1960'ların başından 1970'lerin ortalarına dek ekim alanı daralmış, 1970'lerin sonlarında ise özellikle mercimek ekiminin hızlanmasıyla yeniden artmaya başlamıştır. İlde 1950'de yaklaşık 12.000 hektar alanda baklagil ekilmişti.

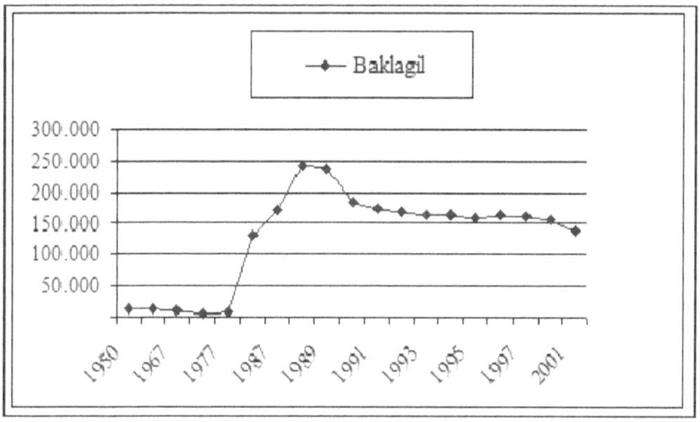

Şekil 3. Diyarbakır İl'inde Baklagil Üretim Alanı 1950-2001(Hektar Alan)

Bundan sonra ekim alanı daralmaya başladı ve 1970'lerin başında 7.500 hektar dolayına indi; 1980' lerin başında ise 13.000 hektarı aştı. 1980'li yılların ortalarından sonra Ortadoğu ülkelerine ihracatın gerçekleştirmesiyle birlikte rekor düzeye ulaştı 240.000 hektar alan civarında ekim gerçekleştirilmiştir. Yukarıdaki şekilde açıkça bu gözükmektedir. Daha çok emek yoğun işleme tabi tutulurdu. Binlerce kişiye istihdam olanağı sağlamış, bölgede mercimek ekim-biçim işinden anlayanlar civar illerden (Bingöl,Bitlis, Van) getirtilirdi. İhracatın azalmasıyla birlikte ekim alanı da daralmıştır. 1990'ların sonunda 150.000 hektara inmiştir. Baklagil alanlarının il toplam ekili alanı içindeki payı 1950'de %10,3 iken, azalarak 1960'ların başında %4,6'ya, daha sonraki dönemlerde de %3,5 dolaylarına indi 1980'den sonra artış yaşandı, 1990'ların sonlarında %23.48'e çıkmıştır. Diyarbakır baklagil alanlarının Türkiye içindeki payı, %2,7 olduğu 1950 dışında, genellikle %1,5-2 dolayında dalgalanmıştır. 1986-96 arasında Türkiye içindeki payı ortalama olarak %8.7 olmuştur. 1950'lerden bu yana, mercimek ekilen alan sürekli artmaktadır.

Bu artış Ortadoğu ülkelerine dışsatımın başladığı 1970'lerin sonunda daha daartmıştır. 1950'de yaklaşık 2.000 hcktar olan mercimek ekim alanı 1980'lere gelindiğinde 6.800 hektar dolayına yükselmiştir. Söz konusu dönemde bu alanın il toplam ekili alan içindeki payı %2 dolayında dalgalanırken, Türkiye içindeki payı %3,5-4,5 arasında değişmiştir.

5.1.4. Sanayi Bitkileri Ekim Alanlarında Gelişmeler

Tablo 56

Diyarbakır'da Seçilmiş Sanayi Bitkilerinin Ekiliş Alanı 1950-2001 (Hektar Alan)

Yıl	Toplam Ha.	Pamuk	Ş.Pancarı	Tütün	Diğer*
1950	-	367	-	-	-
1964	2.859	2.300	-	559	-
1967	2.476	1.950	-	526	-
1972	9.643	3.000	-	4.479	2164
1977	21.557	11.200	5	6.852	3500
1982	7.721	6.000	125	1.496	100
1987	25.327	22.356	26	1.595	1350
1988	27.781	24.280	17	2.286	1198
1989	43.214	37.633	42	3.770	1769
1990	40.012	33.633	58	4.173	2148
1991	40.466	32.611	380	5.600	1875
1992	41.120	33.836	174	6.210	900
1993	43.697	33.376	267	9.579	475
1994	36.658	33.376	235	2.218	829
1995	39.169	35.785	30	2.974	380
1996	44.044	43.652	157	--	235
1997	67.908	65.000	90	2.590	228
1998	69.830	66.070	78	3.462	220
2001	55.287	53.811	54	1.192	230

Kaynak: DİE, GAP İl İstatistikleri 1950-1996 Ankara,s.364;DİE,GAP İl İstatistikleri 1997-1998 s.108,109; DİE,GAP İl İstatistikleri 2001, s.99;DİE, 1950 Ziraat Sayım Neticeleri- İlgili Veriler
*Keten(Lif), Kenevir(Lif),Pamuk(Saf)

1960'lara değin Diyarbakır'da sanayi bitkileri ekimi yok denecek kadar azdı. Yalnızca çok küçük alanlarda tütün, susam ve biraz da pamuk ekilir, bu alanlar da yıldan yıla düzensiz bir biçimde azalıp çoğalırdı.

1960'lardan başlayarak pamuk ve tütün ekimi belirli bir düzen içine girdi ve üretim artmaya başladı. Bu artış 1970'lerde daha da belirginleşti. Bu arada keten ve ayçiçeği ekimi de yerleşmeye başladı. İlde sanayi bitkileri ekimi yapılan alan 1950'de il toplam ekili alanının binde 6'sını kaplarken, bu oran 1980'lere gelindiğinde %4'e yaklaştı. GAP'la birlikte sulama alanların açılması sanayi bitkilerin son yıllarda artmasını sağlamıştır.

5.1.4.1. Pamuk

Pamuk; tarımı, sanayii, dış ticaretteki payı ve ayrıca hayvancılık sektöründe besiciliğe katkısı ile Türkiye ekonomisinde oldukça önemli bir yere sahiptir. Tarım sektöründe önemli bir kesim geçimini pamuktan sağlarken pamuğa dayalı sektörler olan dokuma, iplik ve yağ sanayilerinde hammadde kaynağı durumundadır. Pamuk; tarımı ve sanayisi ile geniş bir iş alanı sağlarken lifi ile tekstil sanayisine, çiğiti ile yağ sanayisine, küspesi ile hayvancılık sektörüne, ihracatı ile dış ticaretimize çok önemli katkıları olan bir üründür.

Dünya'da pamuk üretimi İkinci dünya savaşı öncesi 6,6 milyon ton iken, daha sonra 1950'de 9,7 milyon tona, 1960 ve 1970'li yıllarda 11 milyon tona, 1980'de 14 milyon tona, 1992' de 21 milyon tona ulaşmıştır[201]. 2000 yılına doğru üretimi biraz düşmeye başlamış ve 76 ülkede, 32 milyon hektar alanda, 19 milyon ton üretimi yapılmakta olan pamuk, dünya genelinde en değerli tarımsal ürünlerden biri olma özelliğine sahip bulunmaktadır.

---

[201] International Cotton Advisory Committee Cotton Today. September 6, 2000.

Türkiye'de Toplam pamuk üretimi 1962 yılında 245 bin ton iken I., II., ve III. Beş Yıllık Kalkınma Planları sonunda sırasıyla 1.029.743 ton, 543.554 ton, 574.874 ton olmuştur. GAP'ın devreye geçmeye başlamasıyla birlikte üretimde artış sağlanmaya başlamıştır. 1990'da 654.600'e ve gittikçe artan miktarlarda olmak üzere 1998 yılında 882 bin tona yükselmiştir[202]. Çukurova Bölgesi pamuk üretim miktarı son yıllarda, 1995 yılı hariç sürekli düşmüş, bu yıla ait 284,4 bin ton olan üretimin 2000 yılında 132,9 bin tona düşeceği hesaplanmıştır. Güneydoğu Anadolu Bölgesi üretim miktarı ise özellikle 1993 yılında 164,4 bin ton olan üretim daimi artış göstermek suretiyle 1998 yılında 384,8 bin tona ulaşmış, 1999 yılında 328,6 bin ton, 2000 yılında da 345,4 bin ton olacağı tahmin edilmiştir. GAP'ın en son aşamasında devreye girmesi ile bölgedeki pamuk üretiminin daha da artacağı öngörülmektedir.

GAP'ın ikinci büyük kenti olan Diyarbakır ilinde ise pamuk üretimi Merkez İlçe, Bismil ve Çermik'te ekilen pamuk, 1960'ların sonuna, hatta 1970'lere değin fazla gelişememişti. Bunda üretim tekniğinin ilkel ve üreticinin bilgisiz olmasının payı büyüktü. Bu nedenle üretim de son derece düşük bir düzeydeydi. 1970'lerden bu yana, sulamada, makineleşmede, pazar koşullarında görülen olumlu birtakım gelişmelerin etkisiyle pamuk ekimi ve üretimi artmıştır. Öyle ki, 1970'lerde Kahramanmaraş'tan gelip toprak kiralayarak pamuk ektirmeye başlayanlar olmuştur. Bu arada Çukobirlik'in etkinliğiyle pamuk üreticisi örgütlenmeye de başlamıştır. Birliğe ilk üye olan Ergani'ye bağlı Ortaköy, aynı zamanda ilde pamuk üretiminin başladığı yöredir.

---

[202] DİE, **Tarımsal Yapı (Üretim,Fiyat,Değer)** İlgili Yıl İstatistikleri.

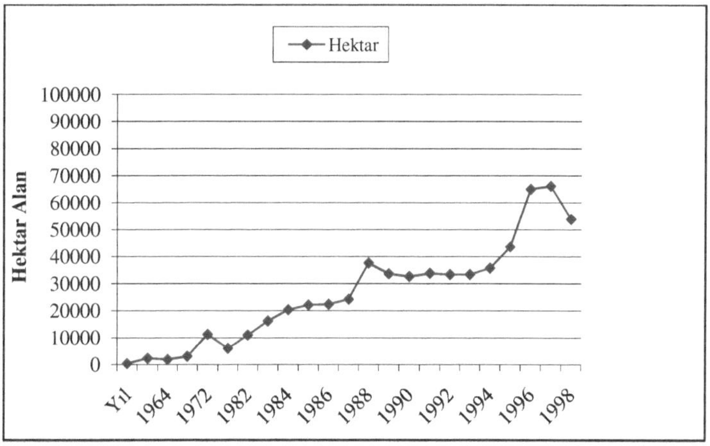

Şekil 4. Diyarbakır İli Pamuk Üretim Alanı 1950-2001(Hektar)

İlde 1950'de 367 hektar olan pamuk ekim alanı, I.,II., ve III. Beş Yıllık Kalkınma Planı sonlarında sırasıyla 1.950, 3.000, 11.200 Hektara çıkmıştır. 2001 yılında ise pamuk için ayrılan toplam tarımsal alan 53.811 hektar alana çıkmıştır.

1980'de 7.000 hektar alanı aşmıştı. Bu alanın il toplam ekili alanı içindeki payı da binde 3'ten %2'ye yükselmiştir. Söz konusu yıllarda ilin Türkiye pamuk alanları içindeki payı binde l'den %1,l'e yükselmiştir.

Yörenin geleneksel ürünlerinden biri olan tütün ekimi de, pamuk gibi 1970'lere dek düzensiz bir gelişme göstermiş, bundan sonra artmaya başlamıştır. İlin tütün ekimi ve üretiminin Türkiye payı oldukça küçük olduğu halde, üreticinin gelirine katkısı önemlidir. En çok ekildiği yöre Silvan'dır.

Yetiştirilen tütünler "Silvan Tütünü" diye bilinir. Sert ve doyurucu nitelikte olan Silvan Tütünü şark tipi kara tütünler grubuna girer. Tütün ekim alanı 1950'de 200 hektar dolayında iken, 1980'e gelindiğinde 4.500 hektarı bulmuştur. Bu alanın il toplam ekili alanı içindeki payı binde 2'den %1,2'ye çıkarken, Türkiye içindeki payı da binde 2'den %1,8'e yükselmiştir. Devletin pamuk üretimi üzerine kısıtlamalar getirmesi üzerine üretim alanı daralmaya başladı. 1990'ın sonlarına doğru toplam üretim alanı toplam alanın %0.37'sine düşmüştür

5.1.4.2. Keten ve Susam

Bu ürün 1960'larda ekilmiyordu. 1970'lerde başlayan keten ekimi, daha çok tohum elde etme amacına yöneliktir. 1970'lerin başında 800 hektar kadar olan ekim alanı, 1980'lerde 1.800 hektara çıkmış, bu alanların Türkiye içindeki payı da aynı dönemde %7,6'dan %19,4'e yükselmiştir. Keten ekili alanların il toplam ekili alanı içindeki payı ise çok küçüktür.

Geleneksel bir yağ bitkisi olan susam ekimi 1970'lere değin çok yavaş bir gelişme göstermiş, bundan sonra artarak 1980'lerde 1.500 hektarlık bir alana erişmiştir. İl toplam ekili alanı içindeki payı son derece düşük olan susam alanlarının Türkiye içindeki payı 1970'lere dek %1'in üstüne çıkamamış ve ancak bundan sonra artarak 1990'da %3,3'e yükselmiştir.

5.1.5. Diyarbakır'da Ürün Türlerine Göre Üretim Miktarları ve Verimlilik

1960'tan 1980'li yılların başına kadar Ekim alanı bakımından olduğu gibi, üretimde de önde gelen ürünler tahıllardır. Bundan sonra sebzeler ve meyveler, en arkadan da baklagiller ve sanayi bitkileri gelir. 1980'in ortalarından 2000 yılına kadarki süre içinde üretimde baklagil ve sanayi bitkilerinin payı gittikçe artmaya başlamıştır. Bununla birlikte tahılda üretim ve değerlik bakımından hala ilk sırada yer almaktadır.

Bütün olarak ele alındığında çoğunluğunu tahılların oluşturduğu tarla bitkileri üretimi, toplam bitkisel üretim miktarının yarıdan fazlasını oluşturur. Diyarbakır'da bitkisel üretim artışı önündeki en önemli engel sulama yetersizliğidir. Modern araç ve girdiler kullanımı azlığının yanı sıra, bu kullanımın çoğu kez bilgisiz ve verimsizce yapılması da üretimi düşürmektedir. Bu tür engeller nedeniyle nadas önemini korumaktadır. Oysa il toprakları, hem toprak hem de su potansiyeli açısından, yılda 2 hatta 3 ürün almaya elverişlidir.

Bölge çiftçilerini aydınlatacak çalışmalar 1950'lerde başladıysa da pek başarılı olamamıştır. Ancak 1980'lerin sonlarına doğru bir takım çalışmalara gidilmiştir. Bölge ekonomisine katkısı olabilecek şekilde verim ve istihdam artışına dönük Tarım Bakanlığınca çalışmalar yürütülmektedir.

Tarım Bakanlığı'nca yapılan bir araştırmada, Güneydoğu Anadolu'da Diyarbakır'ın da içinde olduğu geniş bir yöre, ekolojik koşullar ve iklim özellikleri bakımından son derece uygun bulunarak "2. Ürün Araştırmaları Projesi" kapsamına alındı. Proje merkezi Antalya'dadır. Araştırma çalışmaları İzmir, Adana ve Diyarbakır kuruluşlarında sürdürülmektedir.

Diyarbakır ilinde yıllara göre Tahıl'da üretim ve verimlilik durumunu gösteren Tablo aşağıda yer almaktadır.

Tablo 57

Seçilmiş Tahıl Ürünlerinin Üretim ve Veriminde Türkiye ve Diyarbakır İli

Tr: Türkiye Geneli **D :** Diyarbakır

Yıl	BUĞDAY				ARPA			
	Üretim (Ton)		Verimlilik Kg/ha		Üretim (Ton)		Verimlilik Kg/ha	
	Tr	D	Tr	D	Tr	D	Tr	D
1964	8.300.000	79.500	1.055	691	3.200.000	35.200	1.164	498
1967	10.000.000	102.604	1.250	862	3.800.000	76.236	1.394	924
1972	12.200.000	243.637	1.397	1.386	3.725.000	70.780	1.472	1.301
1977	16.650.000	413.655	1.786	1.816	4.750.000	139.865	1.813	1.921
1982	17.500.000	353.375	1.944	1.501	6.400.000	219.780	2.040	1.777
1983	16.400.000	115.409	1.777	1.264	5.425.000	45.287	1.871	1.530
1984	17.200.000	421.492	1.911	1.650	6.500.000	237.877	2.000	1 852
1985	17.000.000	462.825	1.818	1.675	6.500.000	280.715	1.940	2.038
1986	19.000.000	455.078	2.032	1.821	7.000.000	259.868	2.094	1.843
1987	18.900.000	209.847	2.007	954	6.900.000	95.054	2.082	835
1988	20.500.000	497.464	2.173	1.864	7.500.000	251.061	2.177	1.879
1989	16.200.000	280.008	1.732	1.085	4.500.000	184.199	1.308	1.306
1990	20.000.000	446.336	2.116	1.756	7.300.000	348.307	2.179	2.275
1991	20.400.000	598.045	2.118	2.277	7.800.000	437.677	2.261	2.427
1992	19.300.000	591.659	2.010	2.271	6.900.000	476.080	2.006	2.596
1993	21.000.000	471.205	2.143	1.913	7.500.000	389.700	2.152	2.040
1994	17.500.000	415.261	1.786	1.698	7.000.000	431.097	2.000	2.329
1995	18.000.000	424.736	1.915	1.861	7.500.000	372.299	2.128	2.078
1996	18.500.000	436.962	1.979	1.892	8.000.000	343.077	2.192	2.037
1997	18.650.000	442.179	2.017	1.877	8.200.000	340.984	1.600	2.092
1998	21.000.000	589.807	2.256	2.323	9.000.000	330.877	2.446	2.242
2001	19.000.000	673.015	2.077	2.454	7.500.000	468.171	2.135	2.842

Kaynak: DİE, GAP İl İstatistikleri 1950-1996 Ankara,s.471,556;DİE,GAP İl İstatistikleri 1997-1998 s.108,109; DİE,GAP İl İstatistikleri 2001, s.99;DİE,

Diyarbakır Tarımsal Araştırma Enstitüsünün yaptığı bir çalışmada bölge arazisinde yılda üç kez üretim alınabileceğini ortaya çıkarmıştır. Bu ve daha önceki çalışmalar sonucunda bölgede buğday, arpa hasadından sonraki 115-135 günlük dönemde çeltik, mısır, tane yada silaj sorgum, sudanotu, soya, yerfıstığı, susam ve ayçiçeği; pamuk ekimi öncesinde de bakla, kolza, fiğ ve turfanda patates tarımının rahatlıkla yapılabileceği anlaşılmıştır. Sebzecilikte de çeşitli ürün bileşimleri ile 2 yada 3 kez ürün alınabileceğini ortaya çıkarmıştır.

Ancak, bu olasılıkların gerçekleşmesi her şeyden önce sulamaya bağlıdır. Güneydoğu Anadolu Projesi'nin tamamlanması, bu konuda önemli bir adım olacaktır.

5.1.6. Tahılda Üretim ve Verimlilik

Tahıl üretimi her zamanki önemini korumaktadır. 1950'de yaklaşık 76.000 ton kadar olan yıllık üretim, 1980'lere doğru 598.000 tonu aşmıştır. Bu artıştaki en önemli etkenler, ekili alan genişlemesi ile makineli tarım ve iyi cins tohumluk kullanımıdır. Ekili alanın 1 kat genişlediği ve makineli tarımın başladığı 1950 ile 1960'lar arasında, tahıl üretimi 3 kattan fazla artmıştır.

Buna karşılık, 1960'larda ekim alanı genişlemesi durmuş ve 1970'lerin başında üretim 1960'lardaki düzeyinin altına inmiştir. Bundan sonra hızlı bir ekim alanı artışı ile birlikte üretim de yükselmiştir. Söz konusu dönemde ilin Türkiye tahıl üretimi içindeki payı %1,3'den %2,4'e çıkmıştır. 1997-98-01 yılları arasında ortalama üretimi %2.91'e çıkmıştır.

Tahıl üretimi, ekili alana ve iklim şartlarına bağlı olduğu kadar, süne zararlısından da etkilenmektedir. 1950'lerden bu yana, süne mücadelesi yoğun bir biçimde sürdürüldüğü halde, bu zararlı tümüyle ortadan kaldırılamamıştır.

5.1.6.1. Buğday Üretimi ve Verimlilik

Tahıl üretiminin önemli bir bölümünü buğday oluşturmaktadır.

1950'de 40.000 ton dolayında olan üretim sürekli artarak, 1980'lerde 486.000 tonu aşmış ve ilin 1970'lere değin Türkiye buğday üretimi içinde %1,5 dolayında olan payı, 1972 ve 1974 ortalaması %2.24'ü bulmuştur. Diyarbakır Bölgesinde toplam buğday üretimi I.,II. ve III. Beş Yıllık Kalkınma Planı sonunda sırasıyla 102.604, 243.637 ve 413.655 ton oluştur. 2000'li yıllarda ise yarım milyon tonu aşmıştır. Türkiye genel üretimine oranı ise aynı dönemler için sırasıyla; %1.02, %1.99 ve III.BYKP sonunda %2.48'e çıkmıştır. Üretim artışının bu denli artmasında, çiftçilerin ıslah edilmiş tohum kullanmaları yanısıra gübre, ilaçlama ve mekanizasyonun gelişmesi olarak gösterebiliriz. Çoğunlukla kışlık buğday türlerinin yetiştirildiği yörede, 1970'ten bu yana, Meksika, İtalya ve Kafkas kökenli buğday türleri geniş şekilde ekilmektedir. Yerli buğday türleri ekimi hemen hemen tümüyle ortadan kalkmıştır. Tohumluk gereksinmesi büyük ölçüde Ceylanpınar Devlet Üretme Çiftliği'nden karşılanmaktadır. 1990'dan sonra Tarımsal Zirai Araştırma Enstitüsü'nde ıslah edilmiş tohumları çiftçilere İlde en çok kullanılan buğday türleri Bezostiya, Penchoma beyaz, Penchoma esmer, Orso, Süper x, Conta Mazarta ve Araştırma Enstitüsü'nün geliştirdiği melez türler olan Dicle 74 ile Malabadi'dir.

Verimi yüksek olan bu türler üretim artışına önemli katkılarda bulunmuştur. Ancak, şiddetli kuraklıkların olumsuz etkisi sürmektedir. Tüm bu olumsuzluklara rağmen verimlilikte Türkiye ortalamasını yakalamış ve hatta 2000'li yıllara doğru toprak birim başına verimlilikte Türkiye ortalamasını geçmeye başlamıştır. Tüm bu göstergelerden anlaşıldığı kadarıyla Diyarbakır bölgesinde tarım alanların kullanımı optimal olarak kullanılamamış olduğu yeni tekniklerin ıslah edilmiş tohum, gübreleme-ilaçlama, sulama, mekanizasyon,eğitimsizlik başlıca nedenler olmaktadır. Ayrıca mülkiyet yapısından kaynaklanan ölçeklerde arazi işletmeciliği ölçek ekonomisinin kullanımını engellemiş olduğu ortaya çıkmaktadır. Zirai işletmeler ya çok büyük yada çok küçük olmaktadır Bu iki durumda da işletmelerin optimal kullanımını engellemektedir.

1990'lara doğru büyük ölçekli işletmelerin miras, satış vb. nedenlerle parçalanması işletmelerin optimal kullanımını sağlayarak verim artışını gerçekleştirmiştir. Aşağıda bunu doğrulayacak bir grafikle sunmaya çalışılmıştır. Türkiye genelinde ve Diyarbakır bölgesinde Planlı dönemin başladığı yıllardan 2000'lere doğru buğdayda verimlilik karşılaştırması yapılmıştır.

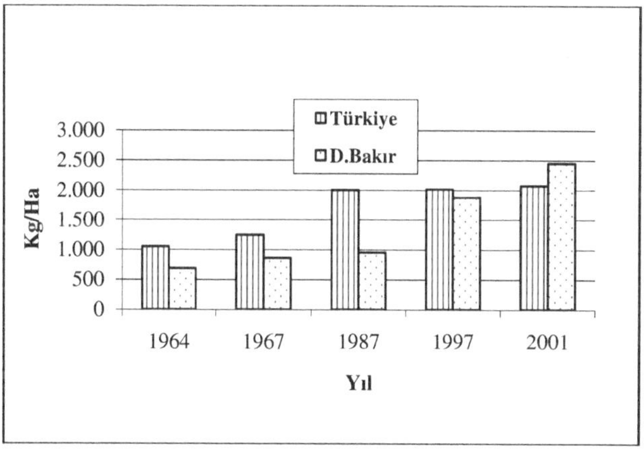

Şekil 5. Buğday'da Verimlilik; Türkiye Geneli ve D.Bakır Karşılaştırması; 1964-2001(Kg/Ha)

I.BYKP'nından 1990'lara kadar Diyarbakır bölgesinde en çok üretim alanına sahip olan buğday verimliliğinde Türkiye genel verimliliğinin altındaydı. 2000'lere doğru ise Türkiye ortalamasının üstüne çıkmıştır.

5.1.6.2. Arpa Üretimi ve Verimlilik

Arpa üretiminde ise, 1950'den 1980'e gelişmeye bakıldığında, bunun da ekim alanındaki gelişmeye bağlı olarak üretim artışı sağlanmıştır. Üretim, ekim alanının arttığı yıllarda artarken, daraldığı yıllarda azalmıştır. Böylece 1950'de 22.000 ton dolayında olan arpa üretimine 1960'ların başında 128.000 tonun üzerine çıkarken, 1970'lerin başında ancak 62.000 ton kadar ürün alınabilmiş, 1980'lerin başında ise bu miktar 147.000 tonu aşmıştır. 2000'e doğru ise 450.000 tonu aşmıştır. Toplam üretim Söz konusu yıllarda ilin Türkiye arpa üretimi içindeki payı sırasıyla, % 1,4, % 3,8, % 1,7 ve % 2,9 olmuştur.

5.1.6.3. Darı Üretimi ve Verimlilik

Diyarbakır İli'nde darı üretimi çok büyük bir ölçekte yapılmadığı halde, Türkiye içindeki payı hayli önemlidir. Ekim alanındaki sürekli daralmaya karşın, 1950'de yaklaşık 7.500 ton olan darı üretimi, 1960'ların başında 16.600 ton dolayına yükselmiş, bundan sonra sürekli azalarak 1980'lerin başında yeniden 7.500 tona inmiştir. Buna karşılık, ilin Türkiye darı üretimi içindeki payı, 1950'de %11,3 iken 1960'ların başında %27,6'ya çıkmış, 1970'lerin başında %18'e düşmüş, 1980'lerin başında ise % 30'u bulmuştur. 1990'larda üretim tekrar düşmüştür. 2001 yılında ise 727 tonda kalmış ve üretimden neredeyse vazgeçilmeye başlanmıştır[203].

5.1.6.4. Pirinç Üretimi ve Verimlilik

İlin geleneksel ürünlerinden biri olan pirinç üretiminin Türkiye içindeki payı önemli olmasına karşın, hızlı bir artış gösterdiği söylenemez. Ortalama üretim 1950 ve 1960'lar boyunca 4.500 ton dolayında

---

[203] DİE, **Tarımsal Yapı,2001**, Ankara, 2002, s.99.

gerçekleşmiş, 1970'lerin başında 5.000, 1980'lerinbaşında ise 7.000 tonu aşmıştır. İlin Türkiye pirinç üretimi içindeki payı ise 1950'de %5,7 olup, bundan sonraki dönemlerde %3,5 dolayında kalmıştır. En çok "akkılçık" denilen ve sürekli sulama gerektiren pirinç türü ekilmektedir. Karacadağ pirinci denilen türü ise kendine has bir lezzeti vardır.

5.1.7. Baklagilde Üretim ve Verimlilik

Baklagiller üretimi düzensiz bir gelişme göstermektedir. Üretimde artış olmakla birlikte, 1970'lerden bu yana sanayi bitkilerine yönelinmesi nedeniyle, bu artış yavaştır. İlde 1950'de 7.700 ton dolayında baklagil üretilmişti. 1960'ların başında bu miktar 10.500 tona yaklaştı.

1970'lerde ise 1960'lardakinin ancak yarısı kadar ürün alınabildi. Bundan sonra, özellikle mercimek üretiminden kaynaklanan bir artış görüldü 1980'lerde ihracat ile üretim rekor seviyesine ulaşmış ve yıllık üretim 100 bin tonu aşmıştır.

Tablo 58

Seçilmiş Baklagil Ürünlerinin Üretim ve Veriminde Türkiye ve Diyarbakır İli

A. Türkiye **B.** Diyarbakır

Yıl	MERCİMEK				NOHUT			
	Üretim (Ton)		Verimlilik Kg/ha		Üretim (Ton)		Verimlilik Kg/ha	
	A	B	A	B	A	B	A	B
1964	140.000	7.350	1.273	1.065	90.000	1.855	1.059	1.033
1967	139.000	8.660	1 311	1.220	97.000	2.969	1.141	2.116
1972	159.000	1 237	1.500	812	183.000	1 701	1.028	959
1977	160.000	3.110	1.538	896	180.000	3.057	1.304	1.073
1982	165.000	106.354	1.557	884	280.000	9.554	1.143	1.187
1987	210.000	110.209	1.167	813	725.000	20.032	1.090	611
1988	211.000	192.782	1.199	979	777.500	40.648	999	948
1989	193.000	56.660	1.084	292	683.000	27.398	835	673
1990	210.000	113.874	1.228	838	860.000	43.569	966	1.009
1991	214.000	104.465	1.202	863	899.000	48.632	1.024	1.008
1992	200.000	104.882	1.190	906	770.000	53.414	900	1.103
1993	200.000	117.038	1.235	1.009	740.000	49.924	902	1.123
1994	180.000	127.533	1.104	1.102	650.000	46.657	855	1.067
1995	225.000	107.170	1 324	905	730.000	33.648	980	926
1996	230.000	122.616	1 333	1.064	732.000	43.739	938	967

Kaynak :DİE, GAP İl İstatistikleri 1950-1996 Ankara,s.352,355;DİE,GAP İl İstatistikleri 1997-1998 s.108,109; DİE,GAP İl İstatistikleri 2001, s.99;DİE,

İlin Türkiye baklagil üretimi içindeki payı, %2,5'e yaklaştığı 1950 ve %l'in altına indiği 1970'lerin başı dışında, %1,5 dolayında olmuştur.

5.1.7.1. Mercimek Üretimi ve Verimlilik

1950'de 1.000 ton dolayında olan üretim, 1970'lerin ilk yılları dışında

sürekli artarak 1970'lerin sonunda 6.500 tonu bulmuştur. İlin Türkiye mercimek üretimindeki payı 1950'de %3,2 iken, 1960'ların başında %5'e yaklaşmış, bundan sonra %3-3,5 dolayında dalgalanmıştır. Verimlilikte

Türkiye ortalamasını yakalayamamıştır. Bölgede daha çok Tırpan ve traktörün arkasına bağlanan "makas" denilen bir araçla biçim yapıldığından danelerde kayıp olmaktadır. Aşağıdaki şekil'de yıllara göre verimlilikte Türkiye ile karşılaştırması verilmiştir.

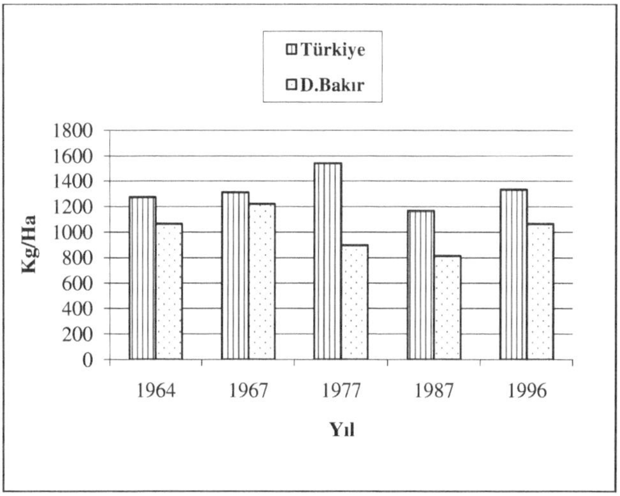

Şekil 6. Mercimek'te Verimlilik Türkiye Geneli ve D.Bakır Karşılaştırması; 1964-2001(Kg/Ha)

5.1.8. Sanayi Bitkilerinde Üretim ve Verimlilik

1960'larda yetiştirilen sanayi bitkilerinden yalnız keten ve susamın Türkiye üretimi içindeki payları oldukça yüksektir. Pamuk ve tütün üretimi, miktar olarak daha fazla olmakla birlikte, Türkiye içindeki payları daha küçüktü. Ayçiçeği üretimi ise yeni yeni yaygınlaşmaktadır. Ancak 1990'lardan itibaren sulu tarıma geçmesiyle birlikte verimlilikte ve üretimde artış sağlanmaya başlamıştır.

5.1.8.1. Pamuk Üretimi ve Verimlilik

Önceleri tümüyle büyük mülk sahiplerince üretilen pamuk, giderek orta ve küçük mülk sahiplerince de yetiştirilmeye başlanmıştır.

Tablo 59

Pamuk Üretim ve Veriminde Türkiye ve Diyarbakır İli

Yıl	Türkiye Geneli			Diyarbakır İli		
	Alan (Hektar)	Üretim (Ton)	Verim (kg/ha)	Alan (Hektar)	Üretim (Ton)	Verim (kg/ha)
1964	1.360.000	854.500	628	2.300	2.621	1.140
1967	1.435.200	1.029.743	717	1.950	1.898	973
1972	760.147	543.554	715	3.000	1.565	522
1977	776.809	574.874	740	11.200	7.209	644
1982	595.000	489.000	822	6.000	4.440	740
1987	585.800	536.786	916	22.356	21.078	943
1988	740.000	650.000	878	24.280	17.845	735
1989	725.000	617.000	851	37.633	31.987	850
1990	641 253	654.600	1.021	33.633	34.872	1.037
1991	598.620	559.426	935	32.611	38.008	1.165
1992	637.478	573.706	900	33.836	23.772	703
1993	567.852	602.238	1 061	33.376	36.320	1.088
1994	581.491	628.286	1.080	33.376	38.231	1.145
1995	741.407	837.114	1.129	35.785	37.933	1.060
1996	743.775	784.047	1 054	43.652	46.271	1.060
1997	721.723	831.672	1.152	65.000	65.000	1.000
1998	755.661	870.895	1.152	66.070	73.998	1.122
2001	684.665	914.404	1.336	53.811	74.793	1.390

Kaynak :DİE, GAP İl İstatistikleri 1950-1996 Ankara,s.361,364;DİE, GAP İl İstatistikleri 1997-1998 s.108,109; DİE,GAP İl İstatistikleri 2001, s.99,13

1970'lere değin bilgisizlik, makineli tarımın yetersizliği vb. nedenlerle pamuk üretimi fazla gelişmemişti. Bundan sonra, hem Çukobirlik'in yörede etkinlik göstermesi, hem de sulama, makine ve ilaç kullanım gibi konularda yavaş da olsa bir gelişme olması nedeniyle üretim artmaya başlamıştır. Bu artışta Devegeçidi Barajı'nın etkisi önemlidir. İlde

1950'de 180 ton pamuk elde edilmişti. 1980'e gelindiğinde, saf pamuk üretimi 4.500 tona, tohum üretimi 7.000 ton dolayına çıktı. İlin Türkiye pamuk üretimi içinde 1950'de son derece küçük olan payı, 1980'e gelindiğinde %1'e yaklaşmıştır. Verimlilikte Türkiye ortalamasını yakalamış durumdadır.

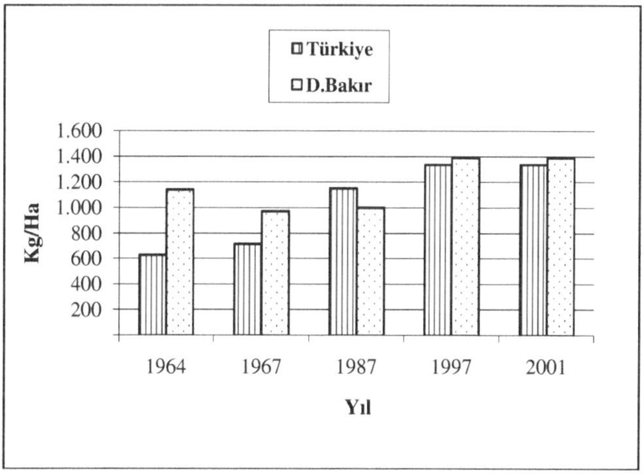

Şekil 7. Pamuk'ta Verimlilik Türkiye Geneli ve D.Bakır Karşılaştırması; 1964-2001(Kg/Ha)

Diyarbakır bölgesinde pamuk üretimi sermaye birikimine etkisi diğer tarımsal ürünlere oranla çok daha fazla etkisi olduğundan ayrı bir bölümde ele alınacaktır.

5.1.8.2. Tütün Üretimi ve Verimlilik

Tütün üretimi de pamuk gibi 1970'lerden sonra belli bir gelişme içine girmiştir. Gümrük ve Tekel Bakanlığı'nın denetiminde olan tütün üretimi 1950'de 227 ton iken, 1980 başlarında 5.700 tonu bulmuştur. Söz konusu dönemde, ilin Türkiye tütün üretimi içindeki payı binde 3'ten

%2,3'e yükselmiştir. 1990'ların sonuna doğru ise üretim azalmış %1'in altına düşmüştür.

5.1.8.3. Keten Üretimi ve Verimlilik

1960'ların sonunda tohum elde etmeye yönelik olarak başlanan keten üretimi, giderek artmaktadır. 1970'lerin ba1980'lere doğru 1.100 tonu aşmış ve 425 ton olan ketentohumu üretimi ile Türkiye'deki payı %6,5'ten %39 gibi yüksek bir rakama ulaşmıştır. Ancak yalnızca 29 ton olan susam üretimi, 1980'lere gelindiğinde 1.000 tona yaklaşmış, Türkiye içindeki payı da binde l'den yaklaşık %4'e çıkmıştır.

5.1.9. Sebzecilik

Diyarbakır'da sebzecilik 1970'lerden sonra hızla gelişmeye başlamış ve bitkisel üretim içindeki payı hem miktar hem de alan bakımından artmıştır. Özellikle Dicle ve kollarının çevresindeki sulanabilen alüvyal alanlar sebze bahçelerine dönüştürülmekte, yetiştirilen sebze türleri de çeşitlenmektedir. Sebzeciliğin en çok geliştiği ilçeler Merkez İlçe, Çermik, Çüngüş, Ergani, Lice ve Silvan'dır. 1970'lere değin ilde üretilen sebze, tüketimi karşılamaktan uzak olduğu için, gereksinme Gaziantep, Adana, Mersin illerinden karşılanırdı. 1970'lerden bu yana hızla artan üretim, bu zorunluluğu ortadan kaldırmıştır. Ancak, turfanda sebzeler yine bu illerden sağlanmaktadır.

Diyarbakır sebze üretiminde 1970'lerde gerçekleşen gelişme gerçekten çarpıcıdır. Bu yıllara değin kavun, karpuz dışında sebze üretimi son derece düşüktü. Daha çok aile tüketimine yönelik bir üretim vardı. Bu yıllardan sonra, hem sulamanın bir ölçüde gelişmesi, hem de pazar koşullarının elverişliliği nedeniyle sebze üretiminde önemli bir çeşitlenme ve canlanma görüldü. O yıllara değin çok küçük çapta üretilen hıyar, patlıcan,domates,biber gibi sebzelerin üretimi, Türkiye içinde büyük paylara erişecek ölçüde arttı.

Diyarbakır'da 1970'te 5.300 hektar alanda sebzecilik yapılmaktaydı. Yıllık üretim ise 72.000 ton dolayındaydı. Sebze ekim alanı 4 kat artarak 1979'da 28.000 hektara, yıllık üretim ise 471.000 ton dolayına yükseldi. 1980'de ise 23.500 hektar alanda yapılan sebzecilikten 455.000 ton dolayında Ürün alındı. Söz konusu yıllarda ilin Türkiye sebze alanları içindeki payı %1,2'den %4'e yükselirken, Türkiye sebze üretimi içindeki payı da binde 9'dan %3,8'e çıktı. 1980'de Diyarbakır, Türkiye kavun üretiminin %5,1'ini, karpuz üretiminin %7,3'ünü, kabak üretiminin %4'ünü, hıyar üretiminin %9,6'sını, patlıcan üretiminin %3.6'sını, biber üretiminin %2,8'ini karşılamıştı.

Diyarbakır sebze üretiminin 1970 ve 1980 yıllarında, Türkiye toplamı içindeki payı şöyle olmuştur:

Tablo 60
Diyarbakır Sebze Üretiminin Türkiye Toplamındaki Oranı

	İl İçindeki Oranı (%)	Üretimde Türkiye'ye Oranı (%)			Değerde Türkiye'ye Oranı
		1970	1980	2001	
Toplam	27,23	1,23	4,34	2,52	2,31
Yaprağı Yenen Sebzeler	0,09	---	---	0,04	0,03
Baklagil Sebzeler	1,42	---	---	0,50	0,55
Meyvesi Yenen Sebzeler	95,62	---	---	2,85	2,70
Soğansı Yumru ve Kök Bitkiler	2,87	---	---	1,50	1,79

Kaynak: DİE, GAP İl İstatistikleri 1950-1996, Ankara, 1997, s.471, 564; Tarımsal Yapı (Üretim, Fiyat, Değer), 2001,Ankara, 2002, s.14,98

İlde kavun ve karpuz ürününün diğer sebze üretim miktarı içindeki payı, %65-70 idi. Diyarbakır'ın lezzetli kavun ve karpuzu 3 değişik şekilde üretilmektedir. Birincisi; dere kenarlarında yetiştirilen sulu kalın kabuklu karpuzdur. İkincisi Kuru tarımla yetiştirilen kavun ve karpuzlardır ki bunların ekonomik değeri azdır. Son olarakta Dicle nehrinin kenarlarında ekilen kavun ve karpuzlar. Dicle kenarında ekilenler. İlin ünlü kavun ve karpuzları burada yetişir. Çay kavun karpuzculuğunda ekim yöntemi şöyledir: Önce, 100 cm uzunluğunda, 35 cm genişliğinde, 40 cm derinliğinde kuyular açılarak, bir yanları set gibi yükseltilir ve tohum buraya ekilir. Kuyunun dibindeki nem, tohumların hızla gelişmesini sağlar. Güvercin gübresiyle gübrelenen ve sulanan karpuzlar 50-60 kg'ye, kavunlar da 20-25 kg'ye dek büyür. Ancak son zamanlarda Güvercin evlerinin azalmasıyla birlikte güvercin gübresinin bulunmasında çekilen sıkıntıdan dolayı bu türlerine rastlamak mümkün olmuyor. Biraz daha kalitesiz ancak fidan başına daha çok sayıda ve ağılıkta yetişen tohumluklar yeğlenmektedir.

5.1.10. Meyvecilik

İlin bütün ilçelerinde, iklim ve toprak koşullarına uygun meyveler yetiştirilmekle birlikte, meyvecilikte yavaş bir gelişme vardır. En çok meyve yetişen ilçeler Merkez, Ergani, Çermik, Çüngüş, Dicle, Hani, Hazro, Lice ve Silvan'dır. Meyve üretiminin çok büyük bir bölümünü üzüm oluşturur. Üzüm dışında en çok ceviz, badem, nar, dut ve armut yetiştirilir. Elma, erik, kayısı, incir ve daha birçok meyve türleri de yetiştirilmekle birlikte, bunların üretimi hayli düşüktür.

Meyveciliğin 1970 ile 1980 arasındaki gelişimine bakıldığında, ağaç sayısının 775.000'den 1 .835.000'e çıktığı görülür. Ağaç sayısındaki bu artışa karşın, üretimde fazla bir gelişme olmamış ve 120-130 bin ton dolayında ürün alınmıştır. Bunda yeni dikilen fidanların henüz meyve vermeye başlamamasının yada az ürün vermesinin etkisi vardır. Ancak, daha önemlisi bakım yöntemlerinin yetersizliğidir.

Nitekim, 1970-1980 döneminde ilin Türkiye meyve ağacı varlığı içindeki payı binde 2'den binde 4'e yükselirken, üretimi içindeki payı %1,8'den %1,3'e düşmüştür.

Diyarbakır'da yetiştirilen başlıca meyvelerin ağaç sayısı ve miktar bakımından Türkiye toplamındaki payı, 1970 ve 1980'de şöyledir: Bu meyvelerden ceviz ve badem ayıklanmış olarak il dışına satılmakta, dut yaş olarak yerinde tüketilmektedir. Üzüm, nar ve armut hem il içinde tüketilir hem de il dışına satılır.

5.1.11. Bağcılık

Meyveciliğin en gelişmiş koludur Toplam meyve üretiminin 2/3'ünü Üzüm üretimi oluşturmaktadır. Bağlara her ilçede rastlanmakla birlikte bağcılığın en yaygın olduğu ilçe Ergani'dir. Çoğunlukla sofralık olan üzümler ya yaş olarak ya da pekmez ve benzeri olarak yapılarak tüketilir. Şaraplık üzümleri ise Diyarbakır ve Elazığ'daki Tekel içki fabrikaları satın almaktadır.

XX.yy başında Diyarbakır'da bağcılık çok daha gelişmiş bir durumdaydı. Merkez İlçe'den Eğil Bucağı'na dek tüm Dicle Vadisi ve Ergani ilçesinin tümü bağlarla kaplıydı. Cumhuriyet öncesindeki büyük savaşlar nüfusun azalmasına, bağların bakımsız kalmasına ve bozulmasına yol açtı. Bağcılıkta bu durum 1960'lara kadar devam etti. Bu yıllardan sonra yeniden gelişmeye başladı. 1952'de Başur Çayı kıyısında kurulan

Başur fidanlığı'nın da bu gelişmede bir etkisi olmuştur.

Tablo 61
Diyarbakır ve Türkiye'de Bazı Meyvelerde Verim 1980 (kg/ağaç)

Türü	Diyarbakır	Türkiye
Armut	12,0	29,5
Badem	13,3	8,3
Ceviz	19,0	37,7
Dut	6,0	28,0
Nar	18,0	26,1
Üzüm	5.148,0	4.390,2

Kaynak: DİE, GAP İl İstatistikleri 1950-1996, Ankara, 1997, s.472, 565.

1936'da yayınlanan Diyarbakır Yıllığı adlı bir kitapta, ilde 34 tür üzüm yetiştirildiği yazılıdır. Kitaba göre, bunlardan sofralığa en uygun olanlar, erken olgunlaşan "musebbak" ve "tahannebi" idi. "Hassani","vanki","kızıl vanki" kurutulmaya, "şire" üzümü pekmez, pestil vb yapımına; "Mazruni" ve "kara üzüm" de şarap yapımına elverişliydi.

İlde meyve verimi üzüm ve badem dışında, genellikle düşüktür. Bu da meyveciliğin geri bir düzeyde olduğunu göstermektedir. 1980'de Diyarbakır'da başlıca meyvelerde ağaç başına verim ve bunun Türkiye ortalamaları ile karşılaştırılması şu durumdaydı:

5.1.12. Diyarbakır'da Ortalama Tarımsal Üretim ve Verimlilik; 1950-2001

Diyarbakır topraklarının niteliği ve yerüstü su kaynaklarının zenginliği, verim artışı için önemli bir doğal potansiyel oluşturmaktadır.

Ancak, gerek altyapı tesislerinin, gerek üreticilerin bilgi düzeyinin yetersizliği nedeniyle bu doğal potansiyelden yararlanılmamakta ve üretimin iklim koşullarına bağımlılığı sürüp gitmektedir. Yazların çok sıcak ve kurak geçmesi, donların ise erken başlaması verimi önemli ölçüde düşürmektedir.

Diyarbakır'da seçilmiş bitkilerin üretim miktarları yıllara göre ortalama olarak hesaplanmış bir biçimde aşağıdaki Tablo'da yer almaktadır.

Tablo 62

Diyarbakır'da Seçilmiş Bitkisel Ürünlerin Üretim Miktarları (Ton)

Ürün Türü	1950	1960-61-62 Ortalaması	1970-71-72 Ortalaması	1978-79-80 Ortalaması	1997-98-01 Ortalaması
Toplam Tahıl	**75.932**	**258.324**	**217.665**	**598.109**	**954.531**
Buğday	40.985	105.667	171.764	486.280	568.334
Arpa	22.005	128.307	61.961	147.477	380.011
Darı	7.438	16.663	9.572	7.505	727
Pirinç	4.650	4.739	5.160	7.092	4.558
Toplam Baklagiller	**7.777**	**10.492**	**5.257**	**12.651**	**155590**
Mercimek	1.174	4.652	3.059	6.495	116.494
Sanayi Bitkileri					**78.477**
Saf Pamuk	180	443	1.116	4.406	61.627
Tütün	227	156	1.899	5.720	4.474
Yağlı Tohunlar					**106.969**
Keten	—	—	425	1.143	133
Susam	29	188	405	993	748
Yumru Bitkiler					**34.102**

Kaynak: DİE,GAP İl İstatistikleri 1950-1996, Ankara, 1997, s.471;GAP İl İstatistikleri 1997-1998, s.108,109; DİE, Tarımsal Yapı -2001 (üretim,fiyat,değer),Ankara, 2002, s.99.

İlde yağışların azlığına karşın, yerüstü su kaynakları zengindir. İl topraklarının içinde kaldığı Diyarbakır Havzası, Dicle ve kollarınca sulanmaktadır. Kaynağını il topraklarının dışından, kuzeydeki dağlık bölgelerden alan Dicle, güneye indikçe hızla yükselti kaybeder ve bu nedenle ancak, belli yörelerde sulamaya olanak verir. Bu yörelerde yapılmış olan Devegeçidi Barajı, Silvan Regülatörü ve Ortaviran, Kurtkaya, Gözegöl göletleri sulamada, yetersiz olmakla birlikte önemlidir.

İl yeraltı su kaynakları açısından zengin değildir. Kullanılabilen yer altı sularının debisi düşük ve bunların tarımsal sulamaya katkıları çok küçüktür. Toprağın işlemeye ve diğer kullanım biçimlerine elverişliliğini, koruma önlemlerine gereksinim gösterip göstermediğini, başlıca toprak sorunlarını ifade eden Arazi Kullanma Kabiliyeti sınıflamasına göre, Diyarbakır topraklarının %45'i (649.000 hektar) sürüme elverişli I. ve IV. sınıf topraklardır. Türkiye genelinde aynı oranın %34 dolayında olduğu göz önüne alınırsa, ilin toprak potansiyeli ortaya çıkar.

Diyarbakır'da 1. yetenek sınıfına giren topraklarda, tarımsal kullanım açısından hiçbir engel yoktur. II. ve III. sınıf topraklarda taşlık ve erozyon gibi sorunları var. VI sınıfa giren topraklar ise bitkisel ürünlerin yetiştiği son sınırdır. İlde V. sınıfa giren toprak yoktur. VI. ve VII. sınıfa giren topraklar, çayır ve mera kullanımına ayrılmış alanlarla, fundalıklardır.

Diyarbakır topraklarının tarıma elverişlilik düzeyi yüksek olmakla birlikte, yaklaşık %90'ı sorunlu topraklardır. Taşlılık ve su erozyonu başlıca sorunlardır. Bu nedenle, sulama kaynaklarının geliştirilmesi yanında, bu tür engellere karşı önlemler alınması ve toprak geliştirici çalışmalar yapılması zorunludur.

Doğal koşulların elverişliliği tek başına verim artışına neden olmamaktadır. Aynı zamanda bu koşulların denetlenerek yararlanılabilir duruma getirilmesi zorunludur. Bu nedenle bitkisel üretimde verim artışı, asıl olarak, gübreleme, sulama, ilaçlama, nitelikli tohumluk ve makine kullanma gibi uygulamalara bağlıdır. İstenen sonuca ulaşabilmek için de bu uygulamaların bilgili bir biçimde yapılması gerekmektedir. Diyarbakır'daki üretim faaliyetine bu açıdan bakıldığında, yeterince gelişmiş olduğu söylenemez. Makineli tarım 1950'lerde başlamış olmasına karşın 1970'lere dek büyük mülkiyetin tekelinde kalmış ve yaygınlaşamamıştır. Sulanabilen alanlar halen çok küçüktür. Gübreleme, tohumluk kullanımı, ilaçlama ve traktör dışındaki alet ve makinelerin kullanımı da ancak 1970'lerin başından bu yana gelişme gösterebilmiştir Bu nedenle, verim birçok ürünlerde Türkiye geneline göre düşüktür.

İlde 1950'den 1970'lerin son yıllarına; değin hektar başına verim buğdayda 787 kg'dan 1.940 kg'a, darıda 362 kg'dan 1.047 kg'a, tütünde 1.076'dan 1.277 kg'a yükselmiş, pirinçte ise 3.077 kg'dan 2.362 kg'düşmüştür. 1960'ların başında 305 kg olan saf pamuk verimi 1970'lerin sonunda 62 kg'a çıkarken, çiğit verimi de 571 kg'dan 1.003 kg'a yükselmiştir. Bu ürünlerden buğday ve tütün dışındakilerin ortalama verimleri Türkiye değerinin altındadır.

5.2. Diyarbakır'da Hayvancılık Üretimi

Gerek iklimi gerekse sosyo-ekonomik koşulları bakımından Diyarbakır, hayvancılığa çok elverişlidir. İldeki hayvancılık bitkisel üretim kadar önemli bir ekonomik uğraştır. 1960'larde İlde geçimini bitkisel üretimden sağlayan 679 köyden 459'u aynı zamanda hayvancılık yapmaktaydı. Çayır ve meralar 1960'lerde il tarım alanının %25.5'ini kaplamaktayken 2001'de ise %21.5 (toplam il alanın %10.1) kadar bir alana düşmüştür.[204] Bu düşük bir orandır. Doğu Anadolu Bölgesi'nde bu oran %64,3, İç Anadolu'da ise %43,2'dir. Meralar genellikle engebeli kesimlerdedir. Bunlarda "ağır otlama" yapıldığından nitelikleri bozulmuş, ot verimleri düşmüştür. Ülke genelinde, 1950'lerde başlayan tarımsal

---

[204] DİE, **1950, 1996 GAP İl İstatistikleri**.; Diyarbakır Tarım İl Müdürlüğü İstatistikleri.

makineleşme nedeniyle çayır ve meralarda sürekli bir daralma olmuş[205], Diyarbakır bölgesinde de mekanizasyon sonucunda, 10-15 yıl gibi kısa bir sürede ekili alana dönüşen çayır ve meralar il topraklarının % 10'unu bulmuştur.

Havzada meraların sınırlı bir alan kaplamasına karşın hayvancılığın önem kazanmasının çeşitli nedenleri vardır. İlin topografya ve iklim koşullarının hayvancılığa uygun olması en önemli etkendir. Diyarbakır'ın kışları ılık ve çoğu zaman kar yağışsız geçer.[206] Bu durum, yerleşik üreticinin hayvanlarını soğuktan korumasını kolaylaştırdığı gibi havzanın göçebe aşiretlerce kışlak olarak kullanılmasına da olanak verir. Ayrıca il toprakları güneybatı-kuzeydoğu yönünde (yaylak ve kışlaklar arasında) gerçekleşen göç hareketlerinin bir uğrak merkezidir.Diyarbakır'ın Güneydoğu ve Doğu Anadolu'dan bir dışsatım merkezi olan Gaziantep'e gönderilen canlı hayvanların taşıma yolu üzerinde bir toplanma merkezi olması da, il hayvancılığında önemli bir etkendir.

5.2.1. Küçükbaş ve Büyükbaş Hayvan Yetiştiriciliği

Zengin hayvan varlığına karşın, bölgede hayvancılık genellikle ilkel bir düzeydedir. Bununla birlikte, özellikle küçükbaş hayvan yetiştiriciliği söz konusu olduğundan göçebe aşiretler görece daha ileri bir düzeye varmışlardır. Göçerler bütün yıl mera hayvancılığı yaparlar. Kış aylarında sürülerini, Cizre Yaylası, Tektek Dağları, Urfa Platosu ile Diyarbakır Havzası'nda, yazın ise aşama aşama kuzeye çıkarak Siirt, Muş, Bitlis, Bingöl, Van ve Hakkari'nin yüksek dağlık bölgelerinde, yaylalarında otlatmaktadırlar.

---

[205] Haluk Cillov, **Türkiye Ekonomisi**, İstanbul: İÜ. Yay., No: 1132, s. 198.
[206] DİE, **Türkiye İstatistik Yıllığı**, 2002, s.16.

Tablo 63

Planlı Dönem'den 2000'e Diyarbakır'ın Türkiye'ye Göre Canlı Hayvan Oranı (%)

Yıl	Toplam	Koyun, Kılkeçisi, Tiftikkeçisi	Sığır, Manda	Diğer*
	%	%	%	%
1964	1.58	1.53	1.77	1.56
1970	2.14	1.87	3.03	2.94
1975	1.65	1.59	2.01	1.01
1980	2.05	1.92	1.78	1.10
1985	2.13	2.21	3.15	3.48
1990	2.72	2.75	2.52	2.98
1995	2.83	3.09	1.85	3.18
2001	3.05	3.19	2.57	0.34

Kaynak: DİE, Tarımsal Yapı, ilgili Yıllar

Mera hayvancılığının sonucu olarak ilde küçükbaş hayvan üreticiliği gelişmiştir. Küçükbaş hayvanlar il hayvan varlığının %73'ünü oluşturur. Küçükbaş hayvanların sayıca üstünlüğü il hayvancılığının ekstansif (yaygın) yapısını ortaya koyar. İlde egemen koyun ırkı Karaman, bunların çoğunluğu ise Akkaraman'dır. Bu ırkın da daha çok Urfa'nın "İvesi", Van'ın "Herik" ve Diyarbakır'ın "Karakaş" koyunlarıyla melezlenmiş türlerine rastlanır. Havzanın kuzeyindeki dağlık kesimlerinde ise daha çok Morkaraman türü bulunmaktadır. İldeki koyun varlığı küçükbaş hayvan sayısının %58,5'ini oluşturur. Mera hayvancılığına iyi uyum sağlayabilen koyun, canlı hayvan ticaretinin en önemli öğesidir. Göçebe aşiretler büyük sürüler halinde koyun yetiştirirler. Köydeki bir çiftçi ailesi ortalama 20 koyun yetiştirirken bu sayı göçerlerde 160'a kadar çıkmaktadır. Ancak göçerler devlet eliyle yürütülen hayan hastalıklarına karşı koruyucu sağlık hizmetlerinden ve ıslah çalışmalarından yararlanamadıkları için göç yollarında sürülerinden önemli kayıplar verirler. İlde 1950'de 347.000 olan koyun sayısı, 1980'de bir katı aşan bir artışla 760.000'e yükselmişti. Planlı dönemin başında 1.130.674 olan toplam canlı hayvan stoku 1992'de 1.945.666'ya çıkmış, 2001'de 1.386.000'e düşmüştür. Bölgede istikrarın bozulması, konar-göçerlere konan çayır ve meralara çıkma yasakları sayının azalmasının temel nedeniydi. Bölgenin kendi içdinamikleri ile gerçekleştirebildikleri bu iktisadi faaliyet kolu bu gün büyük sıkıntılar içine girmiş durumdadır. Kırdan, nüfus göçünüde engelleyen, köyün itici gücünü[207] zayıflatan önemli bir istihdam ve gelir kaynağıdır.

Tablo 64

Planlı Dönemden 2000'e Türkiye'de ve Diyarbakır İlinde Cinslerine Göre Canlı Hayvan Sayısı (Bin)

Yıl	Toplam		Koyun, Kılkeçisi Tiftikkeçisi		Sığır, Manda		Diğer*	
	D.Bakır	Türkiye	D.Bakır	Türkiye	D.Bakır	Türkiye	D.Bakır	Türkiye
1964	1.130	71.630	821	53.810	255	14.410	53	3.400
1970	1.562	73.030	1.047	55.950	420	13.870	94	3.200
1975	1.286	77.840	955	60.120	302	15.030	27	2.680
1980	1.782	87.050	1.302	67.670	302	16.920	27	2.460
1985	1.510	70.850	1.235	55.830	410	13.010	70	2.010
1990	1.766	64.990	1.418	51.530	296	11.740	51	1.710
1995	1.590	56.260	1.324	42.900	223	12.040	42	1.320
2001	1.386	45.510	1.084	33.990	274	10.680	28	8.330

Kaynak: DİE, Tarımsal Yapı, İlgili Yıllar.

İl hayvan varlığında 2.sırayı keçi alır. Yaygın tür kıl keçisidir. Kıl keçisi yetiştiriciliği daha çok engebeli kesimlerde, orman ve fundalıklarda yapılır. Kıl keçisi ile melezleşmiş az sayıda tiftik keçisi ise havzanın doğusunda yetiştirilir. 1950'de 375.000 olan kıl keçisi sayısı 1964'te 383.200 dolayına yükselmiştir. İlin Türkiye kıl keçisi varlığındaki payı ise yavaş ama düzenli biçimde artarak 1950'de %2,7 iken, 1980'de %3,5'e yükselmiştir. 2001'de ise %3.7'ye yükselmiştir.

[207] Zeynel Dinler, **Tarım Ekonomisi**, 3.Baskı, Bursa: Ekin Yay., 1993. s. 95-96.

Diyarbakır'da sığırcılık ve mandacılık, koyun ve keçi yetiştiriciliğine göre ikinci derecededir. İlde yetiştirilen sığırların çoğunluğunu Güneydoğu sarı-kırmızı ırkı oluşturur. Yerli Kara ırk ile göçmenlerin getirdiği Boz ırk az sayıdadır. Birim başına verim düşüktür. Sığır yetiştiriciliği daha çok yerleşik üreticilerce yapılmaktadır. Besi hayvancılığının gelişmemiş olması sığırcılık çalışmalarını sınırlandırmaktadır. 1950'de 150.000 olan sığır sayısı küçük ve düzenli artışlarla 1980'de 380.000'e ulaşmış ve ilin Türkiye sığır varlığındaki payı 1980'de %2,4'e çıkmış 2001'de ise bu oran %2.7'ye çıkmıştır. Diyarbakır'da yerleşik hayvancılık genellikle küçük ve orta büyüklükte köylü işletmelerine dayanır. İlde tarım topraklarının önemli bir bölümü az sayıda aile elinde toplanmıştır. Bu büyük toprak sahibi aile işletmeleri de önemli ölçüde hayvancılık yapmaktadır.

Diyarbakır Bölge Zirai Araştırma Müdürlüğü'nde, bozulma eğilimi gösteren Güneydoğu Sarı-kırmızı ırkının ıslah çalışmaları yapılmaktadır. Yerli ve yabancı kökenli damızlıklardan melezleme yoluyla elde edilen iyi nitelikli tohumlar, yapay döllenme kullanılmak üzere hayvan yetiştiricilerine verilir. Ayrıca, sermaye sıkıntısında olan köylüler bedelsiz olarak damızlık boğalardan yararlanırlar. Kezer Çayı kenarında bulunan, 50 başlık bir doğal tohumlama laboratuvarı ve boğa deposu ile 250 başlık bir tiftik deposu, ıslah çalışmaları yapmaktadır.

İlde az da olsa yapılan safkan ve yarım-kan Arap atı yetiştiriciliği yıldan yıla gerileyerek önemini yitirmektedir. Bu nedenle Arap atı yetiştiriciliğini geliştirmek ve ırkın ıslahı için Merkez, Ergani ve Silvan ilçelerinde aşım durakları açılmıştır. Tavukçuluk il düzeyinde bir gelişme göstermekle birlikte Türkiye tavukçuluğundaki payı Planlı Dönemin başlangıcında %1.38 iken 2001'de bu oranı %0.51'e düşmüştür.

Enerji giderinin pahalı olması, iklim şartlarına uygun teknoloji girdilerinin kullanılmaması ilde bu alt sektörün gelişmesindeki en büyük engel teşkil etmektedir. Aşağıdaki tabloya bakıldığında ülkemizde üretimin 1990'dan sonra artışa geçtiği anlaşılmaktadır.

Tablo 65

Planlı Dönemden 2000'e Kanatlı Hayvan Stoku ve İl Oranı (Diyarbakır-Türkiye)

YIL	KANATLI HAYVAN SAYISI		İl Oranı
	TÜRKİYE	D.BAKIR	%
1964	30.064.000	416.000	1.38
1970	34.288.416	345.565	1.01
1980	61.449.565	785.000	1.28
1990	99.803.005	776.411	0.78
1995	132.305.427	1.791.865	1.35
2001	223.140.518	1.141.250	0.51

Kaynak: DİE, GAP İl İstatistikleri 1950-1996, s.447,450; DİE, Tarımsal Yapı 2001, s. 351,394; DİE, GAP İl İstatistikleri 1996-1998, s. 164, 168.

Türkiye genelinde, kanatlı hayvan üretiminde planlı dönemden 1990'a kadar artış oranı %331.9 artarken, 2001'e kadarki artı oranı %742 gibi yüksek bir artış sağlanmıştır. Üretim teknolojisinin gelişmesiyle birim başına artan verimlilik, beyaz ete kayan tüketici zevki, beyaz etin (kolestrol vs.) daha sağlıklı olduğu yönündeki kesin bulgular ve tüketicilerin bu yöndeki bilinçlenmeleri gibi faktörlerle, iç talep artışına bağlı olarak arzın artığını söyleyebiliriz. Ancak, ülkemizdeki bu artış oranından Diyarbakır ilinin etkilenmediği görülmektedir. Planlı dönemden 2001'e kadarki artış oranı %274'e çıkabilmiştir. 1990'lardaki teknolojik değişimden yararlanamamış, üretimin tüm ülkeye oranı %0.5'te kalmıştır. Burada genel olarak bölge tüketicisinin kırmızı etten yana olan zevkinin değişmediğinide belirtmekte fayda var.

5.2.2. İpekçilik ve İpekböcekçiliği

İpekböcekçiliğine, ilin Merkez, Kulp, Silvan ve Lice ilçelerinde rastlanır. İpekçilik 19.yy'da önemli bir uğraşken gittikçe gerilemiştir. 1930'da kurulan "İpekböcekçiliği İstasyonu" da bir gelişme sağlayamamıştır.

İpek ve ipekli dokumanın Diyarbakır merkezli bölge illeri için önemi 1910 yılında gerçekleştirilen istatistiklerde net olarak ortaya çıkmaktadır. Trakya ve Anadolu'yu kapsayan coğrafyada üretilen toplam koza 12.300 ton olmasına karşılık, Diyarbakır ve Bitlis, 1.558 ton dolayındaki yıllık üretimiyle, dönemin Osmanlı İpek Kozası üretiminin % 13'ünü karşılamaktaydı[208]. Dönemin ekonomisi ile ilgili araştırma yapanların, aynı dönem için İstanbul'un üretimine yakın olan bu düzeye dikkat çektikleri bilinenlerdendir.

1927 yılında gerçekleştirilen Sanayi sayımı İstatistikleri bu yargıyı doğrular nitelikler taşımaktadır. Bu envantere göre, Diyarbakır, dokuma sektöründe önemli bir yer tutmaktadır. Toplam 772 sanayi işletmesinin 199'unun dokuma, 133'ünün maden ve makine imalatında faaliyet gösterdikleri, özellikle de dokuma alanında 6-13 kişi çalıştırılan işletme sayısının 63 olduğu dikkati çekmektedir. Ancak daha sonra bu alt sektör tüm ülke genelinde olduğu gibi Diyarbakır ilinde'de ihmal edilmiş ve planlı dönemden üretim artacağına , tam tersi Türkiye geneline paralel olarak düşmeye başlamıştır.

Teknolojik girdi, işgücü kapasitesi ve niteliği ile Diyarbakır'ın o dönemdeki dokumacılık sektörü, özellikle ipekli dokumada önemli bir

---

[208] Vedat Eldem, - 1970 : **Osmanlı İmparatorluğunun İktisadi Şartları**, İstanbul :İş Bankası Yay.

merkez olduğu belirtilmektedir. Hatta dokuma alanında Diyarbakır, İstanbul'dan sonra Türkiye'nin 2. Önemli merkezi konumundayken, günümüzün önemli dokuma merkezi Bursa 48 işletmecisi ile 3. sırada yer alabilmiştir[209]. Ancak bölgeden başlayan göç, oluşan istikrarsızlık, sermaye yetersizliği ve eğitimsizlik.. gibi nedenlerden dolayı bu sektörde bölgedeki iktisadi faaliyet alanından göreceli olarak zayıflamaya başladı.

Planlı dönemin başına kadar azımsanmayacak bir istihdam kaynağıydı. Yaklaşık olarak 1033 ailenin geçim kaynağı olan bu alt sektör 1995'te ancak 195 aile uğraşmaktaydı.

1995'te 1998'de ülke genelinde toplam koza üretimi 136 tonda üretilirken Diyarbakır ilinde 9 ton üretilmiştir. 1998 fiyatlarıyla ülke genelinde üretilen toplam kozanın değeri 99.5 milyar, Diyarbakır'da ise 6.3 milyar değerindedir.

Tablo 66

Planlı Dönemden 2000'e Diyarbakır ve Türkiye'de İpekböcekçiliği İstihdam, Üretim ve Oran (%)

Yıl	İpek Böcekçiliği Yapan Aile Sayısı		Oran	Açılan TohumKutu Sayısı		Oran
	D.Bakır	**Türkiye**	%	**D.Bakır**	**Türkiye**	%
1964	1.033	45.850	2.25	1.700	42.900	3.96
1965	360	47.323	0.76	1.425	49.909	2.85
1975	----	----		2.746	62.007	4.42
1981	----	----		6.144	80.875	7.59
1989	----	----		7.147	80.440	8.88
1991	492	29.689	1.65	4.467	50.623	8.82
1995	195	7.493	2.6	433	9.702	4.46

Kaynak: DİE, Tarımsal Yapı İlgili Yıllar.

Bölgede, 20. yy'ın başlarından itibaren koza üretimi, ipekçilik ve dokuma sanatı azalmaya başladı. 1970'lerin sonlarında, bir özel bir kuruluş

---

[209] DİE, **1927; 1969 Sanayi Sayımı**, Ankara, Yayın No: 584.

Diyarbakır bölgesindeki bir fizibilite çalışması yapılmış. Bu çalışma neticesinde bazı ailelerin sınırlı sermaye ile ilkel şartlarda, ipekböceği yetiştirdiklerini ve esas verimin sağlanacağı tam mamul hatta yarı-mamul hale getirmeden ham olarak pazara sunduklarını tespit eder. Bunun üzerine, ipekböcekçiliğinin üretim şartlarının iyileştirmesine öncülük yaparak, teknolojik düzenlemelere getirildi. Birkaç yılda 100 binden fazla özel vasıflı dut fidanı yetiştirir. Daha önce 1 paket ipekböceği tohumundan, ancak 17 kg. yaş koza üretebilen çiftçiler, teknolojik girdi kullanınca üretim performansı 1 kg. başına 35 kg.'a çıkmıştı. Böylece "kozanın kurutulması" ve "iplik çekimi" gibi sınai bir süreçle kısa bir zamanda 2800 ailenin geçim kaynağı haline getirilir. Yıllık 210 bin kg.'lık yaş kozadan 84.000 kg/yıl kuru koza üretilir.[210] Özel kuruluşun hedefinde ipek üretiminde ham mamulden sürecinden, nihai mamule üretimine (ipekli dokuma sanayi) getirmekti. Ancak istikrarsızlığın baş göstermesiyle, bu üretim sürecide, sekteye uğradı. 1970'lerdeki yıllık 210 bin kg.'lık yaş koza üretim 1993'te 21 bin kg.'a düşer.

İpekböcekçiliğindeki bu örnek çalışma ile Diyarbakır bölgesinde eğitim ve sermaye hasılasının çok yüksek olduğu, üretim faktörleri girdi sürecinde kullanıldığında, bölge halkına çok önemli bir birikim sağlanacağının göstermesi açısında önemlidir.

5.2.3. Arıcılık ve Bal Üretimi

Ülkemiz kovan sayısı bakımından oldukça yüksek potansiyele sahip olmasına karşın, 16 kg olan kovan başına verim dikkate alındığında dünya ortalamasının altında değerlere sahiptir. Diyarbakır ilinde de arıcılık yeterince gelişmemiştir. 27 650 adet fenni ve 4 300 adet yerli kovan

---

[210] Rıfat Dağ, **Doğu Ekonomisi**, DTSO Yay., Ankara,1995, s.93-94.

mevcuttur. Planlı Dönemden 2001'e kadar üretilen Bal miktarı aşağıdaki tabloda görülmektedir.

Diyarbakır bölgesinin toplam Bal üretimi 1964'te 102 ton iken, Ülkemiz genelinde 9.501 tondu. 2001'de üretim artışı sağlanmıştır. İlin üretimi 307'i tona (artış oranı ; %300), Türkiye genel üretimi ise 60.190 tona (artış oranı ;%633) yükselmiştir.

1960-90 yıllarında ilde arıcılık ilkel yöntemlerle yapılırdı. Kovanların hemen hemen tümü topraktan yapılmış basit kovanlardı. Şu anda bile ilin bazı bölgelerinde bu ilkel yöntem devam etmektedir. Kulp ve Çermik ilçelerinin bazı köylerinde üretilen bal ünlüydü. Göçün etkisiyle büyük oranda üretim düştü.

Tablo 67

Planlı Dönemden 2001 Yılına kadar Türkiye ve Diyarbakır Bal Üretimi (%)

Yıl	Bal Üretimi (Ton)		Oran
	D.Bakır	Türkiye	%
1964	102	9.501	1.07
1965	30	10.307	0.29
1970	44	14.889	0.3
1980	101	25.170	0.4
1990	87	51.286	0.17
1995	130	68.620	0.19
2001*	307	60.190	0.51

Kaynak: DİE: İlgili Yıl İstatistikleri
*DİE: Tarımsal Yapı (Üretim, Fiyat, Değer) 2001.s.395

1990'dan sonraki üretim artışı Bal üretimindeki istihdam oranının yükselmesinden dolayı olmamış, daha çok teknolojik girdinin sağlanmasıyla verim artışı sağlanmış durumdadır. 1993'te Türk Kalkınma Vakfı Diyarbakır il Müdürlüğünce kırsal nüfusu destekleme çerçevesinde

Arı kovanı dağıtımında bulundu. Diyarbakır İl ve İlçelerine 1993-2001 yılları arasında TKV'nin kredili olarak 368 üreticiye dağıtılan 6.915 arılı kovandan toplam olarak 204.105 kg. bal elde edilmiştir.

Bölgenin şartları, Arılara fenni yem ve hiçbir ilaç ve kimyasal katkı maddesi kullanmadan üretim yapılabilecek iklim ve bitki örtüsüne sahiptir. Tabii ortamda üretildiğinde, Bal'ın kovan başına verimi üçte bir kadar düşmekle birlikte, birim başına pazarlama değeri; kalitesine göre 7-10 katı kadar çıkabilmektedir. Yukarda değindiğimiz gibi Diyarbakır ili doğal bitki florası bakımından çok zengin ve değişik ekolojilere sahiptir. Bu nedenle kültür bitkilerinin döllenmesinin sağlanması ve pasif işgücünün değerlendirilmesi bakımından arıcılığın geliştirilebilmesi ildeki flora çeşitleri, flora mevsimi ve kapasitesi haritalandırılarak arıcılıkla ilgili projeler desteklenmeli ayrıca damızlık ana arı yetiştiriciliğinin yaygınlaştırılmasıyla bölgenin iktisadi faaliyetine katkı sağlayacaktır.

5.2.4. Su Ürünleri Üretimi

GAP'la beraber artan baraj gölleri ve su ürünleri rezervuar alanları Güneydoğu Anadolu bölgesinde olduğu gibi Diyarbakır ilinde de Su Ürünleri üretiminde bir artış ve bu bölgede yaşayan insanların sosyo-ekonomik yapısında değişiklik yaratmıştır.

GAP'ın faaliyete giren baraj gölleri ile beraber Diyarbakır il sınırları dahilinde bulunan baraj gölleri ve doğal göletlerin toplam rezervuar alanı 20.010 hektara ulaşmıştır. Baraj göllerinde yürütülen stok tespit çalışmaları, bu rezervuarların yılda 112.550 kg.'lık avcılık faaliyetini karşılayabileceğini göstermiştir. Diyarbakır ilindeki avcılık faaliyetleri çok sınırlıdır. Üretim miktarı 112.550 kg/yıllık civarındadır.

Baraj gölleri oluşturulurken oldukça büyük alanlar sular altında kalmıştır. (Sadece Kralkızı, Dicle ve Batman baraj göl rezervuarı için 37 köye ait 7.093 parsel ve 4.492 hektar şahıs arazisi kamulaştırılmıştır.) Geçimini genelde tarımla sağlayan ailelerin başka iş kaynakları bulma zorunluluğu doğmuştur. Bununla birlikte sular altında kalan yerlerin suya yakın bölgelerinde ve nehir kenarlarındaki yerleşim yerlerinde birçok aile D.S.İ tarafından suya bırakılan aynalı sazan ve diğer bölge balık türlerini ağ ile yakalayarak yeni iş kolları yaratmaya çalışmaktadır. Ancak bölge ekonomisine önemli bir girdi sağlayamamaktadır.

Diyarbakır ilinde Su Ürünleri sektörünü geliştirebilmek için Devlet tarafından Su Ürünleri Kooperatiflerinin kurulması teşvik edilmiş fakat şu ana kadar sadece 1 adet kooperatif kurulabilmiştir(İlde 370 ruhsatlı balıkçı olmasına rağmen).

Aşağıdaki Tablo'da Diyarbakır bölgesinde yer alan baraj gölleri ve bu göllere ilişkin Su Ürünleri ortalama stok seviyesi aşağıdaki Tablo'da görüldüğü gibidir:

Tablo 68

Diyarbakır İlinde Alt Bölgelerde Önemli Bitkisel Ürünlerin Ekim Alanı ve Üretim Değerleri (2002 yılı fiyatları)

	Agro-Ekolojik Alt Bölgeler								Toplam	
	I.Alt Bölge		II.Alt Bölge		III.Alt Bölge		IV.Alt Bölge			
Ürünler	**Ekim Alanı (ha)**	**Üretim Değeri (milyon TL)**	**Ekim Alanı (ha)**	**Üretim Değeri (milyon TL)**	**Ekim Alanı (ha)**	**Üretim Değeri (milyon TL)**	**Ekim Alanı (ha)**	**Üretim Değeri (milyon TL)**	**Ekim Alanı (ha)**	**Üretim Değeri (milyon TL)**
Buğday	212.600	121.692.240	21.800	12.478.320	24.450	13.995.180	22.800	13.050.720	281.650	**161.216.460**
Arpa	146.460	60.898.068	6.600	2.744.280	9.200	3.825.360	8.500	3.534.300	170.760	**71.002.008**
K.Mercimek	82.290	41.844.465	3.066	1.559.061	7.910	4.022.235	5.510	2.801.835	98.776	**50.227.596**
K.Fasulye	0	0	65	213.785	5	16.445	17	55.913	87	**286.143**
Nohut	19.700	12.411.000	2.058	1.296.540	3.768	2.373.840	5.415	3.411.450	30.941	**19.492.830**
Korunga	20	4.758	0	0	50	11.895	0	0	70	**16.653**
Fiğ	160	16.848	0	0	0	0	46	4.844	206	**21.692**
Yonca	145	47.908	15	4.956	75	24.780	200	66.080	435	**143.724**
Tütün	576	1.805.760	400	1.254.000	7	21.945	0	0	983	**3.081.705**
Pirinç	370	1.142.190	43	132.741	125	385.875	550	1.697.850	1.088	**3.358.656**
Pamuk	48.500	97.611.100	13	26.164	698	1.404.795	4.500	9.056.700	53.711	**108.098.759**

Kaynak: Tarım İl Müdürlüğü, Diyarbakır,2003.

Baraj gölleri oluşturulurken oldukça büyük alanlar sular altında kalmıştır. (Sadece Kralkızı, Dicle ve Batman baraj göl rezervuarı için 37 köye ait 7.093 parsel ve 4.492 hektar şahıs arazisi kamulaştırılmıştır.) Geçimini genelde tarımla sağlayan ailelerin başka iş kaynakları bulma zorunluluğu doğmuştur. Bununla birlikte sular altında kalan yerlerin suya yakın bölgelerinde ve nehir kenarlarındaki yerleşim yerlerinde birçok aile D.S.İ tarafından suya bırakılan aynalı sazan ve diğer bölge balık türlerini ağ ile yakalayarak yeni iş kolları yaratmaya çalışmaktadır. Ancak bölge ekonomisine önemli bir girdi sağlayamamaktadır.

DSİ'nin Diyarbakır ilinde bulunan su rezarvuarlarında yaptığı balıklandırma çalışmaları yıllar itibariyle aşağıdaki tabloda görüldüğü gibidir.

Tablo 69

Diyarbakır İlinde Yıllara Göre Yapılmış Balıklandırma Çalışmaları Adet (Bin)

İl	1994'e kadar	1994	1996	1997	1998	1999	2000	Toplam
D.Bakır	2.777	400	60	100	500	550	450	4.837

Kaynak: Diyarbakır Tarım İl Müdürlüğü, 2001.

Bölgede Nisan-Eylül ayları arasında balık avlama yasakları olmasının yanı sıra ağ ile avcılığı yapılan Aynalı sazanın kış aylarında derinlerde bulunması balıkçılarında derin ağlarının bulunmaması nedeniyle verimli bir avcılık yapamadıkları bir gerçektir. Bunun yanı sıra avlanan balıkların pazarlanması da tam olarak koordine olamamıştır.

Diyarbakır ilinde Su Ürünleri sektörünü geliştirebilmek için Devlet tarafından Su Ürünleri Kooperatiflerinin kurulması teşvik edilmiş fakat şu ana kadar sadece 1 adet kooperatif kurulabilmiştir (İl de 370 ruhsatlı balıkçı olmasına rağmen).

Güneydoğu Anadolu bölge illerinin bir çoğunda olduğu gibi Diyarbakır ilinde de Su Ürünleri üretimi büyük çoğunlukla avcılık faaliyetlerine dayanmaktadır. Bu avcılık faaliyetleri genelde ilkel av araç ve gereçleri ile gerçekleştirilmekte, avlanan balıkların insan tüketimini sunuluş biçimi gayri sıhhi ve yavaş olmaktadır. Bu avcılık faaliyetlerinin de aşağıdaki Tablo'da da görüldüğü üzere baraj göllerinin elverdiği yıllık 112,550 kg. seviyesinin çok altında kalmıştır. İl de mevcut baraj göllerinin 4.432 ha.'lık yüzey alanının % 20 si (886 ha.) Kafes balıkçılığına elverişli olmasına rağmen bölgede halen Kafes balıkçılığı işletmesi bulunmamaktadır. Su ürünleri ile ilgili yıllara göre üretim aşağıdaki tabloda görülmektedir.

Tablo 70

Diyarbakır İli Su Ürünleri Üretimi

İL	**Avcılık**				**Yetiştiricilik**			
	1995	**1996**	**1997**	**1998**	**1995**	**1996**	**1997**	**1998**
Diyarbakır	-	-	63.00	98.00	30.00	50.00	200.00	-

Kaynak: Diyarbakır Tarım İl Müdürlüğü, 2001.

Tabloda yer alan değerler 1998 sonuna kadarki değerler olmasına rağmen yapılan piyasa araştırmaları doğrultusunda 1999-2000-2001 yıllarında Avcılık yoluyla üretilen balık miktarının yıllık yaklaşık 100 ton civarında seyrettiğini ve beklenen artışın gerçekleşmediğini ortaya koymuştur.

Diyarbakır ilinin sosyo-ekonomik yapısı tek düze ve eşit ekonomik gelir ve benzer yaşayış biçimine sahip olmayan bir çok sosyal katmandan müteşekkildir. Son yıllarda köyden kente doğru hızla seyreden göç eğilimi Diyarbakır yerleşik kültüründe de derin değişiklik yaratmıştır. Nüfus yoğunluğunun %64 ünü göç yoluyla kente yerleşen köylü kitlesi oluşturmaktadır. Bu nedenle ildeki sosyal ilişkiler, ekonomik aktiviteler ve beslenme tarzları köy yerleşik kültürüne benzeşmeye başlamıştır. Yoğun göç ve İldeki istihdam sorunları insanları daha ucuz besin kaynakları arayışına sokmuştur. Bu eğilim Su Ürünleri tüketiminin de miktar olarak artmasını neden olsa da nitel olarak insanların daha ucuz ve bol bulunan iç su balıklarına yönelmesini beraberinde getirmiştir.

Ekonomik gelir seviyesi düşük ama nüfus yoğunluğunun %64 ünü teşkil eden insan guruplarının, ilkel av araçları ile ve üretim girdisi olmayan, tamamen insan gücüne dayalı iç su avcılığı ile istihsal edilen Su ürünlerini, tam teşekküllü, yatırım sermayesi ve işletme sermayesi gerektiren yüksek maliyetli kültür balıkçılığı faaliyetleri sonucu elde edilen değerli balık türlerine tercih etmeleri zaruri bir eğilim olmuştur. Bu durum doğal olarak kültür balıkçılığının da önünü kesen en büyük dar boğazdır.

5.3. Diyarbakır'da 2000 yılında Alt Bölgelere Göre Tarımsal Üretim ve Verimlilik

5.3.1. 2000 yılında Alt Bölgelere Göre Bitkisel Üretim

Yağışın yıllık toplamının azlığı ve mevsimlere göre dağılışındaki dengesizlik nedeniyle, ilde kuru tarım sistemi hakimdir. Bitkisel üretim tahıllar üzerinde yoğunlaşmış olup, tahıl yetiştirmede tahıl + ikinci ürün ekim sistemi uygulanmaktadır. Diyarbakır'da toplam 798.754 ha tarım arazisi mevcut olup, tablo 25'de tarım arazilerinin kullanım durumlarına göre dağılımı aşağıya çıkarılmıştır.

Tablo 71

Tarım Arazilerinin Dağılımı

ARAZİNİN CİNSİ	MİKTARI (ha.)	TARIM ARAZİSİNE ORANI %
Hububat Arazisi	454.870	59.95
Nadas	89.260	11.17
Yem Bitkileri	435	0.05
Endüstri Bitkileri	53.811	6.74
Yemeklik Baklagiller	252	0.03
Meyvelik	26.299	3.30
Sebzelik	18.300	2.29
Bağ	22.443	2.80
Kullanılmayan Tarım Arazisi	133.084	16.67
Toplam Tarım Arazisi	798.754	100.00

Kaynak: Diyarbakır Tarım İl Müdürlüğü, 2002.

Türkiye genelinde tarla bitkileri içerisinde en fazla % 74,8 hububat tarımı yapılmaktadır. Diyarbakır İli hububat ekim alanı bakımından 454870 ha. arazisi ile % 59,95 oranı ile Türkiye'de 2. sırada yer almaktadır. Diyarbakır genelinde hububat üretimi içinde ekim alanı en fazla olan buğdaydır. Daha sonra arpa gelmektedir.

Alt bölgeler bazında karşılaştırma yapıldığında 1. alt bölge buğday ekim alanları bakımından en fazla paya sahip olup II. ve III. alt bölge 2. sırada yer almaktadır.

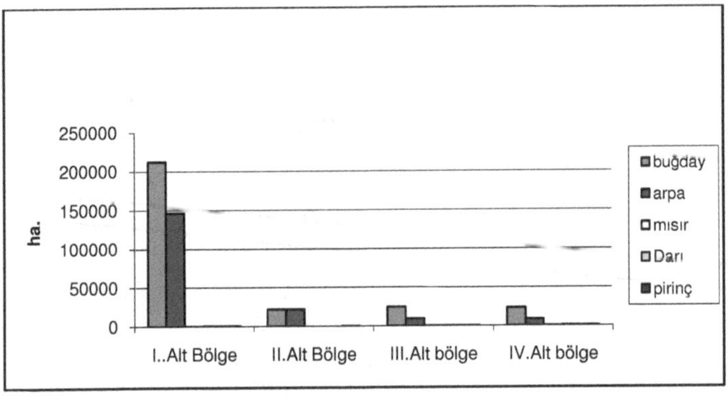

Şekil 8. Hububat Ekiliş Alanlarının Alt Bölgelere Göre Dağılımı

Alt bölgeler bazında karşılaştırma yapıldığında Grafik-14' ten de anlaşılacağı üzere il genelinde hububat ekiliş alanlarının özellikle buğday ve arpa yönünden I.alt bölgede diğer alt bölgelere göre oldukça yüksek olduğu görülmektedir.

Tablo 72

Alt Bölgelere Göre Diyarbakır İlinde Hububat Üretimi

Ürün	Üretim (ton)				Toplam (ton)
	I.Alt Bölge	II.Alt Bölge	III.Alt Bölge	IV.Alt Bölge	
Buğday	676.068	69.324	77.751	72.504	**895.647**
Arpa	434.986	64.746	27.324	25.245	**552.301**
Mısır	142	0	213	815	**1.171**
Darı	791	0	51	429	**1.271**
Pirinç	2.470	147	429	686	**3.732**

Kaynak: Diyarbakır Tarım İl Müdürlüğü 2002.

Tablo'da görüldüğü gibi I.Alt bölge, 895.647 ton buğday ve 552.301 arpa üretimi ile Alt bölgeler itibariyle ilk sırada yer almaktadır.

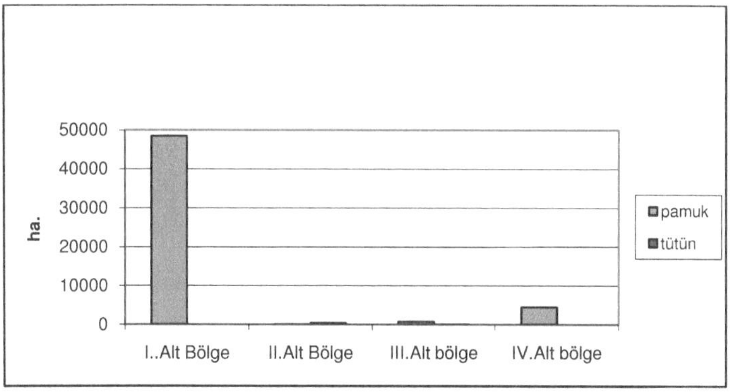

Şekil 9. Endüstri Bitkilerinin Ekiliş Alanlarının Alt Bölgelere Göre Dağılımı

Diyarbakır ilinde endüstri bitkilerinden Pamuk ekiminin I. Alt bölgede yoğunlaştığı görülmektedir. II.Alt bölgede ise tütün ekimi çok az bir alanda gerçekleştirilmektedir.Grafik 15'tende görüldüğü üzere ilde 53.811 ha. pamuk ve 983 ha. tütün ekiliş alanı mevcuttur.

Tablo 73

Endüstri Bitkileri Üretiminin Alt Bölgelere Göre Dağılımı

Ürün	Üretim (ton)				Toplam (ton)
	I.Alt Bölge	II.Alt Bölge	III.Alt Bölge	IV.Alt Bölge	
Pamuk	168.295	45	2.769	15.615	**186.724**
Tütün	950	660	12	0	**1.622**

Kaynak: Diyarbakır Tarım İl Müdürlüğü, 2002.

Tablo'da görüldüğü üzere Diyarbakır'da tütün üretimi miktarı diğer ürünlere göre düşüktür. Yapılan tütün üretiminin hemen hemen tamamı I. ve II. Alt bölgede olup, toplam 1.622 ton dur. Pamuk üretiminin tamamının ise I. Alt bölge de yoğunlaşıp IV. Alt bölgede de az miktarda üretim olup toplam olarak 186.724 ton dur. Türkiye genelinde tarla bitkileri içerisinde Baklagil tarımının payı %10,6 dır. Baklagiller içerisinde en çok üretim alanına sahip olan Kırmızı mercimektir. I.Alt bölgede ekiliş alanları diğer Alt bölgelere göre fazla miktarda yoğunlaşmaktadır.

Nohut üretimi ise I.Alt bölgede fazla olup, diğer alt bölgelerde ise sınırlı sayıda ekilişi yapılmaktadır. Kuru fasulye ise ekiliş alanı bakımından en çok II.Alt bölgede yapılmaktadır.

Tablo 74

Baklagil Üretiminin Alt Bölgelere Göre Dağılımı

Ürün	Üretim (ton)				Toplam (ton)
	I.Alt Bölge	II.Alt Bölge	III.Alt Bölge	IV.Alt Bölge	
Nohut	20.685	3.211	3.956	5.686	**33.538**
K.Fasulye	0	194	15	51	**260**
K.Mercimek	92.988	3.465	8.938	6.226	**112**

Kaynak: Diyarbakır Tarım İl Müdürlüğü, 2002.

Nohut üretimi özellikle 20.685 ton ile I.Alt bölgede üretimi fazla olmakla beraber, diğer alt bölgelerde de daha az olmak üzere yoğunlaşmıştır. Kuru fasulye üretimi en çok II.Alt bölgede 194 ton olup, 1. sıradadır. III. ve IV. Alt bölgelerde 15- 51 ton arasında üretim olup I.Alt bölgede üretim yapılmamaktadır. Kırmızı mercimekte ise 92.988 ton ile I.Alt bölgede fazla olup II.Alt bölgede 3.465 ton III. Alt bölgede 8.938 ton ve IV. Alt bölgede 6.226 ton üretim yapılmaktadır.

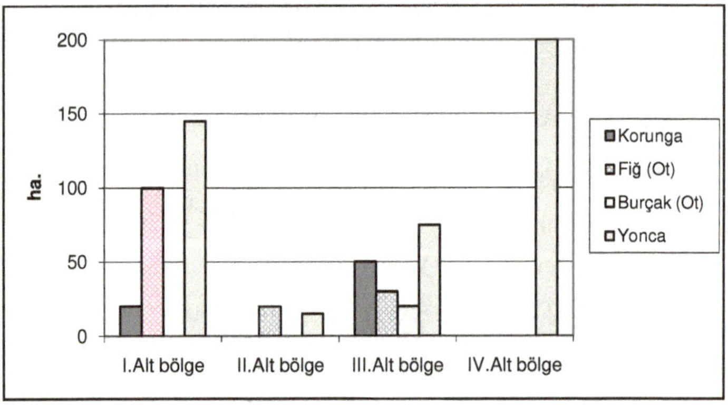

Şekil 10. Yem Bitkileri Ekiliş Alanlarının Alt Bölgelere Göre Dağılımı

Hayvansal üretimin gelişmiş olduğu ülkelerde yem bitkileri, ekili alanların %25-30'unu teşkil ederken, bu oran ülkemizde ancak %3,25 dolayındadır. Bu durum yem bitkileri yetiştiriciliğinin yetersizliğinin açık bir ifadesidir. Yem bitkileri ekiliş alanları itibariyle alt bölgeler bazında karşılaştırılacak olursa; Fiğ üretim alanlarının büyük kısmı I.Alt bölgede olup, II. ve III. Alt bölgede ise daha düşüktür. IV.Alt bölgede ekiliş alanı bulunmamaktadır.

Korunga üretim alanları I. ve III.Alt bölgede yapılmakta olup diğer alt bölgelerde ekilişi yoktur. Yonca üretim alanları ise IV.Alt bölgede yoğunlaşmış olup, sırasıyla IV , I , III, ve II.Alt bölgede ekimi yapılmaktadır.

Tablo 75

Yem Bitkileri Üretiminin Alt Bölgelere Göre Dağılımı

Ürün	Üretim (ton)				Toplam (ton)
	I.Alt Bölge	II.Alt Bölge	III.Alt Bölge	IV.Alt Bölge	
Korunga	36,6	0	91,5	0	**128,0**
Fiğ (ot)	81	16,2	24,3	0	**121,5**
Burçak(ot)	0	0	11,6	0	**11,6**
Yonca	342,2	35,4	177	472	**1.026,0**

Kaynak: Diyarbakır Tarım İl Müdürlüğü, 2002.

Yem bitkileri üretim miktarları alt bölgeler bazında karşılaştırıldığında yonca üretimi il genelinde toplam 1.026 ton olup, bunun 472 ton' u IV.Alt bölgede, 342,2 ton' u I.Alt bölgede, 177 ton' u III.Alt bölgede ve en az 35,4 ton üretim ile II. Alt bölgede yapılmaktadır. Korunga il genelinde 91,5 ton ile III.Alt bölgede üretimi yoğunlaşmış olup, diğer alt bölgelerden ise sadece I.Alt bölgede 36,6 ton üretim yapılmaktadır.

Burçak, ot olarak sadece 11,6 ton olarak III. Alt bölgede üretilmektedir. Fiğ üretimi özellikle I.Alt bölgede fazla olup, III.Alt bölgede 24,3 ton ve II.Alt bölgede 16,2 ton olarak üretilmektedir.

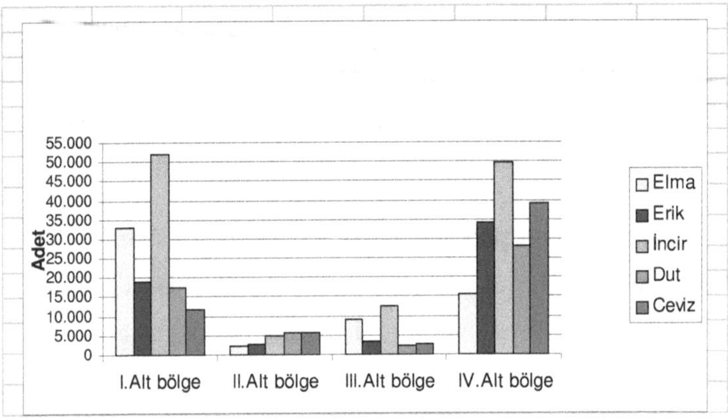

Şekil 11. Meyve Ağacı Sayılarının Alt Bölgelere Göre Dağılımı

Türkiye genelinde meyve üretimi yapılan alanlar tarım alanlarının %5'ini oluşturmaktadır. İl de genel olarak elma, erik, kaysı, kiraz, dut, incir, üzüm üretimi yapılmaktadır. Kiraz, üzüm, incir, ceviz ve badem yetiştiriciliğinin geliştirilmesi için uygun potansiyel vardır. Ancak I. ve IV. Alt bölgeler dışında meyve üretimi daha çok öz tüketime yönelik yapılmaktadır.

Tablo 76

Alt Bölgeler Bazında Sebze Üretim Alanları

Ürün	Üretim Alanı (ha.)				Toplam (ha.)
	I.Alt Bölge	II.Alt Bölge	III.Alt Bölge	IV.Alt Bölge	
B.Lahana	0	0	0	3	3
Hıyar	610	53	40	175	785
Patlıcan	1.130	46	111	550	1.680
Domates	1.765	105	235	395	2.160
Biber (dolma)	323	110	235	105	428
Biber (sivri)	633	60	23	55	688
Taze Soğan	324	32	36	100	424
Kavun	2.030	39	592	180	2.210
Karpuz	5.870	83	650	550	6.420

Kaynak: Diyarbakır Tarım İl Müdürlüğü, 2002.

2002 yılı verilerine göre il genelinde meyve veren ağaç sayısı 686.626 adettir. Meyvecilik II. ve III. Alt bölgelerde daha çok tahıl üretimi ve hayvan yetiştiriciliğinin yanında aile ihtiyacını karşılamaya yönelik bir uğraş olarak yapılmaktadır.

Türkiye genelinde tarım alanlarının %3'ünde sebze üretimi yapılmaktadır. Diyarbakır ilinde sebze üretimi Tablo'da görüldüğü gibi Kavun, Karpuz, Domates ve patlıcan ağırlıklı yapılmaktadır. Bu sebzelerin üretimi özellikle I.Alt bölgede yoğunlaşmaktadır. Diyarbakır ilinde yetiştirilen tüm sebzelerin üretim alan toplamları 18.300 ha.'dır. Sebze üretimi de meyve üretimi de daha fazla ek gelir getirici ve öz tüketim amacıyla yapılmaktadır.

5.3.2. 2002 yılında Alt Bölgelere Göre Bitkisel Üretim Verimlilik ve Değer

Tablo 77

Diyarbakır ve Türkiye Genelinde Yetiştirilen Bazı Ürünlerin Verim Değerleri

Ürünler	Diyarbakır (kg/ha)	Türkiye (kg/ha)
Buğday	3.180	2.234
Arpa	2.970	2.400
Mısır	4.740	4.434
Pirinç	3.430	3.138
K.Fasulye	2.990	1.372
Nohut	1.050	940
Mercimek	1.130	735
Tütün	1.650	966
Patates	28.330	25.862
Pamuk	3.470	1.229
Ayçiçeği	1.070	1.468
Kuru Soğan	15.250	21.619
Yonca	2.360	6.739
Korunga	1.830	3.773

Kaynak: Diyarbakır Tarım İl Müdürlüğü
2001 yılı verim ortalamaları.

Önemli miktarda ekim ve üretim potansiyeline sahip bitkisel ürünlerin ortalama verim değerleri incelendiğinde; kuru soğan, yonca, korunga, ayçiçeği gibi ürünlerin Türkiye ortalamasının altında kaldığı görülmektedir. Özellikle endüstri bitkilerinden ayçiçeği ortalama verimi Türkiye ortalamasının altındadır. Ancak ayçiçeğinin ekim alanı ve üretim miktarı ilde düşük düzeydedir. Tahıllardan özellikle buğday, arpa, K.mercimek ve yemeklik dane baklagillerden kuru fasulye verim ortalamaları Türkiye ortalamasının üzerindedir.

Görüldüğü üzere Diyarbakır ili özellikle tahıl yetiştiriciliği bakımından bir üstünlüğe sahiptir. İlin bitkisel üretimde üretim değeri açısından tahıllar ve tahıllardan da buğday ilk sırayı almakta, bunu 2. sırada arpa ve daha sonra mercimek takip etmektedir. Yemeklik dane baklagillerde ise nohut ve kuru fasulye ön plana çıkmaktadır. Tablo'da görüldüğü üzere yine tahıllardan buğday ve arpa özellikle I.Alt bölgede fazla miktarda üretilmekte ve üretim değeri açısından ilk sırayı almaktadır. Pamuk üretiminde ise ekiliş alanı ve üretim miktarları açısından I.Alt bölge ilk sırayı almakla beraber, IV.Alt bölgede 2. sırada yer almaktadır.

Yem bitkilerinden korunga ve fiğ III.Alt bölgede yoğunluk kazanmış olup, az miktarda üretilmektedir. Yemeklik baklagillerden kuru fasulye ise ekiliş alanı itibariyle özellikle II.Alt bölgede yoğunluk kazanmıştır. I.Alt bölge Kırmızı mercimek üretim ve ekiliş alanı fazlalığı ile ilk sırada yer almaktadır.

6. TARIMDA SERMAYE BİRİKİMİ VE MUHTEMEL KULLANIM ALANI

6.1. Tarımsal Üretimde Sermayenin Kaynakları ve Kullanımı

Diyarbakır'da tarım sektöründe sermaye birikimini sağlayan en büyük faktör şüphesiz büyük mülkiyetin varlığıdır. Bilindiği gibi büyük mülkiyeti elinde bulunduran işletmeler rahatlıkla ölçek ekonomisini kullanabilmektedir. Böylece atıl kaynak sorunu olmadığı gibi amortisman maliyetlerinin yüksekliği de problem teşkil etmeyecektir.

Sermaye birikimini artırmanın en önemli ikinci yolu ise eldeki üretim faktörlerinin en verimli alanda kullanılmasıdır. Verimlilik, üretimde kullanılan girdi başına elde edilen ürün miktarıdır. Çoğu kez para ile gösterilmesine karşılık anlamlı bir verimlilik çözümlemesi nesnel yada fiziksel birimlere dayanmalıdır. Tarımsal ürün verimliliği, belli bir yılda toprak biriminde elde edilen ürün miktarı olarak ölçülmektedir. Aslında geleneksel olan bu yaklaşım diğer girdilerle ilgili veri sağlanmasındaki güçlüklerden kaynaklanmaktadır. Diğer yönden kırsal kesimde verimlilik genellikle ekilen tohum birimi miktarına göre "bire yedi, bire onbeş" gibi tanımlanır.

Tarımda verimlilik gelişmelerini girdi kullanımıyla ilişkilendirmek, araya başka etmenler girdiği için, hiç de kolay değildir. Başka etmenlerin başında, girdi ve çıktı fiyatları ve özellikle kısa dönemde iç ve dış pazar olanakları etkilidir. Ancak uzun dönemde, işletme yapısı ve işgücünün niteliği büyük önem taşıyor.

İşletme yapıları ve işin örgütlenmesi üzerine, "küçük üreticiliğin" ve "ücretsiz aile işçisinin" yaygınlığı dışında çok şey bilinmiyor. İşgücü ise ayrı bir konu. Gerçekten de uzun dönemde yada öbür sektörlerle kıyaslandığında, tarım kesiminde göreli verim düşüklüğü yada verimliliğin artmamasının en önemli etmenlerinden birinin, bu kesimde nitelikli işgücünün çok sınırlı kalması olduğu söylenebilir. Daha doğru bir yorumlamayla, incelenen yıllarda tarım kesiminde işgücünün niteliği çağdaş girdi kullanımına bağlı olarak artırılamamış; deyim yerindeyse "geri kalmıştır".

Günümüz tarımsal üretim teknikleri gelişmiş ve verimlilikte sürekli artışlar sağlanmıştır. ABD ve Avrupa ülkelerinde tarımsal alan kullanımı ve verimlilik marjinal noktaya ulaşmış durumdadır. Bu nedenle de ürünlerin genlerini değiştirerek; verim artışını sağlamak, yeni tat ve lezzetlerde hatta şekil ve ebatlarını standart getirebilecek teknikleri geliştirme yoluna gitmişlerdir. Ülkemizde ise zirai üretime kazandırabilecek toprak parçalarını ıslah etmeyi bile henüz tamamlayabilmiş durumda değildir(bataklıkların kurutulması,taşlardan temizlenmesi). Ürünlerde birim başına verimliliği, gelişmiş ülkelerin seviyesine çıkartamamıştır. Demek ki tarımsal üretimde sermaye birikimini sağlamak için alan birim başına verimliliği mutlaka artırmak gerekir. Verimliliğin artışı ise üretim aşamasında ihtiyaç duyulan teknolojik girdilerin tam ve yerinde yani optimal kullanılmasıyla mümkündür. Ancak ülkemiz genelinde, özellikle de Diyarbakır bölgesinin kırsalında, nüfus artış hızı ve tarımsal nüfusun fazlalığı işletme ölçeklerinin küçülmesine ve gelir düzeylerinin düşmesine neden olmuş ve bundan dolayı modern üretim teknolojilerinin uygulanabilmesi güçleşmiştir. Farklı tip ve büyüklükteki tarım işletmeleri için, teknik, ekonomik ve sosyal yönlerini de dikkate alarak, girdiler kullanılmıştır. Küçük işletmeler geçimlik düzeyde kalırken büyük işletmeler oluşan sermayeleriyle teknolojik girdi kullanmışlardır. Girdiler üretim artışını sağlamıştır. Bilindiği gibi tarımda üretim artışını sağlayan girdilerin başında şunlar gelmektedir; mekanizasyon, gübreleme-ilaçlama, ıslah edilmiş tohum sulama tekniği, ve bunların kullanımını gerçekleştirebilecek büyüklükte toprak mülkiyeti.

Diyarbakır'da tarımsal üretimde, Planlı dönemden 2000 yılına kadarki süreçte tarımsal işletmeler yatırım sermayelerinin büyük bir kısmını sermaye/hasıla'nın en küçük değerlikte olduğu, diğer bir değişle en karlı gördükleri üretim alanı olan, yine tarım işletmelerinde kullanmışlardır. İşletmelerin sermaye birikimlerini, üretim ve verimliliği artıran girdilerde kullanarak, işletmelerinde nasıl bir gelişme sağladıklarını, geçen bölümlerde ayrıntılı bir şekilde ele almıştık.

Ancak bu girdilerden olan sulama tekniğinin ayrı bir önemi olduğundan bu bölümde ayrıntılı olarak ele alınacaktır. Diyarbakır'da tarımsal üretimde, özellikle de 1990'lardan sonra sulama tesislerinde nasıl bir gelişme sağlandığı incelenecek ve ardından imalat sanayindeki gelişmeler ele alınacaktır. Böylece, son yıllarda da tarım sektöründe, tasarruflarında 500 dekar ve üstü tarımsal alan bulunan işletmelerin sermaye birikiminin oluştuğu ve bu sermayenin (a)sulama tesislerinin kurulmasında ve (b)imalat sanayisinde ne denli yoğunlukta kullanıldığı ortaya konmaya çalışılacaktır. Bu bölümde öncelikle sulama alanlarındaki gelişmeler ardında da imalat sanayindeki gelişmeler ele alınacaktır.

6.2. Tarımsal Alanda Sermayenin Sulama Tekniğinde Kullanımı

Diyarbakır ilinde toplam ekilebilir arazinin 1.535.500 ha. olduğu belirtilmekle birlikte tarım yapılan alan 798.754 ha.dır. Bu arazilerin

144.146 ha.'ı I. sınıf tarım arazisi olup İl yüzölçümünün %9,5'ini teşkil etmektedir. II. sınıf araziler 209.237 ha.lık yüzölçümleriyle %13,8'lik bir oran teşkil etmektedir. III. Sınıf araziler 148.150 ha. yüzölçümleriyle %9,8'lik bir orana sahiptir. IV. Sınıf araziler ise 199.414 ha.lık yüzölçümüyle % 12,8'lik bir orana sahiptir. Geri kalan kısım ise diğer sınıf arazileri teşkil etmektedir.

Diyarbakır DSİ Bölge Müdürlüğünün verilerine göre tarım alanlarının 16.659 ha.'lık net alanı sulanabilmektedir. Köy Hizmetleri Bölge Müdürlüğü tarafından 1.207 ha.'lık tarım alanı sulanabilmektedir. 2000 yılı Diyarbakır Tarım il Müdürlüğü rakamları dikkate alındığında şahıslarca sulanabilen tarım arazisi ise 69.578 ha.'dır

6.2.1. Tarım Alanlarında Sulama

Ülkemiz sanıldığı gibi su zengini bir ülke değildir. Öncelikle su potansiyelimizi gösterir rakamlardan bunu öğreniyoruz. Türkiye'nin 26 havzasındaki toplam su potansiyeli 186 milyar m^3 olup bunun 32 milyar m^3 ile fırat ve 21 milyar m^3 ile dicle'de olmak üzere toplam 53 milyar m^3'ü bu iki havzada yer almaktadır[211]. Dicle ve Fırat nehrinin Türkiye sınırları içinde ana kol debisi 46.7 milyar m^3'tür[212]. Ancak yıllık kullanılabilir su potansiyeli, 9,5 Milyar m^3'ü yer altında olmak üzere, toplam 106,6 Milyar m^3'tür. Toplam 106 milyar m^3'ün 90 milyar m^3'ü kullanılabilmektedir (oysa Mısır'daki sadece Nil nehrinin yıllık debisi 47 milyar m^3'tür). Kişi başına düşen su miktarı 1.300 m^3'tür. Oysa kişi başına yıllık su ihtiyacı 6.000-7000 m^3'tür. Toplam ihtiyacın dörtte birine sahibiz.

---

[211] GAP, Olcay Ünver,**Workshop on American Experiences in Water Based Development**, Ankara, Jan, 2000,s.7.
[212] GAP, **Bölge Kalkınma Planı,Uygulama Raporu,** Ankara, Cilt 3- 2002,s. 3.

Kısaca ülkemizin su potansiyelini ve rakamlarla ortaya koyduktan sonra şimdi de Planlı dönemin başından itibaren tarımsal arazilerin sulanması için ülkemizde yapılan çalışmalar ve ardından 1980'lerin sonlarına doğru Diyarbakır İli'ni de kapsayan GAP projesinin arazilerin sulanmasına katkısını ele alınacaktır.

Tarım sektörüne 1950-55 yılları arasında Türkiye'de yapılan Gayrı Safi yatırımların ancak ortalama %11'i tahsis edilmişti[213]. Durum 1955'ten sonra daha da kötüleşmiş %8'e kadar düşmüştü[214]. Birinci BYKP'nda ve yıllık programlarda tarım sektörünün kalkındırılması yolunda yapılması gereken işlere geniş yer ayrılmıştı[215]. Tarım sektörünün durumunu iyileştirmek amacıyla 1963-67 devresinde tarım yatırımlarının, genel yatırımlar içindeki payı ortalama %18 olarak hesaplanmıştı[216] (ancak dönem sonunda %16'da kaldı).

Tarım sektöründe üretim ve verimi sağlayacak çalışmalar bununla kalmadı, Planlı dönemin başlarında milli gelirimizin yarısına yakın kısmını veren tarım sektörüne yapılan yatırımlara hız vermek ve bu alanda alınması gereken önlemleri tespit ettirmek üzere Prof. F. Baade'ye Türkiye tarımı hakkında önemli bir rapor hazırlattırıldı. Baade raporu'nda tarım arazilerinin darlığından ve erozyon tehlikesinden söz etmekte ve verimliliği artırmak amacıyla gübreleme ve özellikle sulamaya önem verilmesi gerektiğini açıklamıştır[217].

Devlet Planlama Teşkilatı da, tarımın kalkındırılması konusunda

---

[213] Kenan Gürtan, **Türkiye'de Yatırımlar**, İstanbul: İktisat ve Maliye Mecmuası Cilt-1 Sayı-9, s.148.
[214] Gürtan, s.149.
[215] DPT,**Birinci BYKP**.,Ankara. s.145-190.
[216] DPT,**Birinci BYKP,** s.136.
[217] J.E. Christiansen, **The Water Resources Development Programm in Turkey,** Mediterranean Development Project. FAO, Rome, 1959,s. 211.

sulama işlerine ağırlık vermişti. Nitekim, DPT, tarıma yapılacak yatırımlar toplamının (11.3 Milyar) %45.3'ünü sulamaya ayrılmasını öngörmüştü.

Ancak Türkiye'nin iç kaynakları, ne Baade'nin raporunda öngörülen önlemleri almaya ve ne de DPT'nin tavsiyelerini yerine getirecek finansal güce sahipti. Ve dış borçlanmaya gidildi. Tarım kesimine yapılacak yatırımların %13.8'inin dövizle karşılanmasına karar verildi. Sonuçta, 1963-67'de yatırım amacıyla harcanacak döviz miktarının en büyük kısmını %38.2 ile sulamaya ayrıldı. Bunun ardından %22.5 ile mekanizasyona, %7.5 ile ormancılığa ve %5.9 ile balıkçılığa ayrıldı[218]. Aşağıdaki Tablo'da ülkemizde 1960'tan itibaren sulama alanlarındaki gelişmeler görülmektedir.

Tablo 78

Türkiye'de Sulanan Alanlarda Yıllara Göre Gelişmeler (1960-2000)

Yıllar	Hektar (000)	Endex
1960	1.319	100
1970	1.930	146
1980	2.769	210
1990	3.840	291
2000	4.709	357

Kaynak: DPT, Sulama Alanları (irrigated area):1950-2003, Ankara

1998 yılında, 97,8 bin hektar alanda sulama yatırımı tamamlanmıştır. Aynı dönemde sulu tarımdan azami faydanın temini için 33,4 bin hektar alanda tarla içi geliştirme ve arazi toplulaştırma faaliyeti gerçekleştirilmiş ve böylece 8,5 milyon hektar toplam sulanabilir alanın yüzde 54,7'sini teşkil eden 4 milyon 652 bin hektar alan sulamaya açılmıştı[219].

---

[218] DPT, **Birinci BYKP,** s.163.

[219] DPT, **VII. BYKP, 1998 Yılı Programı Destek Çalışmaları**, Ankara, 1999, s.1-2.

Planlı dönemde sulama alanları için yapılan çalışmalarda kısmen başarı sağlandığı ve 1960'tan 2000 yılına kadar 3.5 kat arttığı görülmektedir. Bu gelişmede özellikle 1990'lardan sonra GAP'ın etkisi büyük olmuştur. Planlı dönem öncesinde üretim artışı büyük ölçüde ekim alanların artmasına bağlıydı, 1960'tan sonraki artış sulama gibi toprak birim başına verimliliği artıran girdilerin sayesinde olmuştu.

6.2.2. GAP Bölgesinde Tarımsal Sulama Çalışmaları ve Diyarbakır İli

İşlemeli tarıma elverişli 1. II. ve III. sınıf arazi miktarı 2.476,5 bin ha olup, toplam arazinin yüzde %33'ü kadardır. Kısıtlı işlemeye uygun arazi 694.3 bin ha (IV. sınıf) hesaba katıldığında, Bölge topraklarının yüzde %42.2'si tarıma elverişli görülmektedir.

Yukarı Mezopotamya olarak bilinen Bölge, yazları sıcak, kısa süren kış ayları ise soğuk geçmektedir. Bölgeı iklim faktörlerinin olumlu ve olumsuz etkilerini birarada yaşamaktadır. Gün uzunluğu süresi (ışıklanma periyodu), ortalama 3.100 saat/yıl olup, Türkiye ortalamasının çok üzerindedir. Ortalama günlük aydınlanma süresi 8 saattir. Bu olgu, yılda üç ürün yetiştirme potansiyelini artırmaktadır. Ortalama toprak sıcaklığı, Bölge'nin farklı yörelerine göre değişmekle birlikte, 18 derecedir. Yıllık yağış düzensiz olup Haziran-Eylül vejetasyon döneminde, yok denecek kadar azdır. Ortalama 2.000 mm düzeyinde gerçekleşen buharlaşma, Şanlıurfa'da 2.048 mm ve Cizre'de 2.424 mm olup, bitki su ihtiyacını arttırmaktadır.

Tarıma kazandırılabilir taşlı arazi miktarı 266 bin ha'dır. Bunun yüzde 60'ı Şanlıurfa ili sınırları içerisindedir. Bölge, toplam 1.256 bin ha orman alanına sahiptir. Mevcut orman kaynağının yüzde 3.9'u koru ormanı, yüzde 96.1'i baltalık/bozuk baltalık orman alanıdır. Orman varlığı açısından en fakir il Şanlıurfa'dır. Bu İl, orman varlığının yüzde %0.6'sına sahip bulunmaktadır. 46 bin ha ağaçlandırılmış alan ve 469 bin ha potansiyel ağaçlandırma ve erozyon kontrol önlemlerinin alınabileceği alan bulunduğu belirlenmiştir.

7.5 milyon ha alanın 3.2 milyon ha'lık kısmı tarımsal faaliyetlere elverişlidir. Yaklaşık 2.1 milyon ha'lık brüt alan sulama potansiyeline sahiptir. Bu, Türkiye'nin ekonomik olarak sulanabilir arazisinin takriben yüzde 20'sini oluşturmaktadır. Devlet Su işleri Genel Müdürlüğü (DSİ), Fırat ve Dicle nehirleri havzasında, münferit projelerle birlikte, toplam olarak 1.8 milyon ha'lık brüt alanda sulama imkanı yaratacaktır. Buna ek olarak, Köy Hizmetleri Genel Müdürlüğü (KHGM) projelerinin 200 bin ha ve halk sulamalarının ise 100 bin ha brüt alanda sulama potansiyelinin bulunduğu tespit edilmiştir. Şanlıurfa-Harran Ovaları Projesi ve diğer bazı münferit projelerin uygulanması sonucunda 2001 yılı sonu itibariyle DSİ tarafından 226 bin ha'lık brüt alanda kamu sulaması yapılması öngörülmektedir. Bu miktar, proje öngörüsünün yüzde 13.1 'ine tekabül etmektedir. 2001 yılı sonu itibariyle, DSİ, KHGM ve halk sulamaları toplamı olarak, 360 bin ha'lık brüt alanda (DSİ: 226 bin ha, KHGM: 63 bin ha ve halk: 71 bin ha) sulama yapılması planlanmıştır.

1999 yılı sonu itibariyle, 121 bin ha'lık alanda toprak muhafaza çalışmaları ve 50 bin ha'lık alanda ise tarla içi geliştirme hizmetleri gerçekleştirilmiştir. 2001 yılı itibariyle 22 bin ha İki Çırçır Proje alanında ve 20 bin ha Şanlıurfa Ovası olmak üzere toplam 42 bin ha alan GAP-BKİ tarafından Tarım Reformu Genel Müdürlüğü (TRGM) ve Tapu Kadastro Genel Müdürlüğü teknik desteğiyle, ayrıca 11.8 bin ha KHGM tarafından ve 45.8 bin ha Harran Ovası-1 ve 43.7 bin ha. Harran Ovası-2 olmak üzere toplam 89.5 bin ha TRGM tarafından olmak üzere toplam 143.3 bin ha arazi toplulaştırması tamamlanmıştır.

Aşağı Fırat Projesi kapsamında yer alan Şanlıurfa-Harran ovaları sulama alanında, kuru tarımdan sulu tarıma geçişle birlikte, üretim yapısı ve ilişkilerinde önemli değişimler yaşanmış ve tarımsal hasıla artmıştır. Ancak sözkonusu olumlu gelişmeler yanında, aşırı ve bilinçsiz sulama nedeniyle tuzluluk ve drenaj problemleri gibi arzu edilmeyen sonuçlar doğduğu gözlenmiştir.

Diyarbakır bölgesinde ise, 1960'lara kadar sulanan alanı çok az miktarda idi. 1970'lerde yapılan baraj çalışmalarıyla birlikte sulama alanlarında gelişme sağlanmıştır. Gerek yerüstü su kaynaklar gerek toprakların sulamaya elverişliliği bakımından son derece zengin olan Diyarbakır'da toprakların sulanabilen bölümü son derece küçüktü. 1981'de ilde 48.600 hektar alanda sulu tarım yapılabilmekteydi. Bunun toplam işlenen alan içindeki payı % 7,8 dolayındaydı.

İlde sulamada yararlanılmak için yapılmış olan tesislerin en önemlisi Devegeçidi Barajı'dır. 1972'de bitirilen bu barajın su depolama hacmi 202 milyon m^3 dolayındadır ve 10.000 hektara aşkın alanı sulanmaktaydı. Bunun dışında küçük çapta sulama yapılabilen göletler ve kanallar da bulunmaktadır.

Yöredeki tarımsal gelişme karşısındaki en önemli engellerden biri olan sulama yetersizliği, Güneydoğu Anadolu Projesi'nin gerçekleştirilmesiyle aşılabilecek, böylece ürün çeşitlenmesi yanında önemli verim artışları da sağlayabilecektir.

Sulama yetersizliği nedeniyle, 1980'li yıllarda bile nadas oranı çok yüksektir. İşlenen alanın her yıl % 48'i nadasa bırakılmaktaydı. Kuru tarım alanı göz önüne alınırsa, nadasın payı % 53'e yükselir. Bu da, büyük üretim ve gelir kayıpları demektir. Bu denli yüksek nadas oranlarını düşürmenin ilk koşulu sulamanın geliştirilmesi, bir diğeri ise dönüşümlü ekimin yaygınlaştırılmasıdır. Buğday hasadından sonra toprağı bir sene bırakmak yerine kışlık mercimek, fiğ yada ilkbaharda susam, ayçiçeği ve bostan yetiştirilerek üretim kayıplar önlenebilir. Türkiye İl Tarım Kongresi'ne sunulan bir bildiriye göre, sulamanın geliştirilmesi ve dönüşümlü ekimin yaygınlaşmasıyla, Diyarbakır'da, nadasın payı % 24'e düşecektir.

1963'ten 1978'e değin, DSİ'ce küçük su çalışmaları kapsamında olmak üzere yaklaşık 25.000 hektar alanda 14.000 çiftçi ailesinin yararlandığı 220 proje; tarla içi su çalışmaları olarak yaklaşık 7.000 hektar alanda 4.000 çiftçi ailesinin yararlandığı 56 proje; havza koruma ve toprak iyileştirme çalışmaları kapsamında yaklaşık 4.000 hektar alanda 15 proje uygulanmıştır. Bunun dışında yeraltı ve yerüstü su kaynaklarının sulamada kullanılabilir duruma getirilmesi için, kooperatif çalışmaları yoğunlaştırılmış ve 16 proje uygulanarak toplam 2.800 hektar alanın sulanması sağlanmıştır.

Şu andaki mevcut duruma gelince; Diyarbakır bölgesinin sulanan alanı; DSİ'nin 16.659 ha., Köy Hizmetlerinin 10.282 ha. alan ve halkın kendi imkanlarıyla sulamaya açtığı alanlarla birlikte toplam 69.578 hektardır[220]. Diyarbakır bölgesinde Devlet imkanları ile sulanan arazi oranı %37 iken, halkın kendi imkanlarıyla suladıkları arazi oranı %63'tür. Halkın sulamaya açtığı arazi, daha çok kuyu açma yoluyladır.

---

[220] DSİ, **İstatistik Şube Müdürlüğü 2002 Raporu** , Ankara,2003, s.180.

Ülkemizde 2001 Genel Tarım Sayımı Geçici Sonuçlarına göre toplam net sulanan arazi miktarı 3.505.000 ha.'dır. 1.316.000 hektarı (%37) kuyulardan sağlanan su ile, 1.000.000 ha.'ı akarsulardan, 556.000 ha.'ı baraj sularıyla, 352.000 ha. kaynak sularından 99.700 ha göletlerden, geriye kalan 181.300 ha. farklı yöntemlerle sulanmaktadır. sulanmaktadır. Bu rakamlardan dikkati çeken nokta kuyulardan sağlanan sulama miktarını oranının yüksekliğidir. Türkiye genelinde sulamaya açılan tarımsal alanların %37'si, Diyarbakır bölgesinde ise %67'si kuyulardan sağlanmaktadır.

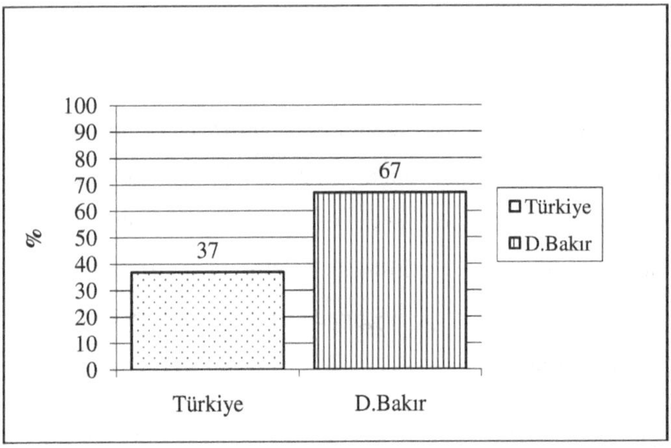

Şekil 12. Kuyulardan Sağlanan Su ile Sulanan Arazi Oranı (%)

Diğer sulama yöntemlerine göre maliyeti çok yüksek olabilmektedir. Açılan kuyunun derinliğine ve arazinin elverişli olmasına göre maliyet değişmektedir. Moto-pomp yöntemi ile kuyudan çekilen su motoru, ya elektrik enerjisi ile ya da petrol türevleri ile çalışır. İki durumda da diğer sulama yöntemlerine göre çok daha fazla işgücü ve sermaye gerektirmektedir. Kaldıki su kuyularının kurulum harcamalarını (amortisman olarak) da eklemek gerekecektir. Örneğin Diyarbakır bölgesinde kuyuların nerdeyse tümü halk kendi imkanlarıyla özellikle 1990'lardan sonra açmaya başlamıştır.

Bir işletmecinin kuru arazilerini (tarla olarak kullandığı ve sulama imkanı olmayan toprak parçasını) kuyu açmak sureti ile sulamaya açması için, öncelikle arazinin şartlarını dikkate alarak yatırımını gerçekleştirmektedir. Öncelikle dikkat edeceği konu, sulanan arazinin işletmeciye sağlayacağı fayda, maliyetin çok üstünde olmaldır. Bunun için de, kısa bir zaman dilimi içinde ilk tesis harcamaları (kuyu kazılması için yapılan harcamamaların toplam parasal değeri)'da dahil olmak üzere, 1-3 yıl gibi kısa dönemde toplam marjinal maliyetin çok üzerinde işletmeciye fayda sağlamalı ki bu yatırımı yapabilsin. Bilindiği gibi tarımsal sektör, uzun dönemde fayda sağlayacak yatırımlara yanaşılmadığı gibi yeniliklere karşı da kapalıdır. Bütün bunlara rağmen bir yatırıma doğru yönelim varsa en azından yukarıda geçen şartların oluştuğunu göstermelidir. Bu düşüncelerden hareketle Diyarbakır I.Bölge arazilerini kapsayan Bismil, Çınar ve Silvan kırsalında bir alan çalışması yapıldı.

Diyarbakır bölgesinde açılan kuyuların ortalama derinliği 400 metre ve sulayabileceği tarla alanı 300 dekar alandır. Ve sulanan tarla alanlarının %90'ında pamuk ürünü ekilmektedir. Aşağıdaki Tablo'da bir su kuyusunun ortalama harcamalarını göstermektedir.

Tablo 79

Diyarbakır Bölgesinde Sulama Amaçlı Kuyuların Ortalama Maliyeti

Kuyu Derinliği*	400 metre	60 Milyon/metre
Sulama kapasitesi	300 Dekar	
Trafo**	250 Kw	8 Milyar
Direk	1 Adet	1 Milyar
Beklenen Pamuk Ürün Miktarı	350 kg/da	95.000.Kg
Pamuk Ürünü Birim Fiyatı***	1.000.000.-TL/kg	95 Milyar TL
Ortalama Kuyu Maliyeti		**60 Milyar TL**
Sulu Arazi, Kuru Arazi Değerinin (parasal olarak)	2 ila 3 Katı****	

Kaynak: Diyarbakır TEDAŞ Müessese Müdürlüğü; Devegeçidi Sulama Birliği; DSİ, X.Bölge Müdürlüğü.
*Ortalama derinliktir. Yöreye ve çevrenin arazi şartlarına bağlı olarak 350-450 m. arasında değişmekle birlikte İle bağlı, Çınar, Bismil ve Silvan ilçe kırsalında kuyu açan firmalar, suyun ortalama 400m kazdıklarını açıklamışlardır.
**Diyarbakır TEDAŞ Müdürü, Trafo güçlerinin istisnai olarak değiştiğini ancak ortalama güçlerinin 250 Kw olduğunu ve mevcut sulama amaçlı Trafo adedinin (Ekim 2002'de) 700 civarında olduğunu söylemiştir.
***2004 Yılı fiyatıdır.
****GAP, Son Durum:2001, Ank,2002, s.17'de, sulak arazinin kuru araziye oranla yerine göre 4-5 katına çıkabildiğini yazmaktadır.

Bu maliyet hesabı Diyarbakır İli Çınar, Bismil ve Silvan ilçelerinin kırsalında yaptığımız araştırma sonuçlarının ortalamalarını oluşturmaktadır. Arazi şartlarına göre kuyunun derinliği 50-100 m. arasında değişebileceği gibi, işgücü maliyeti de merkeze uzaklığı ve yakınlığına göre değişmektedir. 300 dekar kuru tarım alanının sulamaya açılması için ilk tesis harcama toplamı 60 Milyar TL (60.000.000.000.-TL/1.450 = 41.379 Dolar) tutmaktadır.

Bölge işletmecilerinin neden sulamaya açtıkları alanda yüzyıllardır yaptıkları gibi neden buğday ve diğer ürünler değil de pamuk üretimini tercih ettiklerini kavramak için ürünlerin birim başına verimlilik ve pazarlama değerine bakacağız.

Tablo 80

Diyarbakır Bölgesinde 2001 Yılı Tarla Ürünleri Üretim ve Değerleri

Ürünler	Ekiliş Alanı (ha)	Üretim (ton)	Brüt Üretim Değeri (milyon TL)	Üretim Değeri (%)
Buğday	281.650	895.647	161.216.460	37.46
Pamuk	53.811	186.983	108.450.140	25.2
Diğer	313.297	702.624	160.690.560	37.34
Toplam	648.758	1.785.254	430.357.160	100

Kaynak: DİE, Tarımsal Yapı (üretim, fiyat,değer) 2001, Ankara. s.99.

Ekilen toplam arazi miktarı 650 bin hektarın %8'inde pamuk ekilmiş ve 108.5 milyar üretim değerine sahiptir. Geriye kalan arazilerin %92'sine buğday ve diğer ürünler ekilmiş ancak üretim değeri 161 Milyarda kalmıştır. Esasında Sulanabilir arazi 70 bin hektar alan olmakla birlikte bazı yıllarda, mevsim elverişsizliğinden, özellikle de beklenmeyen yağışlar olduğunda, daha az miktarda pamuk ekilebilmektedir. Örneğin 1998'de ekilen pamuk alanı 69 bin hektar civarındadır[221].

Aşağıda Tablo'daki tarla ürünlerinin alan ve ürün deseni ve üretim değerlerini grafiğe dökerek netleştirmeye çalışılacaktır. Önce ürün türüne göre toplam üretim alanlarını ardından üretim değerlerini yüzde olarak gösterilecektir;

[221] DİE, **GAP İl İstatistikleri: 1997-1998**, Ank., 1999, s.102-103.

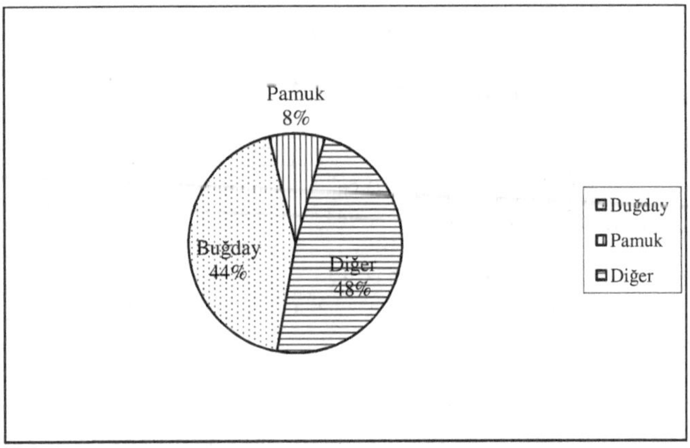

Şekil 13. Diyarbakır İli Seçilmiş Tarım Ürünleri Ekim Alanları

1950'lerde %01'i bulmayan sulama alanı 1980'lerde ülkemizde tekstil sektörünün gelişmesi ve GAP projesi kapsamında yapılan çalışmaların sonucunda bölgeye etkisini göstermiş ve ancak 2000'lerde %8'e ulaşmıştır. Şimdi de üretim değerlerine bakalım;

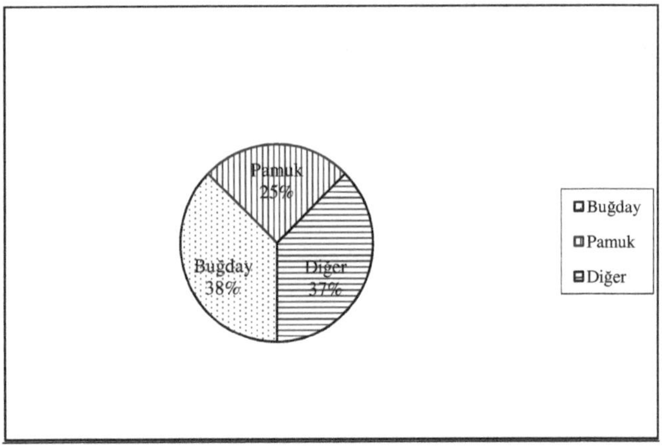

Şekil 14. Diyarbakır İli Seçilmiş Tarım Ürünlerinin Üretim Değerleri

Diyarbakır bölgesinde %8'lik üretim alanına sahip olan pamuk üretim değerinde toplam ürünün %25'ine sahiptir.

Durum böyle olunca da bölge işletmecileri 40 Bin dolarlık bir sermaye yatırımı gerektiren sulama işlemini, tarla özelliğine, mevsim şartlarına ve pamuk ürünün pazarlanmasına göre, bir iki sene içinde amorti etmekte ve kâra geçmektedir.

Ayrıca sulamaya açılan tarla'da münavebe (rotasyon) uygulanarak aynı yıl içinde, bölgenin mevsim şartları elverişli olduğundan dolayı 2 hatta 3 ürün yetiştirilebilmektedir. Arazinin nadasa bırakılmasına da gerek kalmamaktadır. İmkanı olan her işletmeci doğal olarak maliyeti minimize edip kârını maksimize etmek isteyecektir. Ancak ihtiyaç sadece 40 bin dolarlık sermaye yatırımı ile iş bitmemektedir. Bir tarla arazisinin sulamaya açılması için öncelikle, parçalı olmayan 300 dekarlık alan, ve gerekli mekanizasyon, işletme sermayesi diyebileceğimiz 33 bin dolar olmak üzere toplam 73 bin dolarlık sermaye yatırımı gerektirmektedir.

Diyarbakır bölgesinin GAP kapsamında ortaya çıkan bu olumlu değişimler beraberinde sorunları da taşımıştır. Öncelikle sulak arazilerin optimal kullanımı için örgütlenmeye ihtiyaç vardır. Sulama birlikleri denen bu sivil örgütlere GAP kalkınma idaresi her türlü katkıyı sağlamaktadır.

Konunun önemine binaen öncelikle GAP ve Diyarbakır bölgesindeki sulama yönetimi ve birliklerinin önem ve gerekliliğinden ardından da yeterli tarımsal işletme sermayesine sahip olmayan işletmecilerin kredi ve mekanizasyon için kullandıkları yöntemleri ele alacağız. Devlet kanalıyla yürütülen sulama işlerinde birlikler oluşturulmakta ve işletmecilerin yönetime katılımları sağlanarak ilerde

GAP bölgesinde 1.8 milyona ulaşacak olan arazilerin sorunları daha rahat çözülmesine katkı sağlayacaktır.

6.2.3. GAP ve Diyarbakır Bölgesinde Sulama Birlikleri ve Su Yönetimi

Suyun yönetimi, su ölçümü, sulama zamanlaması, su dağıtımı, su ve toprak kaynaklarının korunması, sudan kaynaklanan hastalıkların önlenmesine yönelik önlemler gibi bazı önemli konuları içermektedir. Tüm bu konuların eşit derecede ele alınması ve sudan faydalananlar tarafından iyi yönetilmesi gerekmektedir. İyi yönetilemeyen su beklenen faydaların aksine ileride geri dönülmesi son derece zor olan sonuçları beraberinde getirebilmektedir. Bu durumda su istenmeyen bir girdi durumuna bile gelebilmektedir.

Türkiye'nin 26 havzasındaki toplam su potansiyeli 186 Milyar m^3 olup bunun m^3'ü, 32 Milyar m^3 ile Fırat ve 21 Milyar m^3 ile Dicle'de olmak üzere toplam 53 milyar m^3'ü bu iki havzada yer almaktadır. Ancak yıllık kullanılabilir su potansiyeli, 9,5 Milyar m^3'ü yer altında olmak üzere, toplam 106,6 Milyar m^3'tür.

1,7 Milyon ha alanın sulanacağı GAP Bölgesinde halihazırda yaklaşık 300.000 ha alan sulanmaktadır. Bunun 184.000 ha'ı Devlet ve 116.000 ha'ı halk sulamalarıdır.

Devlet, ülke çapında 4 Milyon ha'lık bir alana altyapı olarak yatırım yapmış ve Güneydoğu Anadolu'da buna ilave 1,7 Milyon ha'ı bir bütün olarak devreye sokacak çalışma içindedir. Halen kullanılmakta olan sulama sistemlerinin işletme ve bakımı DSİ ve Milli kaynaklar üzerine büyük bir yük getirmektedir.

Yeni geliştirilen alanların ilave talepleri bu yükü son derece artıracaktır. Bunun sonucu sınırlı kaynakların daha geniş alana yayılması kaçınılmaz olacak, dolayısıyla sistem yönetimi, işletmesi ve bakım standartlarıyla çiftçilere verilen hizmetin kalitesi düşecektir. Bu durumu sırasıyla hizmet seviyelerinin düşmesi su kullanım randımanının azalması, tuzlanma ve drenaj sorunlarının çoğalması ve nihayetinde üretimin azalması takip edecektir.

GAP Bölgesinde durum mevcut sulanabilir alana karşı genelde su eksikliği nedeniyle kritiktir. Bu sorunların önüne geçmek ve Devletin yükünü hafifletmek amacıyla, GAP Bölgesinde 38 adet Sulama Birliği kurulmuştur. Bu sayıya Köye Hizmet Götürme Birlikleri ve Yeraltı Sulamalarını işleten Sulama Birlikleri dahildir. Sudan beklenilen faydaların sağlanması için sulama sistemlerinin en optimum biçimde işletilmesi, bakımının yapılması ve sonunda da yönetilmesi gerekmektedir. Sulama sistemlerinin optimum şekilde işletilmesiyle ondan faydalananların sorumluluğunda devamlılığı sağlanmaktadır. Bu devamlılık hem doğal kaynakların hem de yönetim sisteminin devamlılığıdır.

Bu iki unsur aslında bir diğerinin doğal bir sonucudur. Bunun sağlanması ancak sudan faydalanan kişilerin suyun yönetimine bizzat katılarak, hem karar alma süreçlerinde ve hem de masraflara katkıda bulunmasını gerektirir (aşağıdan yukarıya yaklaşım). Bu iki unsurdan birinin sistem içinde bulunmayışı sulama sistemin uzun ömürlü olmasının önünde engel teşkil eder. Aynı zamanda bu su yönetimi örgütlerinin çevrelerindeki ilgili kamu ve özel kuruluşlar tarafından desteklenmesi de son derece önemlidir. Dış dünya tarafından sürekli baskı altında tutulan ve destek almayan diğer bir ifade ile kabul görmeyen sistemler de uzun ömürlü olamazlar.

Bu noktadan hareketle GAP projesinde bulunan sulama sistemlerinin kendisinden beklenen faydaların sağlanması ve sulama sistemlerin sürekliliğinin sağlanması için:

- Su kullanıcılarında karar alma sorumluluğunun ve grup dinamizminin olması,

- Masraflara katkıda bulunulması,

- Çevresindeki kamu ve özel kuruluşlar tarafından kabul görmesi ve desteklenmesi,

- Dış baskılardan uzak bağımsız bir statüde olması,

- Bünyesinde tecrübeli ve uzman bir teknik kadroyu barındırabilmesi,

- İdari sınırların büyüklüğünün belli bir büyüklükte olması

gerekmektedir. Bu amaçla yukarıda bahsedilen unsurların mevcut olanlarının güçlendirilmesi mevcut olmayanların da yerine konması için GAP Bölgesinde gerekli proje ve faaliyetler devam etmektedir.

Bu projelerin başında GAP Sulama Sistemlerinin İşletme, Bakım Yönetimi projesi gelmektedir. Projenin amacı yukarıdaki unsurları yerine getirecek sürdürülebilir bir işletme, bakım ve yönetim modeli ortaya koymak ve bu modeli daha sonra tüm GAP Bölgesinde yaygınlaştırmaktır. Proje ilgili tüm kamu kurum ve kuruluşlarının katkıları ile yürütülmektedir.

Önemli olanda bu kamu kurum ve kuruluşları etkin bir şekilde harekete geçirecek örgütsel bir yapının var olmasıdır. Bu yapılmadığı sürece kaynaklarda etkin kullanılmayacaktır. Oysa yatırıma hazır sermaye kaynakları bölgede en zor bulunan bir olgudur. Yukarıda sulama tesislerinde kullanılan sermayenin azımsanmayacak bir meblağı oluşturduğu bir gerçektir. Kaba bir hesapla Ekim-2002'de, ortalama 250 Kw'lık 700 adet Trafo'nun maliyeti yanı sıra kuru tarım arazinin sulanması için gereken diğer yatırımlar (Elektrik akımı için dikilen direkler, su boruları vb..) eklendiğinde toplam maliyetin 29 Milyon $ tuttuğu ortaya çıkmaktadır. 2002 yılından sonra da sulama tesislerinin kurulması için bölge çiftçilerinin sermaye yatırmaya devam ettiklerini de eklemek gerekecektir. Tüm bunlar tamamen GAP'ın etkin kullanılmadığı ve özellikle sulama kanallarının tesis edilmemesinden kaynaklanmaktadır. Eğer sulama tesisi için Devlet, mevcut GAP barajlarından bölge çiftçisinin faydalanacak şekilde kanalet vb.. tesislerini yapsa 29 Milyon$'ın çok altında bir maliyetle gerçekleştirebilecektir. Haliyle bölge çiftçisinin elinde bulunan ve yatırımlara dönüşebilir durumdak Milyon dolarlar büyük bir olasılıkla, başta imalat sanayine olmak üzere diğer sektörlere kayacaktır.

Ve ne acı ki 2001 yılı GAP'ta gerçekleştirilen Kamu yatırım harcamalarına baktığımızda; sektörlerde hedeflenen yatırım ile gerçekleşen arasında pekte iç açıcı bir manzara ile karşılaşılmıyor. Tarım sektörüne hedeflenen yatırımın %16.8'i gerçekleşmişken, Enerji'ye hedeflenen yatırımın %78.7 gerçekleştirilmiştir. Yine Enerji sektörüne 5.696.882 Milyar TL (2002 Fiyatlarıyla) kamu yatırımı yapılmışken Tarım'a 1.144.319 Milyar TL gerçekleştirilmiştir. Enerji'ye yapılan yatırımın %20'si Tarım sektörüne yapılmıştır[222]. Oysa kamu yatırımları bölgedeki yatırımcılara dışsallıklar yaratabilecek alanlara yapılsa elbette bölgedeki yatırımsızlık azgelişmişlik sorununa büyük ölçüde yardımcı olacaktır. Bir sonraki konumuzda yer alacak olan Diyarbakır'daki imalat sektörünün

---

[222] GAP, **Son Durum:2001**, Ank:2002, s. 9.

neden cılız kaldığının bir cevabı da bu verilerde saklı olduğunu da eklemek gerekir.

6.3. Diyarbakır'da Sermayenin Sanayide Kullanımı ve Sanayileşmede Mevcut Durum

Bir yöredeki sanayi işletmelerinin niteliği ile o yörenin gelişmişlik düzeyi arasında çok yakın bir ilişki vardır. Belirli bir yörede faaliyet gösteren işletmeler, genellikle o yörenin kaynaklarının değerlendirilmesine, istihdamın sağlanmasına ve çekim merkezi oluşturarak yeni işletmelerin kurulmasına önemli katkılar sağlarlar.

Ekonomik gelişme, geleneksel yapıya sahip olan bir ülkenin, modern bir yapıya kavuşması başka bir deyişle sanayileşmesiyle özdeştir. Bir ülkenin sanayileşme çabasına girmesi, kalkınması, gelenekçi yapısının değişmesi sonucunda tarım toplumunun yerini sanayi toplumu yerine bırakmasına neden olacaktır. Ancak sermaye birikimini sağlayamamış ve nüfusun büyük bir kısmının tarım sektöründe faaliyette bulunması ekonomik gelişmenin veya sanayileşmesinin mümkün olmayacağı da bir gerçektir.

Bilindiği gibi gelişmiş ülkelerin kalkınmasında tarım sektörünün büyük rolü olmuştur. Sanayi devriminden önce en önemli gelişme, tarımda nadas ihtiyacını ortadan kaldıran ve hayvan yemi olarak kullanılan bitkilerin bulunmasıydı[223]. Hayvan yemindeki artış tarımda verimliliğin artmasını da sağlamıştı. Tarımda ortaya çıkan üretim fazlası insanların yeterli gıda ihtiyacını karşıladıktan sonra sanayi sektörleri ortaya çıkmış ve hızla gelişmeye başlamıştı. T.Malthus'un kehaneti boşa çıkmış gıda maddelerindeki artış oranı nüfus artış oranından fazla olmuştu. Gelişmiş

---

[223] Tevfik Güran, **İktisat Tarihi**, İstanbul:Acar Matbaacılık Yay.,1999,s. 87-88.

ülkelerde yıllık %3 üretim artışı gerçekleştirirken, yıllık talep artşı hiçbir zaman için %3'ü bulamamıştır[224]. Dünya nüfusunun ikiye katlanma süresi de bulunduğu zaman diliminde hesapladığı gibi 25 yılda değil 47 yılda gerçekleşebilmişti. Tarımsal üretimin artışının da bir sınırı vardı. Bundan böyle üretim ve birim başına verimlilik artışı normal yöntemlerle (insan sağlığına zarar vermeyecek yöntemlerle) sağlanması imkanı neredeyse ortadan kalkmıştır. Ancak insanoğlu, XXI. yy.'da mevcut gıdaların genleri üzerinde çalışmalar yapmaya devam etmektedir. Renk, ebat ve lezzette, adeta ucube olan bir takım ürünler yetiştirmeye başlamıştır. Tüm bu olanlar internet ortamında rahatlıkla izleme imkanı da bulunmaktadır. Örneğin, internet arama motorlarında "Rice" (pirinç) ya da "color cotton" yazıp "search" (ara) komutu verildiğinde; Çin'de üretilmeye başlanan renkli pirincin, nerelere ve ne kadarını, piyasaya sürdüğü bilgisine ulaşabilir ve FAO sitesinden de bu pirincin özellikler ve sağlık üzerindeki etkilerini açıklayan raporu alabilirsiniz. Yine renkli pamuk üretiminin İsrail tarafından nasıl gerçekleştirildiğine dair bilgiye ulaşabiliyorsunuz. Tabiiki dindar bir papas olan T. Malthus bunları hayal bile edebilecek zamanda yaşamıyordu.

Yine bir ekonomik doktrini temsil eden Fizyokratlar vardı. Bu doktrinin savunduğu prensiplerden birisi "net hasıla" kavramıdır. Başta Quesnay olmak üzere, Fizyokratlar'a göre, üretici olan, yani net hasıla yaratan yalnızca tarım, yani çiftçidir. Sanayi, ticaret, el sanatları gibi çalışma alanları ise üretken olmayan faaliyetlerdir. Fizyokratlar'ın o dönem için tarımı gelişmenin merkezinde görmeleri çok doğaldı. Çünkü, Fransız ekonomisinde sanayinin ve diğer sektörlerin ekonomideki payları henüz yok denecek kadar azdı ve bu nedenle de Fizyokratlar tarafından üretken

---

[224] Dinler, s. 88.

olmayan faaliyetler olarak adlandırılıyorlardı[225]. Ne varki XX.yy'da tarımda üretim artışı ancak "üretken olamayan sınıf" olarak nitelendirdikleri kesim tarafından gerçekleştirilmiştir.

Artık ekonomik gelişme sanayileşme ile özdeştir. Sanayileşmemiş bir toplumun refah düzeyine ulaşmasıda mümkün değildir. Diyarbakır gibi ekonomisi tarıma dayalı olan yörelerimizin gelişmesi için sanayileşmesi gerekmektedir. Geçmişten günümüze Diyarbakır'da tarıma dayalı olan ekonomisi özellikle son yıllarda küçükte olsa bir takım teşebbüsler olduğu ve kısmende başarı gösterildiği düşünülmektedir. Bu amaçla tarımda biriken sermayenin daha üretken olan imalat sanayinde kullanılıp kullanılmadığını öğrenmek için Diyarbakır'da mevcut sanayi işletmelerinin yapısal özelliklerini tanımakla mümkün olabilecektir. Bu amaçla Diyarbakır'daki sanayi işletmelerin kuruluş tarihi, kapasite kullanım oranları, büyüklükleri, istihdam kullanımı, sermaye durumları, ürünlerin dağıtım ve pazarlama kanallarını bize sunacak verilere ihtiyaç bulunmaktadır. Bu düşünceden hareketle bize bu verileri en iyi şekilde sunacak kaynaklar araştırıldı. Bu kaynakların araştırılması sırasında Diyarbakır Ticaret ve Sanayi Odasıyla (DTSO) temasa geçildi. 2003 yılında, DTSO, Diyarbakır'da imalat sanayine dönük bir anket araştırmasına hazırlandığını bu ankette yöneltilecek soruların hazırlık aşamasında olduklarını bildirerek, tez konumuzda ihtiyaç duyacağımız bilgilere de ışık tutacak verilerin bulunması için ankette yöneltilecek sorulara son biçimi vermişlerdir. Zaman zaman organize sanayi bölgesine

---

[225] Bkz:Vural Fuat Savaş, **İktisatın Tarihi**, Liberal Düşünce Topluluğu, 1997, s.225; Gülten Kazgan, **İktisadi Düşünce veya Politik İktisadın Evrimi**, Remzi Kitabevi, Mayıs 1993, s.56; Jim Powell, Anne Robert Jacques Turgot, **Who First Put Laissez-Faire Principles into Action**, Laissez-Faire Books, 1997: http://www.fee.org/iol/1997/aug%2097/powell.html (Erişim: 25 Mart 2002); Henri Denis, **Ekonomik Doktrinler Tarihi I,** çev. Attila Tokatlı, Sosyal Yayınları, 1973, s.162.

gidilerek işletme yetkilileriyle doğrudan bilgi alınmaya da çalışılmıştır. DTSO, sözkonusu ankette Diyarbakır'da mevcut tüm sanayi işletmelerini kapsayacak şekilde 120'yi aşkın soru yöneltmiştir. Aşağıdaki verilerin sunulmasında bu anketlerden yararlanarak hazırlanmıştır.

Bu açıdan sanayi araştırmaları belirli bir yörede faaliyet gösteren işletmelerin sayısı türleri ve yapısal özellikleri ile yörenin kalkınmışlık düzeyi arasındaki ilişkiyi ortaya koyarlar. Diğer yandan belirli bir yöredeki sanayi işletmelerinin niteliği ve sorunları hakkında bilgi vererek sektörlerin yakından tanınması, sorunlarının teşhisi ve çözüm önerilerinin üretilmesi açısından da önemli görülmektedir. 2003 Diyarbakır Sanayi araştırmasının anketlerinin değerlendirilmesindeki temel amaç Diyarbakır'da sanayi alanında hangi sektörlerin olduğunu ve bu sektörlerde kaç işletme bulunduğunu, hangi tarihlerde faaliyete geçtiklerini, sermaye durumlarını, işletmelerin üretim ve satış büyüklüklerini belirlemektir. imalat sanayindeki işletme sahip veya sahiplerinin çoğunlukla tarım arazilerinden büyük mülkiyete sahip kesimce olduğu bilinmekle birlikte doğrudan ankette böyle bir soru(bölgenin özelliklerinden dolayı) yönlendirilememiştir. Ancak, sektörlerin ve sektör büyüklüklerinin belirlenmesi, ulusal olarak bu sektörler içinde Diyarbakır'ın yerini belirleyerek karşılaştırma yapmaya da imkan sağlayacaktır. Böylece Diyarbakır'daki işletmelerin üretim ve satışları hakkındaki bilgiler, üretime yaptıkları katkıyı ve pazardan aldıkları payı belirleme imkanı da olacaktır.

Bu verilerle sanayi işletmelerinin istihdam kapasiteleri ve istihdam özelliklerini belirlenmeye çalışılmıştır. Böylece, Diyarbakır sanayi işletmelerinde istihdam edilen toplam işgücü sayısı, ülke bazında da toplam istihdam edilen işgücünün ne kadarının Diyarbakır'da olduğunu belirlemeye katkısı olacağı düşünülmüştür.

Anketlerden sağlanan bu veriler iki şekilde değerlendirilmiştir. ilkinde, işletmeler faaliyet alanlarına, hukuki yapılarına, büyüklüklerine ve kuruluş yerlerine göre sınıflandırılmış, İkincisinde işletmelerin üretim, personel, finansman ve yönetim yapısı tanımlanarak, belli başlı sorunları belirlenmeye çalışılmıştır.

Daha önceki yıllarda yapılan çalışmaların verilerine göre Diyarbakır'da 230 sanayi işletmesi faaliyet göstermektedir. Araştırmanın evreni tüm sanayi işletmeleri olmakla birlikte, bunlardan bir bölümü henüz faaliyete geçmemiş yada faaliyetini durdurmuş; ancak varlığı henüz sona ermemiş işletmelerdir.

Diğer yandan, 6948 sayılı Sanayi Sicil Kanunu ve yönetmelikleri sanayi siciline kaydolacak işletmelerin teknoloji kullananların en az beş kişi çalıştırmasını, teknoloji kullanmayanların ise en az on kişi çalıştırmasını öngörmektedir. Başka deyişle ancak bu koşulları taşıyan işletmeler sanayi işletmesi niteliği taşımaktadır. Bu nedenle araştırmanın örneklemini en az beş kişi çalıştıran sanayi işletmeleri oluşturmaktadır. Bu kısıtlama dahilinde faaliyetlerini sürdüren ve ankete katılmayı kabul eden tüm işletmeler araştırma kapsamına alınmıştır.

Araştırma yüzyüze anket yöntemiyle uygulanmıştır. İşletmelerin mevcut durumlarını belirlemek amacıyla açık uçlu ve çoktan seçmeli bir anket hazırlanmıştır. Anket formu 121 sorudan olmuştur. İlk bölümde işletmelerin kimlik bilgileri, ikinci bölümde üretim yapısı ve teknolojisi, üçüncü bölümde pazarlama faaliyetleri, dördüncü bölümde çalıştırdığı işgörenlerle ilgili bilgiler, beşinci bölümde finansal yapısı yer almıştır. Bu formlarının uygulanmasında işletme yöneticilerinin işletmenin mevcut durumu ve faaliyetleri hakkında doğru bilgiler vereceği, bilgi saklamayacağı varsayılmıştır. Araştırmanın kısıtları ise, işletmelerin üretim, satış ve işgücü hakkındaki sayısal verileri ve sorunlarını doğru olarak belirtmemeleri yada belirtmekten sakınmalarıdır.

Yapılan anket araştırmasının formlarından edilen veriler iki başlıkta sunulacaktır. Birincisinde işletmeler faaliyet alanlarına, hukuki yapılarına, büyüklüklerine ve kuruluş yerlerine göre sınıflandırılacaktır. İkincisinde ise işletmelerin sermaye, üretim, pazarlama, ve yönetim yapıları sunulacaktır.

6.3.1. Diyarbakır'da Sanayi İşletmelerinin Sınıflandırılması

İşletmelerin sınıflandırılmasında faaliyet alanlarına, hukuki yapılarına, büyüklüklerine, kuruluş tarihlerine ve Diyarbakır ili içindeki kuruluş yerlerine göre olmak üzere dört farklı ayırım kullanılmıştır.

6.3.1.1. İşletmelerin Faaliyet Alanlarına Göre Sınıflandırılması

Sanayi araştırması anketi uygulanmadan yapılan ön araştırmalarda Diyarbakır'da faaliyet gösteren işletmelerin 7 alanda yoğunlaştığı görülmüştür. Buna göre faaliyet alanlarının sınıflandırılmasında Devlet İstatistik Enstitüsünün belirlediği sektör ayrımları esas alınmıştır.

Tablo 81

İşletmelerin Faaliyet Alanlarına Göre Dağılımı

Faaliyet Alanları	**Firma Sayısı**	**Tümü İçindeki %'si**	**Kümülatif %**
Gıda	40	17,39	17,39
Kimya, petrol, plast.	28	12,17	29,57
Tekstil	62	26,96	56,52
Ağaç ve ürünleri	12	5,22	61,74
Metal eşya, makine	19	8,26	70
Taş ve toprak sanayii	27	11,74	81,74
Mermer	31	13,48	95,22
Diğer	11	4,78	100
Toplam	**230**	**100**	

Tablo'da görüldüğü gibi, en fazla sayıda işletmenin tekstil, gıda ve mermer alanında olduğu görülmektedir. Bu yoğunlaşma Diyarbakır'ın coğrafi ve ekonomik yapısına bağlıdır. Diyarbakır'da tarımsal sulamaya dayalı pamuk üretimi ve gıda yoğunluğu ile mermer yataklarının zenginliği işletmelerin yoğunluğunu açıklamaktadır.

6.3.1.2. İşletmelerin Hukuki Yapılarına Göre Dağılımı

İşletmelerin hukuki yapılarına göre sınıflandırılmasında esas olarak hukuki yapıları, işletmelerin kuruluş tarihlerine göre dağılımı ele alınmıştır.

Tablo 82

İşletmelerin Hukuki Yapılarına Göre Dağılımı

	Firma Sayısı	Tümü İçindeki %'si	Kümülatif %
Tek Kişi İşletmesi	23	10,00	10,00
Kollektif Şirket	4	1,74	11,74
Limited Şirket	130	56,52	68,26
Anonim Şirket	56	24,35	92,61
Diğer	17	7,39	100,00
Toplam	230	100,00	

Araştırmaya konu olan işletmelerin %56.5'i limitet şirket, %24.4'si anonim şirket ve %10'u tek kişi işletmesidir. Bu dağılım işletme kuruluşunda en çok limited şirket yapısının tercih edildiğini göstermektedir. Gözlemlere dayanarak, bunun nedeninin limited şirketlerin ortaklarının üçüncü şahıslara karşı sınırlı olması, kuruluşunun anonim şirkete göre daha kolay olması ve daha çeşitli faaliyet alanlarında çalışmasına uygun olmasıdır.

İşletmelerin faaliyet alanları ile hukuki yapıları karşılaştırıldığında, tekstil işletmeleri (62 işletme) mermer işletmeleri (31 işletme) ve gıda işletmeleri (40 işletme) ilk olarak limited şirket biçimini tercih etmekte; buna karşılık ikinci olarak tekstil işletmeleri anonim şirket biçimini tercih etmektedirler. Aynı şekilde, mermer işletmelerinin (31) diğerlerine göre çoğunluğunun da tek kişi işletmesi olarak kurulduğu görülmektedir.

Tablo 83

Faaliyet Alanlarına Göre İşletmelerin Hukuki Yapılarının Dağılımı*

	Tek Kişi İşl.	Kollektif Şirket	Limited Şirket	Anonim Şirket	Diğer	TOPLAM
Gıda	10	3	18	9	-	**40**
Kimya, Plastik	3	-	18	5	2	**28**
Tekstil	3	-	40	15	4	**62**
Ağaç ve Ürünleri	1	-	4	1	6	**12**
Metal Eşya, makine	3	-	11	3	2	**19**
Toprak Sanayi	1	1	15	9	1	**27**
Mermer	2	-	18	11	-	**31**
Diğer	-	-	6	3	2	**11**
TOPLAM	**23**	**4**	**130**	**56**	**17**	**230**

*Tekstil Sektöründe "Sümerhalı ve Sümer Holding A.Ş.", Gıda Sektöründe "Tekel Yaprak Tütün İşleme Fabrikası, Tekel İçki Fabrikası, Et ve Balık Kurumu", Metal Eşya-Makine Sektöründe "TEMSAN – Türkiye Elektromekanik San. A.Ş." firmaları kamu işletmesidir.

Araştırmaya konu olan işletmelerin kuruluş tarihlerine göre dağılımı incelendiğinde, 1994 yılından itibaren işletme kuruluşlarında bir artış olduğu görülmektedir. İlk işletmenin kurulduğu 1958 yılından 1993 yılına kadar geçen 35 yılda 55 işletme, 1994 yılından 2001 yılına kadar geçen 8 yılda da 175 işletmenin açıldığı, bu da araştırmaya konu olan işletmelerin %24'ü 35 yılda, %76'sı da 8 yılda işletmeye açıldığı görülmektedir. Bu artışın 1994 yılından itibaren bölgede cereyan eden olaylarda bir azalışı ve uygulanan ekonomik politikalarla bir ilişkisi olabileceği gibi, devletin bölge için uyguladığı sübvansiyonların da bir etkisi olduğu düşünülmektedir.

6.3.1.3. Diyarbakır'da Sanayi İşletmelerinin Kuruluş Tarihine Göre Dağılımı

Tablo 84
İşletmelerin Kuruluş Tarihlerine Göre Dağılımı

Yıl	Firma Sayısı*	Tümü İçindeki (%)'si	Kümülatif (%)
1958	1	0,4	0,4
1961	1	0,4	0,8
1973	3	1,31	2,11
1975	2	0,9	3,01
1976	1	0,4	3,41
1978	1	0,4	3,82
1979	1	0,4	4,22
1980	1	0,4	4,62
1981	1	0,4	5,02
1982	1	0,4	5,42
1983	1	0,4	5,82
1984	3	1,31	7,13
1985	6	2,61	9,74
1986	6	2,61	12,35
1987	2	0,9	13,25
1988	4	1,71	14,96
1989	2	0,9	15,86
1990	10	4,32	20,18
1991	2	0,9	21,08
1992	4	1,71	22,79
1993	2	0,9	23,69
1994	12	5,22	28,92
1995	9	3,92	32,83
1996	13	5,72	38,55
1997	27	11,75	50,3
1998	27	11,75	62,05
1999	20	8,73	70,78
2000	37	16,16	86,95
2001	30	13,05	100
Toplam	230	100	

***Kamu İşletmelerinden, Et-Balık Kurumu A.Ş. Et Kombinası 1973, Sümer Holding A.Ş. 1978, TEMSAN- Türkiye Elektromekanik San. A.Ş. 1982, , Sümer Halı 1985, Tekel İçki Fabrikası 1987, Tekel Yaprak Tütün İşleme Fabrikası 1997 yıllarında kurulmuştur.**

Yukardaki Tablo'ya göre, 1958 yılında kurulan tek işletmenin 43 yıldır faaliyetini sürdürdüğü görülmektedir. En yeni işletme sayısı ise 2001 yılında kurulan 30 işletmedir. Yine tabloda görüldüğü gibi işletmelerin çoğunluğu 1994 yılından itibaren faaliyet göstermektedirler.

Tablo 85

İşletmelerin Sektörel Bazda İstihdam Dağılımları

Sektörler	1-9 arası	10-24 arası	25-49 arası	50-150 arası	150 + üstü
Gıda	20	12	4	2	2
Kimya, Plastik	14	12	2	-	-
Tekstil	3	14	16	25	4
Ağaç ve Ürünleri	9	2	1	-	-
Metal Eşya, Makine	9	6	2	1	1
Toprak Sanayi	3	6	9	9	-
Madencilik	4	15	10	2	-
Diğer	6	3	2	-	-
Toplam	**68**	**70**	**46**	**39**	**7**

6.3.1.4. İşletmelerin Büyüklüklerine Göre Dağılımı

Araştırmaya konu olan işletmelerin büyüklüklerinin belirlenmesinde KOSGEB'in belirlemiş olduğu büyüklük sınıflandırması esas alındığında, 1-9 işçi çalıştıran işletmeler "çok küçük", 10-49 işçi çalıştıran işletmeler "küçük", 50-150 işçi çalıştıran işletmeler "orta büyüklükte" ve "150'den fazla" işçi çalıştıran işletmeler büyük işletme olarak nitelendirilmektedir.

Tablo 86

İşletmelerin İşgören Bazındaki Büyüklük Dağılımları

	Firma Sayısı	Tümü İçindeki (%)'si	Kümülatif (%)
Çok küçük	68	29,57	29,57
Küçük	116	50,43	80,00
Orta	39	16,96	96,96
Büyük (150+)	7	3,04	100,00
Toplam	230	100,00	

Buna göre, araştırmaya konu olan işletmelerin %29,57'si çok küçük, %50,43'ü küçük, %16,96'sı orta büyüklükte ve %3,04'ü de büyük işletmedir. Dolayısıyla işletmelerin %96,96'sı KOBİ olarak nitelendirilen küçük ve orta ölçekli işletme niteliğindedir.

6.3.1.5. İşletmelerin Kuruluş Yerlerine Göre dağılımı

İşletmelerin kuruluş yerlerine göre dağılımı kapsamında, şehir merkezi, ana arterler olarak Şanlıurfa Karayolu, Elazığ Karayolu, Mardin Karayolu, Silvan Karayolu, Eski Silvan Karayolu, Organize Sanayi Bölgesi, Küçük Sanayi Siteleri, Gıda Toptancılar Sitesi ve ilçeler ayrımı temel alınmıştır.

Tablo 87

İşletmelerin Kuruluş Yerlerine Göre Dağılımı

	Firma Sayısı	Tümü İçindeki (%)'si	Kümülatif (%)
Merkez (çarşı)	27	11,74	11,74
Şanlıurfa Karayolu	34	14,78	26,52
Elazığ Karayolu	15	6,52	33,04
Mardin Karayolu	13	5,65	38,70
Silvan Karayolu	11	4,78	43,48
Eski Silvan Karayolu	10	4,35	47,83
Küçük San. Sitesi	30	13,04	60,87
Gıda Top. Sitesi	20	8,70	69,57
Org. San. Böl.	25	10,87	80,43
Bismil	14	6,09	86,52
Ergani	3	1,30	87,83
Hani	5	2,17	90,00
Lice	1	0,43	90,43
Çermik*	10	4,35	94,78
Çüngüş	2	0,87	95,65
Çınar	1	0,43	96,09
Kulp	1	0,43	96,52
Hazro	3	1,30	97,83
Silvan	3	1,30	99,13
Kocaköy	2	0,87	100,00
Toplam	230	100,00	

***Bu ilçede işletme sayısı, mermer ocaklarının fazlalığından kaynaklanmaktadır.**

Bu ayrıma göre işletmelerin %11,74'ü şehir merkezinde, %14,78'i Şanlıurfa Karayolunda, %6,52'si Elazığ Karayolunda, %5,65'i Mardin Karayolunda, %4,78'i Silvan Karayolunda, %4,35'i Eski Silvan Karayolunda, %13,04'ü Küçük Sanayi Sitesinde, %8,70'i Gıda Toptancılar Sitesinde, %10,87'si Organize Sanayi Bölgesinde toplanmaktadır. Diğer yandan ilçeler içinde Bismil %6,09'la en fazla işletme yoğunluğuna sahiptir. Diğer ilçelerde ise, işletme yoğunluğu toplam olarak %13,45'tir.

6.3.2. İşletmelerin İşlevsel Yapıları

İşletmelerin işlevsel yapısını belirlemek üzere dört temel alan incelenmiştir. Bunlar; üretim, pazarlama, personel ve finansmandır.

6.3.2.1. Üretim Yapısı

Bu bölümde işletmelerin genel veya faaliyet alanlarına göre ayrımlı olarak üretim kapasiteleri, girdi sağlamada karşılaştıkları sorunlar, kullandıkları makine ve teçhizat, kullandıkları enerji ve kalite kontrol yöntemleri incelenecektir.

Öncelikle işletmelerin kapasite bilgilerine bakıldığında İşletmelerin %45,2'sinin kapasite raporuna sahip olduğu anlaşılmaktadır. Buna karşılık, %56,8'inin kapasite raporunun olmaması işletmelerin neredeyse yarısından fazlasının olması gereken ve gerçekleşen kapasite konusunda bir bilgisinin olmadığını ve yapılan yatırımın etken ve verimli bir biçimde değerlendirme imkanından yoksun olduğunu göstermektedir. Aşağıdaki Tablo'da görüldüğü gibi, işletmelerin %93,2'si %90 kapasitenin altında çalışmaktadır. Kapasite oranları genellikle %10-50 arasında yoğunlaşmaktadır ve ağırlıklı ortalaması %36'dır. Dolayısıyla işletmelerin ortalama %64'lük atıl kapasite ile çalıştıkları söylenebilir.

Tablo 88

İşletmelerin Kapasite Oranları

	Firma Sayısı	Tümü İçindeki (%)'si
% 1-10 arası	33	13,70
% 11-20 arası	31	15,07
% 21-30 arası	42	18,72
% 31-40 arası	34	15,98
% 41-50 arası	36	16,89
% 51-60 arası	12	5,02
% 61-70 arası	8	3,65
% 71-80 arası	5	2,28
% 81-90 arası	4	1,83
% 91-100 arası	15	6,85
Toplam	220	100,00
Cevapsız	10	4,78
Toplam	230	

Atıl kapasite, üretim faktörlerinden yeterince yararlanılamadığını, yatırıma dönüşen kaynakların atıl bırakıldığını gösterir. Dolayısıyla, %64'lük atıl kapasite, işletmeler için ve ulusal ekonomi açısından kaynakların israfı anlamına gelmektedir.

Tablo 89

İşletmelerin Kapasite Oranları ile Faaliyet Alanları Arasındaki İlişki

	%1-10 arası	%11-20 arası	%21-30 arası	%31-40 arası	%41-50 arası	%51-60 arası	%61-70 arası	%71-80 arası	%81-90 arası	%91-100 arası
Gıda	10	4	5	7	6	1	1	2	-	4
Kimya, Plas.	2	6	5	4	4	1	1	1	-	3
Tekstil	3	8	15	8	15	2	-	1	3	6
Ağaç &Ür.	4	2	-	3	1	-	-	1	-	1
Metal Eşya	4	3	7	2	2	-	1	-	-	-
Toprak San.	4	5	2	5	6	2	1	-	-	-
Madencilik	4	1	8	3	1	5	4	-	-	1
Diğer	2	2	-	2	1	1	-	-	1	-
Toplam	33	31	42	34	36	12	8	5	4	15

Tablo'da, %10 ve daha az kapasite ile çalışan 30 işletmenin 10'u gıda, 4'ünün de ağaç ve orman ürünleri, metal eşya sanayii, taş ve toprağa dayalı sanayi sektöründe olduğu ve bulunan tüm işletmeler %10-50 kapasite biriminde kümelendiği görülmektedir.

Tablo 90

İşletme Büyüklükleri ile Kapasite Oranları Arasındaki İlişki

Kapasite Oranı	Çok Küçük	Küçük	Orta	Büyük	TOPLAM
% 1-10 arası	18	14	1	-	33
% 11-20 arası	13	15	3	-	31
% 21-30 arası	8	26	7	1	42
% 31-40 arası	4	22	7	1	34
% 41-50 arası	10	13	12	1	36
% 51-60 arası	5	7	-	-	12
% 61-70 arası	-	6	2	-	8
% 71-80 arası	1	4	-	-	5
% 81-90 arası	-	1	2	1	4
% 91-100 arası	4	6	5	-	15
Toplam	63	114	39	4	220

Tablo'da göre, %10 ve atıl kapasite ile çalışan 33 işletmeden 32'si çok küçük ve küçük işletme bulunurken, orta işletme bulunmamakta, büyük işletme sayısı ise Yalnızca 1 tane bulunmaktadır.

İşletmeleri düşük kapasiteye neden olan faktörleri önem derecesine göre değerlendirdiğimizde ise, işletmelerin %49,1'i pazarın daralması, %11,7'si yüksek enflasyon ve %33,9'u da öz sermaye eksiklini birinci derecede önemli kapasite düşüklüğü nedeni olarak görülmektedir.

Tablo 91

İşletmelerin Düşük Kapasiteyle Çalışma Nedenleri

	Firma Sayısı	Tümü İçindeki (%)'si	Kümülatif (%)
Öz sermaye yetersizliği	58	33,92	33,92
Yanlış kuruluş yeri	-	-	-
Hammadde bulamama	5	2,92	36,84
Kalifiye eleman eksikliği	4	2,34	39,18
Teknoloji yetersizliği	-	-	-
Pazarların daralması	84	49,12	88,30
Yüksek enflasyon	20	11,70	100,00
Toplam	171	92,43	92,43
Cevapsız	14	7,57	100,00
Toplam	185	100,00	

Kapasite bilgilerinin sonuçları, işletmelerin kapasitelerinin pazarın daralmasıyla ortalama %36'lara düştüğünü göstermektedir. Atıl kapasitenin birincil pazarın daralması, diğerleri ise öz sermaye yetersizliği ve yüksek enflasyon olduğu görülmektedir.

İşletmeler kuruluş aşamasında yeterince pazar araştırması yapmadan, çevresindeki benzer işletmelere bakarak veya elindeki kaynakları çerçevesinde kurulmaktadır. Bu nedenle, pazardaki ani dalgalanmalar, işletmelerin kapasitelerinin yetersiz veya gerekenden daha büyük duruma gelmesine sebep olmaktadır.

İşletmelerin ortalama %64 atıl kapasite ile çalışmaları, işgücü, makine, bina vb.. gibi kaynakların atıl kullandığı anlaşılmaktadır. Bu da üretimin etkinliğini ve maliyetleri direkt etkilemekte, birim maliyet üzerine düşen sabit maliyet tutarının artmasına ve dolayısıyla birim fiyatın yükselmesine sebep olmaktadır. İşletmelerin rekabet gücü açısından bu istenmeyen bir durumdur.

Üretim şekilleri "sipariş üretimi", "seri üretim" ve "mevsimlik üretim" olarak üç ana grupta toplanabilir. Diyarbakır'daki işletmelerin üretim şekillerine göre dağılımı Aşağıdaki Tablo'da gösterilmiştir.

Tablo 92

İşletmelerin Üretim Şekilleri

	Firma Sayısı	**Tümü İçindeki (%)'si**	**Kümülatif (%)**
Sipariş üretimi	44	19,13	19,13
Seri üretim	113	49,13	68,26
Mevsimlik üretim	73	31,74	100,00
Toplam	230	100,00	

İşletmelerin üretim şekilleri incelendiğinde %49,13'ünün "seri üretim" ile önemli çoğunluğu oluşturduğu, %31,74'ü "mevsimlik üretim" ve %19,13'ü ise "sipariş üretim"in takip ettiği görülmektedir. İşletmelerin önemli bir çoğunluğunun seri üretime dayalı üretim yapması, makine ve teçhizatın seçimi, üretim planlama, stok ve personel politikasında daha esnek ve kısa vadeli hareket etmelerinin zorunlu kılmaktadır.

6.3.2.2. İşletmelerde Kalite Yönetimi

Araştırmaya konu olan işletmelerin %65,7'sinin bir kalite standardına sahip oldukları, geri kalan %34,3'ünün ise hiçbir kalite standardına sahip olmadıkları görülmektedir. İşletmelerin yarısına yakınının bir kalite standardına sahip olmaması düşündürücüdür. Bu durum işletmelerin kaliteye verdikleri önemin ne derece düşük olduğunun bir göstergesidir.

Belirli bir standardı uyguladığını belirten işletmelerin önemli bir bölümü de (%54,8) işletme içi standartlara sahip olduklarını belirtmektedirler. Bu durum ulusal ve uluslararası pazarlarda rekabet edebilecek bir kalite düzeyinin uygulandığı konusunda kuşkular yaratmaktadır.

Tablo 93

İşletmelerde Kullanılan Kalite Standartları

	Firma Sayısı	Tümü İçindeki (%)'si
İşletme içi standartlar	126	54,8
TSE	17	7,4
ISO 9000 serisi	8	3,5
Diğer	-	-
Toplam	151	65,7
Cevapsız	79	34,3
Toplam	230	100,0

İşletmelerin %7,4'ü TSE, %3,5'ı ISO 9000 serisi ve %54,8'i de işletme içi standartları kullandıkları görülmektedir. Uluslararası standartları uygulayan işletmelerin oranı yok denecek kadar düşük olması dışa açılması beklenen işletmeler için oldukça yetersiz bir sonuç arz etmektedir.

Tablo 94

İşletmelerde Uygulanan Kalite Kontrol Yöntemleri (1)

	Firma Sayısı	Tümü İçindeki (%)'si	Kümülatif (%)
El ve göz muayenesi	180	78,26	78,26
Atölye dışı laboratuarlarda	-	-	-
İşyeri laboratuarlarında	40	17,39	95,65
Çalışanların üretim aşamasında kendi kendini kontrolü	8	3,48	99,13
Tam otomatik üretimde kapalı devre kontrolü	2	0,87	100,00
Toplam	230	100,00	

İşletmeler ürün kalitesini güvence altına almak için uyguladıkları kalite kontrol yöntemlerinde ağırlık %78,26'i el ve göz ile muayene üzerinde yoğunlaşmaktadır. Kalite kontrol için işyeri laboratuarı oluşturan işletmelerin oranı %17,39'dur. Diğer yandan, işletmelerin %3,48'i ise "üretimin her aşamasında çalışanların kendi işlerinin kalitesini kontrolü" yöntemiyle kaliteyi güvence altına aldıklarını ifade ederek belirtmişlerdir. Bu tür bir kalite kontrol yöntemi ancak toplam kalite yönetimi uygulayan işletmelerde ya da kısmen ISO 9000 standartlarını uygulayan işletmelerde kullanılmaktadır. ISO 9000 standartlarını uygulayan %3,5'lik oranının dışında kalan işletmelerin bu yöntemi bilinçsiz olarak beyan ettikleri anlaşılmaktadır.

Ürünlere uygulanan kalite kontrol yöntemlerinin en çok tercih edilenleri el ve gözle muayene ile çalışanların üretim aşamasında kendi işini kontrolü olarak görülmektedir. Bu yöntemlerin de ortak özelliği, ek bir yatırım veya maliyet getirmemesidir. Bununla birlikte, yukarıda da belirtildiği gibi, üretimin her aşamasında çalışanların kendi işinin kalitesini kontrol etmesi ve nihai olarak kalite kontrol uzmanları tarafından yapılan kontrole gerek kalmaması eğitim faaliyetlerine yatırım yapmamayı gerektirir. Diğer yandan el ve göz ile muayene yöntemi de en azından önceden belirlenen standartlarla ürünü karşılaştıracak kalite kontrol uzmanları çalıştırmayı gerektirir.

6.3.2.3. İşletmelerde Kapalı Alanlar

İşletmelerin kapalı alanları itibariyle ilk sırayı 250 m² ve altı olanları (%27,4), ikinci olarak 251-500 m² arası (%13,9), üçüncü sırayı ise 10 000 m²'nin üzerindeki (%11,3) işletmeler almaktadır.

Tablo 95
İşletmelerin Kapalı Alanları

	Firma Sayısı	Tümü (%)
1-250 m²	63	27,4
251-500 m²	32	13,9
501-1000 m²	25	10,9
1001-2000 m²	24	10,4
2001-3000 m²	14	6,1
3001-4000 m²	13	5,7
4001-5000 m²	9	3,9
5001-10000 m²	24	10,4
10000 + m²	26	11,3
Toplam	230	100,0

6.3.2.4. Yıllık Kullanılan enerji miktarı

Diyarbakır'da faaliyet gösteren sanayi işletmelerinde birinci derecede enerji türü olarak elektrik kullanılmaktadır. Ancak işletmelerin kullandıkları enerji miktarları konusunda yeterli veri elde edilememiştir. Bu nedenle TEDAŞ verilerinden(sulama amaçlı trafo ve) yararlanarak işletmelerin kullandıkları enerji miktarları belirlenmeye çalışılmıştır.

Tablo 96
Yıllara Göre Diyarbakır'daki Elektrik Kullanımları

YIL	İşletme Sayısı	KWh/İşl. Sayısı	Sanayi İşletmeleri yıllık elektrik sarfiyatı (kWh/Yıl)	Diyarbakır İli Toplam Elektrik Sarfıyatı
1997	1.779	46.128	82.061.151	504.757.633
			%16,26	%100
1998	2.488	16.634	41.386.223	535.554.944
			%7,73	%100
1999	1.635	24.754	40.473.042	547.294.849
			%7,40	%100
2000	1.635	72.286	118.188.374	700.043.275
			%16,88	%100
2001	1.635	66.062	108.011.239	870.153.859
			%12,41	%100

Kaynak: TEDAŞ Diyarbakır Müessese Müdürlüğü, 2001.

Tablo incelendiğinde, Diyarbakır sanayi işletmelerinin yıllık elektrik kullanımlarında gittikçe bir artış kaydettiği görülmektedir.

6.3.2.5. İşletmelerde Hammadde Kullanımı

İşletmelerin kullandıkları hammaddelerin kaynakları yerel ve ulusal kaynaklar olarak sıralanmış ve işletmelerin öncelik sırasına göre hangi kaynaklardan hammadde sağladıklarını tespit edilmiştir.

Araştırmaya göre, 230 işletmenin %50,87'si öncelikli olarak yerel (Diyarbakır içi) kaynakları, %48,26'sı ise ulusal (ülke içi) kaynakları, %0,87'si ise her ikisini de kullandıkları tespit edilmiştir. Buradan işletmelerin genellikle yakın kaynaklara yöneldiği görülmektedir.

Tablo 97

Hammadde Sağlama Kaynakları

	Firma Sayısı	Tümü İçindeki (%)'si	Kümülatif (%)
Yerel kaynaklar	117	50,87	50,87
Ulusal kaynaklar	117	48,26	99,13
Uluslararası kaynaklar	-	-	-
Hepsi	2	0,87	100,00
Toplam	230	100,00	

İşletmeler, genellikle hammaddeyi Diyarbakır ve çevresinden karşılamakta, ikinci sırada ise, ülke içi kaynaklardan karşılamaktadır. İşletmelerin önceliği yakın kaynaklara verdikleri görülmektedir. Bunun nedeni olarak da hammaddeyi bulma ve hammadde kaynağına ulaşımın kolay olması, hammadde taşıma maliyetlerinin düşüklüğü gösterilebilir.

Genel olarak bakıldığında işletmelerin hammadde temininde karşılaştıkları sorunların en önemlisi hammaddenin zamanında bulunamaması gelmektedir. Bunu hammaddenin yeterli miktarda ve istenilen nitelikte olmaması sorunları izlemektedir. Bu üç sorunun temelinde işletme sayısının fazla olduğu tekstil, mermer ve gıda gibi sektörlerin hammaddesinin üretiminin belirli zaman aralıklarıyla sınırlı olmasıdır. Örneğin, mermer hammaddesinin kışın soğuk ve karlı günlerinde çıkarmak zordur. Diğer yandan tekstil sektörünün temel hammaddesi olan pamuğun da sonbaharın ilk aylarında, gıda sektörünün de yaz aylarında yetiştirilmektedir.

6.3.3. Pazarlama Yapısı

Bu bölümde işletmelerin ürettikleri ürünleri sattıkları pazar, ihracat yapıp yapmadıkları, yapıyorlarsa hangi dış pazarlara yöneldikleri, ihracata yönelme nedenleri ve karşılaştıkları sorunlar incelenmiştir.

6.3.3.1. Pazarlar

İşletmelerin yöneldikleri pazarları önem derecesine göre sıraladığımızda, işletmelerin %76,6'sı yerel ve bölgesel pazarlar, %21,3'ünün de ulusal pazarları ilk sırada tercih ettikleri görülmektedir. İşletmelerin %27'si bölgesel pazarları ve %2,2'si ise uluslararası pazarları tercih ettikleri görülmektedir.

Tablo 98

İşletmelerin Ürünlerini Sattıkları Pazarlar

	Firma Sayısı	Tümü İçindeki %'si
Mahalli	114	49,6
Bölgesel	62	27,0
Ulusal	49	21,3
Uluslararası	5	2,2
Toplam	230	100,0

Bu durumda pazar sıralamasında ilk sırayı yerel pazarlar, ikinci sırayı ulusal pazarlar ve üçüncü sırayı da uluslararası pazarlar almaktadır.

6.3.4. İşletmelerin Finansal Yapısı

İşletmelerin çoğunluğunu oluşturan küçük ve orta ölçekli işletmelerin en önemli sorunlarının alacaklarının zamanında tahsil edilememesidir. Diğer sorunları ise sırasıyla kredi maliyetlerinin yüksekliği ve öz kaynakların yetersizliği oluşturmaktadır. Bu durum, KOBİ'lerin alacak tahsilinde sorunlarının olduğunu, ayrıca öz kaynaklarının yetersizliği ve kredi maliyetlerinin yüksekliği nedeniyle yeterince yabancı kaynak bulamadıklarını göstermektedir. Sonuç olarak KOBİ'lerin finansal açıdan başta alacaklarını zamanında tahsil etmeleri, öz kaynaklarını güçlendirmeleri gerekmektedir.

6.3.5. İşletmenin Yönetim Yapısı ve İşgören Profili

İşletmelerin faaliyetlerini sürdürmesinde en önemli kaynak insandır. İnsan kaynağı, işletmelerin faaliyetlerine yön veren yöneticiler ve işleri yapan işgörenlerden oluşmaktadır. İşletmelerin gerek üst yönetim ve gerekse daha alt düzeydeki insan kaynağının kalitesi başarı ya da başarısızlıkların altında yatan en önemli neden olarak görülmelidir.

6.3.5.1. Yönetim Yapısı

İşletmelerin yönetim yapısı kapsamında üst yönetimin niteliği, eğitim düzeyi, işgörenlerin sayı ve niteliklerine göre dağılımı ve departmanlaşma düzeyi incelenmiştir. Departmanlaşma düzeyini belirlemek üzere, işlevsel alanlarda çalışanların sayısı ölçü olarak alınmıştır. İşletmelerin üst düzey yönetiminde büyük çoğunlukla işletme sahipleri bulunmaktadır. Eğer işletme sahibinin yakınları da dahil edilirse, üst yönetimin sermaye sahiplerinden oluşmasının oranı %99'a çıkmaktadır. Bu durum işletmelerin tepe yönetiminin profesyonel yöneticilere bırakılması aşamasına gelmediğini göstermektedir.

6.3.6. Danışmanlık Hizmetlerinden Yararlanma

İşletmelerin neredeyse tamamına yakınının üst yönetimi işletme sahibi olmasına ve yarısından çoğu da üniversite eğitimi almamasına rağmen, işletmelerin çoğunda danışmanlık hizmetlerinden yararlanılmamaktadır. Danışmanlık hizmetlerinden yararlanan işletmeler Ticaret ve Sanayi Odası, KOSGEB İl Temsilciliği, Diyarbakır GAP-GİDEM'den faydalanma yoluna gitmektedirler ya da kısmen mali müşavirlerden yararlanmaktadırlar. Bu da özellikle mali müşavirlik ve hukuk müşavirliği hizmetlerinin işletmelerin kuruluşundan itibaren karşılaştıkları sorunlarla ilişkili görülmektedir.

7. SONUÇ VE ÖNERİLER

Diyarbakır'da tarım sektöründe, Planlı dönemden 2000 yılına kadarki süreçte işletmelerin, birikmiş sermayelerinin büyük bir kısmını, hasılası en yüksek alana, diğer bir değişle en karlı olduğu üretim alanı olan tarımsal ürünlerin üretiminde kullanmışlardır. Sanayi sektörüne ise 1990'lardan sonra az miktarda da olsa yatırım gerçekleştirilmiştir. İlgili dönemde tarım sektöründe gerek toprak kullanım alanlarında ve gerekse girdi kullanımında olumlu gelişmeler sağlanmıştır.

Diyarbakır'da toplam ekili alan 1950 yılında 114.000'den 1963'te 216.713 ha ve 2001 yılında ise 645.199 hektar alana çıkmıştır[226]. sulama alanlarına bakıldığında sanayi bitkilerinde (%95'i pamuk ekimini oluşturmaktadır) 1950'de toplam ekili alanın %0.8'ini 1963'te %1.8, 2001 yılında ise yaklaşık olarak %10'unu oluşturmuştur.

Planlı dönemden 2000 yılına kadar Diyarbakır'da tarım topraklarının kullanımında yaklaşık olarak 3 katı kadar bir artış sağlanmıştır. Sulama alanlarında ise 10 katından daha fazla bir artış kaydetmiştir.

Toplam tahıl üretiminde yaklaşık olarak 9-10 kat bir artış kaydetmiştir. Toprak kullanım alanında 3, üretimde ise 9-10 kat artış sağlanması ilgili dönemde kullanılan modern teknolojik girdiler sayesinde olduğu sanılmaktadır[227].

---

226 DİE, **GAP İl İstatistikleri 1950-1996**, s.471; DİE, **Tarımsal Yapı (Üretim,Fiyat,Değer) 2001**, s.13.

227 DİE, **GAP İl İstatistikleri 1950-1996** Ankara,s.471,556;DİE,**GAP İl İstatistikleri 1997-1998** s.108,109; DİE,**GAP İl İstatistikleri 2001**, s.99.

Toplam yetiştirilen canlı hayvan sayısında dalgalı (1964'te 1.130 bin 1980'de;1.782 bin, 2001'de ise;1.386) ve önemsiz bir artış sağlanmış ve Türkiye'deki payı 1964'te %1.58 (1.130 bin) iken 1980'de 1.782 bin 2001'deki payı %3.05'e çıkmıştır.

Nadasa ayrılan toplam ekili alan 1963'te %45 oranında iken 2002'de %11.17'ye inmiştir. Kullanılan gübre ilaç ve sulama sayesinde olduğu düşünülmektedir.

Tarımda çalışanların il toplam faal nüfusu içindeki payına bakıldığında, bu payın da yüksek olduğu görülür. 1955 ile 1975 arasında tarımda çalışanların faal nüfus içinde ki payı, Türkiye genelinde %77,4'den %64,l'e düşerken, Diyarbakır'da %88'den ancak %76'ya inmiştir.

Optimal tarımsal alan olarak kabul edilen 200 dekar ve üstü toprak mülkiyetine bakıldığında, 1970 yılında toplam arazilerin %66.2'si %13.5'inin tasarrufunda bulunmakta iken 2001'de toplam arazilerin %65.32'si %11.52'sinin tasarrufunda yer almaktadır. Mülkiyet yapısında önemli bir değişiklik kayd edilmemekle birlikte 5000 dekar alan ve üstü tek mülkiyette miras vb.. yollarla azalma meydana gelmiştir. 5000 dekar ve üstü toprak mülkiyetine bakıldığında 1970'te toplam tarım alanlarının %17.2'si %0.2 üreticinin tasarrufunda bulunurken, 2001 yılında % toplam arazilerin %2.1'i, %0.01'lik bir üretici payının tasarrufunda bulunmaktadır.

Mekanizasyona bakıldığında 1954 yılında Türkiye ortalamasında hektaralan/traktör; 1.100 iken Diyarbakır'da 6.136 idi Yani Türkiye ortalamasının 6 kat altında traktörleşme gerçekleştirilmişti. 1970'te toplam traktör sayısı 557 iken 2001 yılında 8.193 adet olmuştur. Türkiye'ye oranı ise 1970'te %0.53, 2001 yılında ise %0.82'ye çıkmıştır[228].

Gübre kullanımında 1963 yılında Türkiye'ye göre oranı %0.05 iken 2001 yılında %3'e çıkmıştır[229].

Tarımsal kredi kullanımına dönem boyunca yanaşılmamıştır. Örneğin 1999 yılında Türkiye'de dağıtılan toplam tarımsal kredilerin %0.48'i Diyarbakır'da kullandırılmıştır[230]. Yine toplam banka kredilerin kullanımında Diyarbakır 1995-96 yılında 70. sırada yer almaktadır. Oysa nüfusun ve toplam tarımsal alanların %2'sine sahiptir. Örneğin, 1995'te toplam tarımsal üretim değeri Türkiye'nin %1.94'üne tekabül ediyordu[231].

Bilindiği gibi üretim ve verimlilikte bu denli yüksek artışı sağlamak için teknolojik girdiye, teknolojik girdinin kullanılması için ise sermaye'ye ihtiyaç vardır. Bu sermayenin dış kaynaklardan (borçlanma ve bankalardan kredi çekme) temin yoluna gidilmediğine göre tamamen öz sermaye ile gerçekleştirildiği sanılmaktadır. Öz sermaye'inin artış yoluda tasarruflardır. Gelirden tüketilmeyen ve işletmede yatırım için ayrılan bu kısmın tamamen yine tarımsal üretimden kaynaklandığı yargısına varılmaktadır.

Dönem boyunca biriken sermaye tekrar tarım sektöründe kullanılmış ancak 1990'lardan sonra sulama kanallarının tesisi yoluyla tarımda verimliliği artıracak yeni bir alana geçmeye başlamış ve aynı zamanda sanayi yatırımlarına da başlanmıştır.

---

[228] DPT, **IV.BYKP Öncesi Gelişmeler**, Ankara;1990,s. 125; DİE, **Tarımsal Yapı (Üretim Fiyat,Değer), 2001**, Ankara, 2002, s.520,521;DİE, **GAP İl İstatistikleri, 1950-1996**, Ankara, 1997,

[229] DİE, **Tarımsal Yapı (Üretim, Fiyat, Değer) 2001**, s.536.; DİE, Türkiye İstatistik Yıllığı, 2002, s.286.; Diyarbakır Tarım İl Müdürliğü, **İl Tarım arazileri Gübre İhtiyacı Raporu.**

[230] TC **Ziraat Bankası, Diyarbakır Merkez Şubesi,** 1999.

[231] DİE, **GAP İl İstatistikleri** s.454, s.553.

Diyarbakır'da, 1930'lardan sonraki ekonomik yaşam mercek altına alınırsa, kurulan ilk devlet işletmesinin 1932 tarihli içki fabrikası olduğu hemen dikkati çeker. Tekel içki fabrikasının geri bağlantısı üzüme dayanırken, ileri bağlantısı zayıf ve kalkınmayı dikey yükseltecek dinamiklerden uzak olduğundan ilin ekonomisine ciddi anlamda bir hareketlilik katamamıştır.

Yine bu fabrikadan 20 yıl sonra, 1952'de kurulan Sümerbank Dokuma Fabrikası da, kurulduğu yıllarda 475 işçi çalıştıran ve genellikle askeri giyim eşyası için kumaş dokuyan bir fabrikayken, günümüzde özelleştirme yoluyla üretim dışı bırakılmıştır.

Türkiye'de 1963 yılında çıkarılan 202 sayılı yasa ile Kalkınmada Öncelikli Yöreler olarak belirlenen illere kamu yatırımlarından önemli bir pay ayrılması ile dengelerin yakalanması amaçlanmıştır. Diyarbakır, bu kategoriye dahil edildiği halde, karar uygulamada yetersiz kalmış, bölgeler arası gelişmişlik farkının kapatılması sağlanamamış, ekonomide büyüme arttıkça aradaki fark da açılmaya devam etmiştir. Otuz yıllık "Planlı Ekonomi" dönemi sanayinin hızla yoğunlaşarak adaletsizleştiği bir konum yaratmıştır. Bu da Kocaeli-İstanbul-Çorlu-Tekirdağ hattında "Kalkınmada Ayrıcalıklı Yöre" gerçeği haline gelmiştir.

Ekonominin karşılıklı üstünlükler prensibine uygun olarak kurgulanmasını engelleyen gelişme, petrolün bölgede işlenememesinde olduğu gibi; Diyarbakır'dan sağlanan yıllık 500 bin ton buğdayı ilde işletecek yeterli sanayi tesisi olmadığından, gelişmiş yörelerde işlenip tüketim için tekrar Diyarbakır'a dönen "Makarna" ve "Un" örneği ile yeterince açıklanabilir.

Yine 1963 yılı ile birlikte başlanan beşer yıllık kalkınma planları dönemi bölge illeri için sektörel tercih faktörünü ortaya sermiştir. Diyarbakır'a yapılan kamu yatırımlarının, 3. plan döneminde %38'i, 4. plan döneminde %50'si, 5. plan döneminde %69.7'si enerji sektöründe yoğunluk kazanmıştır. Anlatılan dönemde, Diyarbakır için imalat sanayine ayrılan pay ancak %2.7'dir.

Birçok araştırma göstermektedir ki; Diyarbakır'a yapılan yatırımlara bakıldığında, ağırlığın enerji sektöründe olduğu görülür. Enerji sektörü ağırlıklı yatırımlarda da temel özellik, yatırımın yapıldığı yerden çok, ülkenin toplam üretim ve arz gücünü arttırıcı niteliktedir. Sektörel bazda ise enerji amaçlı inşaatın yapımı esnasında oluşan işgücü hareketliliği de inşaatın bitimiyle birlikte yerini durgunluğa bırakmaktadır. Ve, kalkınma dinamikleri açısından sonuç ortadadır. Ülke gelişiminin tümünü kucaklayacak, ilin girdisine de çok fazla bir şeyler katmayacağı ortada olan enerjiye ayrılan kaynak %70. Oysa asıl kankınmayı gösterecek imalat sanayine ayrılan pay ise %3'lerde kalmıştır.

Diyarbakır'da sanayi işletmeleri ile ilgili olarak aşağıdaki sonuçlara varmak mümkündür:

1. Diyarbakır'da işletme yoğunluğunun en fazla olduğu üç sektör bulunmaktadır. Bunlar tekstil, gıda ve madencilik (özellikle mermer) işletmeciliğidir. Bu üç sektördeki işletme yoğunluğunun nedeni, Diyarbakır'da ekonomik olarak tarımsal üretimin ve hayvancılığın yaygın olması, jeolojik olarak da mermer ve bazalt kaynaklarına sahip olunmasıdır.

2. Diyarbakır'da faaliyet gösteren sanayi işletmeleri ağırlıklı olarak sermaye şirketi biçiminde kurulmuşlar ya da sonrada sermaye şirketi biçimine dönüşmüşlerdir. Tercih edilen hukuki yapı limited şirketler şeklindedir. İşletmelerin sermaye şirketi biçiminde örgütlenmesi, özellikle bir başarısızlık durumunda üçüncü şahıslara karşı şirket ortaklarının şahsi mal varlıklarını koruma amacını taşımaktadır. Diğer yandan, limited şirket biçimindeki şirketlerin değişik faaliyet alanlarında çalışmalarının mümkün olması da herhangi bir riskle karşılaşıldığında, diğer alanlarda faaliyetlerini sürdürmelerine imkan sağlamaktadır. Bununla birlikte, şirketlerin ortak sayısının nispeten az olması, (limitedlerde iki, anonim şirketlerde en az beş) ortaklığın genellikle aile üyeleri arasında kaldığını göstermektedir. Gözlemler ve değişik yollarda sağlanan bilgiler de bu görüşü doğrulamaktadır.

3. İşletmelerin faaliyet süreleri bakımından uzun bir geçmişe sahip olmadıkları görülmektedir. İşletmelerin sayısının 1996 yılından bu yana hızlı bir artış göstermesi nedeniyle, çoğunluğunun 5-6 yıldır faaliyet gösterdikleri görülmektedir. Dolayısıyla işletmelerin önemli bir bölümünün henüz profesyonelleşme sürecini tamamlayamadıkları ve kurumsallaşamadıkları söylenebilir.

4. Diyarbakır'da faaliyet gösteren işletmelerin tamamına yakını küçük ve orta ölçekli işletmelerden oluşmaktadır. Bu nedenle Türkiye genelinde küçük ve orta ölçekli işletmelerin yapısal özelliklerine ve sorunlarına sahiptirler.

5. İşletmelerin yarısından fazlasının kapasite raporu bulunmamaktadır. Kapasite raporu olan işletmeler de kuruluş aşamasında bu raporu aldıkları ya da yapılacak bir işlemden dolayı zorunluluktan aldıkları gözönünde tutulursa, sürekli olarak güncelleştirilen bir kapasite raporuna sahip olmadıkları söylenebilir. Sürekli olarak güncelleştirilen bir kapasite raporunun olmaması, işletmelerin karlılığını, üretkenliğini ve verimliliğini gösteren üretim, satış, stoklar ve maliyet gibi temel göstergeleri sağlıklı bir biçimde kullanmadıkları söylenebilir.

6. İşletmelerin çoğunluğu % 20-40 kapasite kullanım oranına sahiptirler. Bu orandaki bir kapasite genel ekonomik durgunlukla da ilgili olacağı gibi, işletmelerin yeni pazarlar yaratamamalarıyla da ilgili olabilir. Nitekim, işletmelerin düşük kapasiteyle çalışma nedenleri, ağırlıklı olarak, pazarın dar olması ve yüksek enflasyonla ilişkili görülmektedir. Yüksek enflasyon talebin azalması ve genel ekonomik durgunluğun bir nedeni olmakla birlikte, işletmelerin yeni pazarlar yaratma konusunda da yeterli bilgi birikimine ve yöntemlere sahip olmadıkları söylenebilir.

Diğer yandan, işletmelerin düşük kapasiteyle çalışması toplam maliyetler içinde sabit maliyetlerin, başka deyişle makine ve teçhizatlara yapılan yatırımların maliyetinin yüksek olmasına neden olduğu için maliyetler düşürülememektedir. Yüksek maliyetler ya çok düşük kar marjıyla çalışmaya neden olmakta, yada yüksek satış fiyatları nedeniyle pazarda rekabet edememelerine yol açmaktadır. Her iki durumda da işletmelerin varlığını sürdürmeleri güçleşmektedir.

7. Yeni pazarlar bulamamanın en önemli nedenlerinden birisi de kaliteli ürünler üretememektir. Özellikle ulusal ve uluslararası pazarlara yönelebilmek için o pazarlarda rekabet edebilecek bir kalite düzeyinde üretim yapmak gerekir. Oysa Diyarbakır'da faaliyet gösteren işletmelerin çoğu bir kalite standardına sahip değildir. Belirli bir kalite standardına sahip olduğunu belirten işletmelerin %90'ı işletme içi standartlarını uygularken, %10'u da TSE standartlarına sahip oldukları gözlemlenmiştir.

8. Bu nedenle işletmelerin uyguladıkları kalite kontrol yöntemleri de ağırlıklı olarak el ve göz ile muayenedir. Ayrı bir kalite kontrol bölümü olan ve kalite kontrol uzmanı çalıştıran işletmelerin sayısı yok denecek kadar azdır. Ancak kalite kontrol için işletme içi laboratuar oluşturan işletmelerin kalite kontrolü nispeten daha bilinçli bir biçimde yaptıkları düşünülebilir. Diğer yandan ISO 9000 kalite standartlarını iki işletmenin de olabildiğince bu standartların gerektirdiği kontrolleri uygulamaya çalıştıkları söylenebilir.

9. İşletmelerin tamamı, enerji türü olarak elektrik enerjisini kullanmaktadır. Bilindiği gibi elektrik diğer enerji türleri içinde en pahalı olanıdır. Bu nedenle kesin olarak belirlenememekle birlikte, enerji maliyetlerinin toplam maliyetler içindeki payının yüksek olduğu söylenebilir.

10. İşletmelerin hammadde kaynakları ağırlıklı olarak yerel ve daha az olarak ulusal kaynaklardır. Bu durumda öncelikle yerel kaynakları kullandıklarını söyleyebiliriz. Ancak hammadde sağlamada karşılaşılan en büyük sorun, işletme sermayesi temininde karşılaşılan güçlüklerden yakınmaktadırlar.

11. Diyarbakır'da faaliyet gösteren sanayi işletmelerinin hedef pazarı ağırlıklı olarak yerel ve ulusal pazarlardır. Ürünlerini uluslararası pazarlara satan işletmelerin hedef pazarlarını Avrupa ülkeleri ve komşu ülkeler oluşturmaktadır.

12. İşletmelerin ihracata yönelme konusunda, dış pazarla ilgili bilgi yetersizlikleri önemli bir neden olmakla birlikte, İhracat yapan işletmelerin karşılaştıkları sorunlardan en önemlileri kapasitenin az olması nedeniyle dış pazarın taleplerini karşılamada yetersiz kalmalarıdır.

13. İşletmeler pazar payını genişletme ve yeni müşteriler bulma konusunda ulusal ve uluslararası fuarların önemli bir rolü vardır. Bununla birlikte, işletmelerin büyük bir çoğunluğunun bu tür fuarlara katılmadıkları görülmektedir. Katılanların çoğunluğu da birkaç kez katılmışlardır.

14. Finansal sorunlar işletmelerin en önemli sorunlarından birisini oluşturmaktadır. İşletmeler yaptıkları satışlar karşılığında alacaklarını tahsil edememekten, herhangi bir kaynak ihtiyacı olduğunda, maliyetlerinin yüksek olması nedeniyle kredi alamamaktan ve öz kaynaklarını artıramamaktan şikayet etmektedirler. Bilindiği gibi, küçük ve orta ölçekli işletmelerde işletme sahibi, yönetimi paylaşmak istemediği için ortak almak istememekte, yüksek maliyetli krediler ise işletmeye yeni bir ortak almak gibi görülmektedir. Diğer yandan düşük kapasiteyle çalışma ve yüksek birim maliyetler nedeniyle kar marjı da düşük kalmaktadır. Bu nedenlere alacaklarını zamanında tahsil edememe de eklendiğinde büyük bir nakit sıkıntısı baş göstermektedir.

15. Teşvikler, özellikle küçük ve orta ölçekli işletmelerin büyümesi ve gelişmesi için devlet tarafından sağlanan kolaylıklardır. Diyarbakır'da mevcut yatırımların büyük çoğunluğu küçük ve orta ölçekli işletmeler olduğundan, KOBİ kredileri oldukça büyük önem taşımaktadır. Ancak KOBİ kredisi kullanımında ciddi bürokratik engeller mevcuttur. Tahsis edilen krediye karşılık, 2-3 kat oranında istenen teminat yetmiyormuş gibi, gayrimenkul ipoteği ya hiç kabul edilmemekte ya da değerinin çok altında kabul görmektedir. Bu nedenle, işletmelerin önemli bir çoğunluğu teşviklerden yararlanamadığı görülmektedir. Yararlanan çok az bir bölümü de (teşvik belgeli) işletmelerde, yatırım indirimi, vergi, resim ve harç istisnasından yararlanmaktadırlar. Teşviklerden yararlanamama küçük ve orta ölçekli işletmelerin ortak bir sorunudur. Çünkü mevzuatın uygulanmasındaki güçlükler ve adaletsizlikler büyük bir engel oluşturmaktadır.

16. İşletmelerin üst düzey yönetimini çoğunlukla işletme sahipleri oluşturmaktadır. İşletmeler, henüz üst düzey yönetimin profesyonelleşmesi sürecine girmemişlerdir. Üst düzey yönetimin eğitim düzeyi ilkokul, ortaokul ve lise düzeyinde yoğunlaşmaktadır. Üst düzey yöneticilerin çoğunun herhangi bir meslek alanında yükseköğretim görmemiş olması nedeniyle işletmelerini iyi yönetememektedirler.

17. İşletmelerin departmanlaşma düzeyleri de çok düşüktür. İşletmelerde üretim departmanından başka muhasebe ve kısmen de pazarlama departmanları olduğu görülmektedir.

18. Çalıştırdıkları işgörenler açısından işletmelerin çoğunluğunun henüz yasal zorunlulukları dahi yerine getirmekte zorlandıkları bilinmektedir. İşletmelerde elde edilen bilgilere göre gerçekçi bir işgören profili çıkarmak güçtür. Çünkü gözlemler sonucu sağlanan bilgilere göre tüm sektörlerde işgören devir oranı çok yüksektir. İşletmelerde yaygın olarak benimsenen görüş, üretime ve istihdama sağlanan katkı üzerinde yoğunlaşmaktadır. Bu nedenle çalışma koşullarının iyileştirilmesi, çalışanlara tatmin edici bir ücret dışındaki hakların sağlanması bakımından hiçbir işletme yeterli düzeyde değildir. Genel ücret düzeyinin düşük olması nitelikli elemanların işletmeye bağlanmasını engellemekte ve bu nedenle de işten ayrılma oranları yüksek olmaktadır. Ayrıca ücret düzeyinin düşük tutulması amacıyla işten çıkarma ve daha düşük ücretle işe alma da yaygın bir uygulamadır.

19. Tüm sektörlerde kalifiye eleman sıkıntısı yaşanmaktadır. Eleman sıkıntısının özellikle üretim ve pazarlama alanlarında olması dikkat çekicidir. Çünkü üretim alanında gerekli teknolojiyi bulma ve satın alma kolaylıklarına karşın, teknolojiyi kullanacak işgücünün bulunması ve yetiştirilmesi konusunda sorunlar yaşanmaktadır. İşletmelerin çoğu işgörenlerine hizmet içi eğitim verdiklerini belirtmekle birlikte, verilen eğitimin yeni işe alınan işgörenin ustabaşı gözetiminde yetiştirilmesi olduğu görülmektedir. Bu da eğitime herhangi bir yatırımın yapılamadığını göstermektedir.

20. İşletmelerin karşılaştıkları sorunları çözmek için dayanışma içinde olmalarını sağlayan meslek kuruluşları ile ilişkileri de olması gereken düzeyde değildir. İşletmeler, işletme yönetimi, pazar araştırması ve pazarlama teknikleri, yeni üretim teknikleri ve kalite kontrol yöntemleri konusunda bilgiye ihtiyaç duymaktadırlar.

21. İşletmelerin büyük bir çoğunluğunun büyüme hedefi vardır. Büyümek için yeni pazarlar bulma isteği işletmelerin pazar araştırması ve pazarlama teknikleri konusunda bilgilenme ihtiyacı ile birlikte düşünüldüğünde, işletmelerin ürettikleri ürünlere pazar bulma konusunda sorunlar yaşadıklarını ve bu nedenle de büyüyemediklerini göstermektedir. Diğer yandan, işletmelerin kuruluşunda genellikle daha önceden kurulmuş olan ve başarılı olan işletmeleri izledikleri bilinmektedir. Bu nedenle aynı sektörde faaliyet gösteren küçük ve orta ölçekli işletme sayısının artmasıyla rekabetin artmasına ve pazar payının daralmasına yol açmaktadır. İşletmeler pazar paylarını genişletmek için pazar araştırması yapma ve satışı artırıcı yöntemleri uygulama konusundaki yetersizlikleri görülmektedir.

Öneriler

Diyarbakır'da sanayi işletmelerinin sorunları Türkiye genelinde yaşanan sorunlardan çok farklı değildir. Özellikle küçük ve orta ölçekli işletmelerin ortak sorunlarına sahiptirler. Bu sorunların çözümü için getirilecek öneriler de daha öncekilerden farklı olmayacaktır.

Ancak, şu öneriler sorunların çözümü için daha gerçekçi bir temel oluşturmaya yardım edebilir:

1. İşletmelerin acil olarak mevcut durumları hakkında doğru ve gerçekçi kararlar vermeyi sağlayacak bir veri temeli oluşturmaya ihtiyaçları vardır. Bu nedenle kapasite raporu olmayanların kapasite raporu almaları, olanların da güncelleştirmeleri gerekmektedir. Kapasite kullanım oranını bilmeye bir işletme ne kadar kar/zararda olduğunuda tam ve doğru olarak bilemeyecek ve ihtiyaç duyduğu sermaye miktarınıda çıkartamayacaktır.

2. Kıyaslama yapabilmeleri için üretim ve satış miktarları ile maliyetleri hakkında gerçekçi bir veri temeli oluşturulmalıdır.

3. Maliyetlerini düşürmek için yalnızca ücret düzeylerini düşük tutmak gibi verimlilik düşürücü yöntemler yerine üretimi artırmak, girdi maliyetlerini denetim altında tutmak ve daha ucuz ve kaliteli girdi araştırmak, üretimdeki kayıpları azaltmak ve daha ucuz enerji kullanmak gibi yöntemleri uygulamaya yönelmelidirler.

4. "Önce üretirim, daha sonra satarım" anlayışı yerine, önce pazar araştırması yaparak potansiyel müşterilerin ihtiyaçlarına uygun üretim yaptıktan sonra satmayı düşünmelidirler. Bu nedenle pazar araştırması ve satış teknikleri konusunda bilgi edinmelidirler.

5. İhracat imkanlarını değerlendirmek için uluslararası pazarlarda rekabet edebilecek kalite ve fiyat düzeyine ulaşmak için maliyetleri düşürmenin yanı sıra kaliteyi yükseltecek teknikleri araştırmalıdırlar. Bunun için uluslararası standartları uygulamalıdırlar.

6. Kalifiye eleman çalıştırmak için insana yatırım yapmaya yönelmelidirler. İnsana yatırım kısa vadede sonuçları alınacak bir yatırım türü değildir. Bu nedenle uzun vadeli hedefler oluşturmalı ve bu hedefleri gerçekleştirmek için gerekirse kısa vadede yüksek kar elde etmekten fedakarlık etmelidirler. Tatmin edici ücret düzeyi, insanca çalışma koşulları ve hizmet içi eğitim insana yatırım yapılacak alanlar olarak görülmelidir.

7. Finansal kaynak sorunlarını çözmek için yüksek maliyetli kredi almak gibi geleneksel yöntem yerine leasing (finansal kiralama), faktoring (alacakların tahsili), ortak sayısını artırmak, diğer işletmelerle birleşmek gibi daha uzun vadeli ve ucuz kaynak sağlayacak yöntemlere yönelmelidirler.

8. Küçük bir işletmenin yönetimi için girişimci yöneticinin bilgi birikimi yeterli olabilir. Ancak büyüme aşamasında, özellikle yerel pazarlardan ulusal ve uluslararası pazarlara açılma aşamasında mutlaka profesyonel yöneticilere ihtiyaç vardır. Girişimci yöneticinin pazarlama, finansman, araştırma-geliştirme gibi alanlarda danışmanların desteğinden yararlanması ve bu işlevlerin giderek departman düzeyinde örgütlenmesi gereklidir.

9. Diyarbakır'da kamu kurum ve kuruluşları etkin bir şekilde harekete geçirecek örgütsel bir yapı oluşturulmalıdır. Bu yapılmadığı sürece kaynaklarda etkin kullanılmayacaktır. Oysa yatırıma hazır sermaye kaynakları bölgede en zor bulunan bir olgudur. Yukarıda sulama tesislerinde kullanılan sermayenin azımsanmayacak bir meblağı oluşturduğu bir gerçektir.

10. Sonuç olarak sanayi yatırımlarında müteşebbislerin önündeki en büyük sıkıntı sermaye yetersizliğidir. Zaten kıt olan mevcut kaynaklar ise israf edilmektedir. Örneğin, Diyarbakır TEDAŞ Bölge Müdürü ile gerçekleştirdiğimiz kişisel görüşmeler neticesinde edindiğimiz bilgiler doğrultusunda yaptığımız hesaplamalar bunu teyid eder niteliktedir. Şöyleki; Ekim-2002'de, ortalama 250 Kw'lık 700 adet Trafo'nun tarımsal sulama amacıyla alındığını öğrenmekteyiz. Kaba bir hesapla bu Trafoların maliyeti yanı sıra kuru tarım arazinin sulanması için gereken diğer yatırımlar (Elektrik akımı için dikilen direkler, su boruları vb..) eklendiğinde toplam maliyetin 29 Milyon $ tuttuğu ortaya çıkmaktadır. 2002 yılından sonra da sulama tesislerinin kurulması için bölge çiftçilerinin sermaye yatırmaya devam ettiklerini de eklemek gerekecektir. Tüm bunlar tamamen GAP'ın etkin kullanılmadığı ve özellikle sulama kanallarının tesis edilmemesinden kaynaklanmaktadır. Eğer sulama tesisi için Devlet, mevcut GAP barajlarından bölge çiftçisinin faydalanacak şekilde kanalet vb.. tesislerini yapsa 29 Milyon$'ın çok altında bir maliyetle gerçekleştirebilecektir. Haliyle bölge çiftçisinin elinde bulunan ve yatırımlara dönüşebilir durumdaki Milyon dolarlar büyük bir olasılıkla, başta imalat sanayine olmak üzere diğer sektörlere yönelecektir.

K A Y N A K Ç A

Açma, Bülent. **Sanayileşme Perspektifinde Güneydoğu Anadolu Bölgesi ve Güneydoğu Anadolu Projesi.** Eskişehir:AÜ. Yay., 1991.

Akat, Asaf Savaş. İktisadi Analiz**.** İstanbul:İÜ. Yay., 1980.

Akdoğan, Abdurrahman. **Kamu Maliyesi**, Ankara: GÜ, İİBF, No: 67,34, 1985.

Akın, Emine. **Bir Bölgesel Kalkınma Yöntemi Örnek Olayı.** Ankara: GAP Bölge Kalkınma İdaresi Başkanlığı, 1999.

Alpman, Adil. **Eski Ön Asya Hukukunda Adaption**, Ankara, 1988.

Arvas, İbrahim **Tarihi Hakikatler.**

Atalay, İbrahim **Türkiye Coğrafyası.** 4.Baskı, İzmir: Ege Üniversitesi Basımevi,1994.

AÜ,SBF, **Türkiye'de Zirai Makineleşme**. Ankara, 1954.

Avrupa Komisyonu Bilim Araştırma Geliştirme Merkezi. **AT'de Araştırmaların Finansmanı**. Çev.:Avrupa Komisyonu Türkiye Temsilciliği, 4.Baskı, Ankara: Timasat Yayınevi, 1998.

Ayata, Sencer. **Kentsel Enformal Sektörde İstihdam ve İş Potansiyelinin Geliştirilmesi Diyarbakır Alan Araştırması.** Ankara: GAP Bölge Kalkınma İdaresi Başkanlığı, 2002.

Beysanoğlu,Şevket. **Anıtları ve Kitabeleriyle Diyarbakır**, Ankara, 1987.

Beysanoğlu,Şevket. **Diyarbakır Tarihi: Cumhuriyet Dönemi**. Ankara, C.III., 1987.

Boratav, Korkut. **Yeni Dünya Düzeni Nereye**,Ankara: İmge Kitabevi Yayınları, 2000

Carr, Edvard Hallet. **Tarih Nedir?.** 5.Baskı, İstanbul: İletişim Yayınevi, 1996.

Castle,E.N,M.H. Becker and A.G. Nelson, **Farm Business Management Decision,** Third Edition, New York, USA: Macmillian Publishing Company, 1987.

Cem,İsmail. **Türkiye'de Geri Kalmışlığın Tarihi**, İstanbul: Cem Yayınları,B.10, 1989.

Christiansen,J.E. The **Water Resources Development Programm in Turkey.** Mediterranean Development Project. FAO, Rome, 1959.

Cillov, Haluk. **Türkiye Ekonomisi.** İstanbul: İ.Ü. İktisat Fakültesi Yayımı. No: 169. 1965.

Cillov,Haluk **Türkiye Ekonomisi**, İstanbul: İÜ Yay. No; 1132, 1965.

Çeçen, A.Aydın, A. Suat Doğruel ve Fatma Doğruel, **Türkiye'de Ekonomik Büyüme Yapısal Dönüşüm ve Kriz**, İstanbul: Ege Yayınları, 1996.

Dağ, Rıfat. **Doğu Ekonomisi**. Ankara: Akay Yayınevi, 1995.

Dağ, Rıfat. **Sayılarla Diyarbakır**. Ankara: Akay Yayınevi, 1997.

Dağ,Rıfat. **Doğu Ekonomisi**, DTSO Yay., Ankara,1995.

Dallı, Özan. Bölge Planlama Kavramı, Milli Planla İlişkiler ve Politika. **Ankara:DPT, 1968.**

Darkot,Besim. **Diyarbakır.** İA, C. III

Demir, Gülsen. **Göç Nedenleri ve Göçenlerin beklentilerindeki gerçekleşme durumu: Bolu İli Kıbrıscık İlçesi Örneği.**Toplum ve Göç Bildiriler Kitabı,DİE yayın No:2046, Ankara,1997.

Denis, Henri. **Ekonomik Doktrinler Tarihi.** I, çev. Attila Tokatlı, Sosyal Yayınları, 1973.

Devlet Meteoroloji İşleri Genel Müd. İstatistikleri. Ankara 2002

DİE, **1927; 1969 Sanayi Sayımı**, Yayın No: 584, Ankara.

DİE, GAP İl İstatistikleri 1950-1996, Ankara, 1997.

DİE, **GAP İl İstatistikleri: 1950-1996**, Ankara, 1997.

DİE, **GAP İl İstatistikleri: 1996-1998**, Ankara,1999.

DİE, **İstatistik Yıllığı: 2002**. Ankara, 2003.

DİE, Tarımsal Yapı (Üretim,Fiyat,Değer) 2001, Ankara,2002.

DİE, **VII. Genel Tarım Sayımı: 2001.** Ankara,

DİE.Türkiye İstatistik Yıllığı:2002.Ankara,2003.

Dikmen, Aylin. **Kentte Çalışan Çocuklar: Cinsiyet Ayrımının Paradoksal Göstergeler**, 21. Yüzyıl Karşısında Kent ve İnsan, İstanbul,: Bağlam Yayınları, 2001.

Dinçer,Meral. **Göç–Doğal Kaynaklar İlişkisine Çevre Güvenliği Açısından Bir Bakış**, Toplum ve Göç Bildiriler Kitabı,DİE yayın No:2046, Ankara,1997.

Dinler,Zeynel **Tarım Ekonomisi.** 5.Baskı, Bursa: Ekin Kitabevi Yay., 2000.

Dinler,Zeynel. **Bölgesel İktisat**, 6.Baskı(Yenileştirilmiş), Bursa:Ekin Kitabevi Yayınları, 2001.

Diyarbakır İlçeleri Çalışma Programları. Diyarbakır, 2002.

Diyarbakır İli Çevre Durum Raporu.Çevre İl Müdürlüğü.Diyarbakır.1996.

Diyarbakır Sanayi ve Ticaret İl Müdürlüğü. **1998 Yılı Diyarbakır İlinin Yıllık Ekonomik ve Ticari Durumu.** Diyarbakır: Temmuz, 1998.

Diyarbakır Tarım İl Müdürliğü, **İl Tarım arazileri Gübre İhtiyacı Raporu,** Diyarbakır, 1998.

Diyarbakır Valiliği Mahalli İdareler Müd. Kayıtları. Diyarbakır, 2002 .

Diyarbakır Valiliği, **2000'e Beş Kala Diyarbakır.** Diyarbakır, 1996.

Doğruel,Fatma. **Tarım Destekleme Politikaları ve Sonuçları; ABD, AT ve Türkiye**, İstanbul: İstanbul Ticaret Odası Yayınları, 1993.

DPT, 2001. VIII.Beş Yıllık Kalkınma Planı, **Tarım Alet ve Makinaları Sanayi Özel İhtisas Komisyonu Raporu**, Ankara, 2001.

DPT, **İl ve İlçelerin Ekonomik ve Sosyal Gelişmişlik Seviyelerinin Tesbiti Araştırması**, DPT:2015, KÖYB:30, 1985.

DPT, Sayılarla Türkiye Ekonomisi Gelişmeler (1980-2001),Tahminler (2002-2005), Ağustos-, Ankara: 2002

DPT, **Sayılarla Türkiye Ekonomisi Gelişmeler (1980-2001),Tahminler (2002-2005),** Ağustos-, Ankara: 2002.

DPT, VII. BYKP, 1998 Yılı Programı Destek Çalışmaları. Ankara, 1999.

DPT, VIII.BYKP, Gübre Sanayi Özel İhtisas Komisyonu Raporu, Ankara, 2000.

DPT. **IV.BYKP Öncesi Gelişmeler.** Ankara;1990.

DPT. **Temel Ekonomik Göstergeler.** Ankara: ISSN 1301-0824, Nisan 1999.

DSİ, İstatistik Şube Müdürlüğü 2002 Raporu. Ankara,2003.

DSİ. **Diyarbakır X.Bölge Müdürlüğü.** Ankara, 1979.

DSİ.**Diyarbakır X.Bölge Müdürlüğü.** Diyarbakır, 1999.

DSİ.X.Bölge Müdürlüğü Çalışma Programı.Diyarbakır,2002.

DTSO, Entegre Amonyum Nitrat Üretim Tesisi Fizibilitesi, Ankara: Nurol Yay., 1998.

DTSO, **Yerel Ekonomik Gelişme Programı,**Ankara,1998.

DTSO. Diyarbakır Modern Sera YatırımıFizibilitesi, Ankara ,1998.

Durugönül, Esma. **Sosyal Değişme, Göç ve Sosyal Hareketler.** Toplum ve Göç Bildiriler Kitabı,DİE yayın No:2046, Ankara,1997.

Dünya Bankası, **World Development Report.** 1998.

Ecevit,Yıldız. **Kalkınma Projelerinin Bir Sonucu Olarak Göç:Boyabat Barajı Örneği.** Toplum ve Göç Bildiriler Kitabı,DİE yayın No:2046, Ankara,1997.

Eldem,Vedat. **Osmanlı İmparatorluğunun İktisadi Şartları**, İstanbul: İş Bankası Yay. İstanbul,1970.

Erkal,Mustafa. **Bölgeler arası dengesizlik ve Doğu Kalkınması.**İstanbul, 1978.

Erzen,Afif. **Doğu Anadolu ve Urartular,** Ankara, 1984.

Et ve Balık Kurumu Diyarbakır Et Kombinası Müd. **1995-2001 Yılı Faaliyetleri**. Diyarbakır.

Friedmann, John. Urbanization, Planning, and National Development. **London:Sage Publications,1973.**

Gabricl,Albert, **Voyage Archeologyque dans la Turque Oriantal**, C.I.

GAP BKİ, **GAP Bölgesi Nüfus Hareketleri Araştırması**, ODTÜ, Sosyoloji Bölümü, Ankara:1994.

GAP BKİB, **Güneydoğu Anadolu Projesi - Sosyal Politika Hedefleri**. Ankara:Başbakanlık GAP Bölge Kalkınma İdaresi Başkanlığı, Eylül 1997

GAP BKİB, **Güneydoğu Anadolu Projesi Sosyal Eylem Planı**. Ankara:Başbakanlık,1995.

GAP BKİB, **Güneydoğu Anadolu Projesi. 2000 Yılı Faaliyet Raporu**. Ankara: ISBN: 975-19-2769-2. Başbakanlık GAP Bölge Kalkınma İdaresi Başkanlığı, 2001.

GAP Bölge Kalkınma İdaresi Başkanlığı. **2000 Yılı Faaliyet Raporu.**Ankara: GAP Bölge Kalkınma İdaresi Başkanlığı, 2001.

GAP Bölge Kalkınma İdaresi Başkanlığı. Bölge **Kalkınma Planı Çalışma Raporu-5.** Ankara: GAP Bölge Kalkınma İdaresi Başkanlığı,2000.

GAP Bölge Kalkınma İdaresi Başkanlığı. **Bölge Kalkınma Planı Yönetici Özeti. 1.Cilt**, Ankara: GAP Bölge Kalkınma İdaresi Başkanlığı, 2002.

GAP Bölge Kalkınma İdaresi Başkanlığı. **Bölge Kalkınma Planı Yönetici Özeti. 2.Cilt,** Ankara: GAP Bölge Kalkınma İdaresi Başkanlığı, 2002.

GAP Bölge Kalkınma İdaresi Başkanlığı. **Bölge Kalkınma Planı Yönetici Özeti. 3.Cilt,** Ankara: GAP Bölge Kalkınma İdaresi Başkanlığı, 2002.

GAP Bölge Kalkınma İdaresi Başkanlığı. **Dış Kaynak Kullanımı**. Ankara: GAP Bölge Kalkınma İdaresi Başkanlığı, 1995.

GAP Bölge Kalkınma İdaresi Başkanlığı. **Diyarbakır Bilgilendirme Toplantısı.** Ankara: GAP Bölge Kalkınma İdaresi Başkanlığı, Nisan, 2000.

GAP Bölge Kalkınma İdaresi Başkanlığı. **GAP Doküman Hazırlık Çalışmaları.** Ankara: GAP Bölge Kalkınma İdaresi Başkanlığı, Eylül, 2000.

GAP Bölge Kalkınma İdaresi Başkanlığı. **GAP Son Durum 2001**. Ankara: GAP Bölge Kalkınma İdaresi Başkanlığı, 2002.

GAP Bölge Kalkınma İdaresi Başkanlığı. **Güneydoğu Anadolu Projesinde Son Durum**. Ankara: GAP Bölge Kalkınma İdaresi Başkanlığı, 1998.

GAP Bölge Kalkınma İdaresi Başkanlığı. **Irak Ambargosunun Bölgeye Etkileri.** Ankara: GAP Bölge Kalkınma İdaresi Başkanlığı, Şubat, 2000.

GAP Bölge Kalkınma İdaresi Başkanlığı. Sanayileşme Stratejisi. Ankara: : GAP Bölge Kalkınma İdaresi Başkanlığı, 1997.

GAP Bölge Kalkınma İdaresi Başkanlığı. **Tarım Ürünleri Pazarlaması ve Bitki Deseni Planlaması Çalışmasının Entegrasyonu.** 1.Cilt, Ankara: GAP Bölge Kalkınma İdaresi Başkanlığı, 1992.

GAP Regional Development Administration. **Industrialization Strategy**. Ankara: GAP Regional Development Administration. 1997.

GAP Regional Development Administration. **International Workshop on Water Based Development Projects Experiences in The World**. Şanlıurfa: November, 1999.

GAP Regional Development Administration. **Latest State in Southeastern Anatolia Project**. Ankara: GAP Regional Development Administration. 1998.

GAP Regional Development Administration. **Multi-Purpose Community Centers**. Ankara: GAP Regional Development Administration. 1997.

GAP Regional Development Administration. **Workshop on American Experiences in Water Based Development.** Ankara: GAP Regional Development Administration, January, 2000.

GAP, Bölge Kalkınma Planı,Uygulama Raporu, Ankara, Cilt 3- 2002,s. 3.

GAP. **1998 Faaliyet Raporu**. Ankara: 1999.

Girişimci Destekleme ve Yönlendirme Merkezi. **Diyarbakır Mermercilik Sektörü.** Ankara: GAP Bölge Kalkınma İdaresi Başkanlığı, 2000.

Girişimci Destekleme ve Yönlendirme Merkezi. **Diyarbakır'da Kadın Girişimciliği.** Diyarbakır: Girişimci Destekleme ve Yönlendirme Merkezi, 2001.

Goloğlu,M. **Demokrasiye Geçiş;1946-1950**, İstanbul, 1982.

Gülçubuk, Bülent. Kırsal **Alanda Kredi Kullanımının Sosyo-Ekonomik Temelleri.** Ankara: Türkiye Ziraat Odaları Birliği, 2000.

Gülçubuk,Bülen. **Kırsal Alanda Kredi Kullanımının Sosyo-ekonomik Temelleri**. Ankara: Burcu Yay. 2000.

Gündüz Ali Yılmaz. **Bölgesel Dengesizlik ve GAP Projesi, Malatya, 1994.**

Gündüz, Ali Yılmaz. *"Türkiye'de Bölgesel Dengesizlikleri Gidermeye Yönelik Politikalar"*, **Banka ve Ekonomik Yorumlar,** Sayı: 6, (Haziran 1990)

Gündüz, Mustafa ve Nalan Yetim, **Terör ve Göç.** Toplum ve Göç Bildiriler Kitabı, DİE yayın No:2046, Ankara,1997.

Güran, Tevfik. **19. Yüzyıl Osmanlı Tarımı.** Eren Yayıncılık, İstanbul: 1998.

Güran, Tevfik. **İktisat Tarihi**. İstanbul: Acar Matbaacılık, 1999.

Güran, Tevfik. **Osmanlı Tarımı.** İstanbul: Eren Yay., 1998.

Güran,Tevfik. **İktisat Tarihi**. İstanbul:Acar Matbaacılık Yay.,1999

Hacıhasanoğlu,Bilge. **İller İçin Bir Gelişmişlik Göstergesi ve Sıralama.** DPT Yayın No:1695- KÖYD:19.

Hatipoğlu,Şevket Raşit. **Türkiye'de Zirai Buhran**, Ankara,1936.

Hiç, Süreyya. Türkiye Ekonomisi. **C:1, İkinci Baskı, İstanbul:Menteş Kitabevi, 1991.**

Honigman,Ernest. **Bizans Devletinin Doğu Sınırı**, Çev. Fikret Işıltan, İstanbul, 1970.

Hoover, Edgar M. and Frank Gıarratanı. An Introduction to Regional Economics. **Third Edition New York:**

İhsanoğlu,Ekmelettin. **Osmanlı Devleti Tarihi.** İstanbul: Feza Yay. 1999.

İl Planlama Müdürlüğü. **İl Gelişme Plan Raporları.2002.**Diyarbakır.

İnan,İ.H. **Tarım Ekonomisi.** Tekirdağ: Hasat Yay, 1994.

İstatistik Genel Müdürlüğü, **1963 Tarım Sayımı.** Ankara, 1965.

İTO İstatik Şubesi. **Aylık Ekonomik Veriler Nisan'97**. İstanbul: İstanbul Ticaret Odası, 1997.

İTO, Türkiye'de Tarımsal Destekleme ve Taban Fiyatları Politikası, Yayın No:62, 1999

KA-MER, **Kadınlar Geleceğe Bakıyor.**Ankara: İleri Matbaacılık Yay.,2001.

Kara, M.N.Süleyman. **Diyarbakır İli Bağcılığının Bugünkü Durumu.** Ankara,1999.

Karacan,A.R. **Tarım İşletmelerin Finansmanı ve Tarımsal Kredi.** İzmir: EÜZF Yayınları No: 498, 1991.

Karaduman,Naci. Bölgesel Kalkınmada Gelişme Merkezlerinin Rolü, **Yayınlanmamış Doktora Tezi, istanbul Ünv.,1997**

Karaoğlan, Felat. **Diyarbakır'da Tüccarın Rehberi.** Diyarbakır: Arkadaş Yayınları, 2000.

Karluk, Rıdvan. **Türkiye Ekonomisi.** 7.Baskı, İstanbul: Beta Yay.,2002.

Karluk,Rıdvan. **Türkiye Ekonomisi (Tarihsel Gelişim Yapısal ve Sosyal Değişim)**, İstanbul 1997

Kartal,Kemal. **Kentlileşme.** Ankara: Adım Yayıncılık, 1992.

Kasapoğlu,Aytül **Karayolları (Teknoloji) ve Çevre Etkileşimi: Arazi Kullanımı Nüfus Haraketleri.** Toplum ve Göç Bildiriler Kitabı,DİE yayın No:2046, Ankara,1997.

Kazgan, Gülten. **İktisadi Düşünce veya Politik İktisadın Evrimi.** İstanbul: Remzi Kitabevi,1993.

Kazgan, Gülten. **Tarım Ekonomisi ve İktisadi Gelişme**. İstanbul: İ.Ü. İktisat Fakültesi Yayımı. No: 199, 1966.

Kazgan, Gülten. **Tarım ve Gelişme.** 2. baskı., Fakülteler Matbaası, İÜ Yayınları No: 226 , İktisat Fakültesi No: 387, 1977.

Keleş, Ruşen. **Kentleşme Politikası.** İstanbul,:İmge Kitabevi, 1990.

Kepenek, Yakup ve Nurhan Yentürk, **Türkiye Ekonomisi.** 12.Basım, İstanbul: Remzi Kitabevi Yay., 2001.

Kılıçbay, Ahmet. **Çankaya'dan Ekonomiye Bakış**. 1.Baskı, İstanbul: Milliyet Yayınları, 1989.

Kılıçbay, Ahmet. Kantitatif İktisat Teorisi ve Politikası. **İkinci Baskı, İstanbul: İÜ Yay.,1989.**

Kılıçkaplan, S. ve N. Köse, Temel **Bileşenler Analizi ile İl Olabilecek İlçelerin Belirlenmesi**, Gazi Üniversitesi Yay., 1995.

Kızıltan, Alaattin. **"Bölgesel Dengesizlikleri Gidermede Plan ve Projeler"**, Atatürk Üni., İİBF Dergisi**, Cilt: 10, Sayı: 3-4, 1994**

Köy Hizmetleri İl Müd. **Çalışma Programı**, Diyarbakır, 2002.

Kumcu, Ercan. **İstikrar Arayışları**. 1.Baskı, İstanbul: Doğan Kitapçılık, 2000.

Kültür ve Turizm İl.Müd. **Diyarbakır 2000 Kültür Klavuzu.** Diyarbakır.

Küntay, Esin. **Kentleşmenin Neden Olduğu Fiziksel ve Toplumsal Çürüme Karşısına Kentsel Yenileme Uygulamaları,** Toplum ve Göç Bildiriler Kitabı,DİE yayın No:2046, Ankara:1997.

Maden Tetkik ve Arama Bölge Müd. Çalışmaları. Diyarbakır, 2000.

Manisalı,Erol. **Gelişme Ekonomisi**, 3. Baskı, İstanbul: Ar yayın Dağıtım,1982

Mansel ,Arif Müfit. **Ege ve Yunan Tarihi.** Ankara, 1971.

Mortan, Kenan ve Cemil Çakmaklı. **Geçmişten-Geleceğe Kalkınma Arayışları**. 1.Baskı, İstanbul: Altın Kitaplar Yayınevi, 1987.

Mülayim, Ziya Gökalp. **Toprak Reformu ve Kooperatifleşme.** 2. Baskı, İstanbul: Tekin Yayınevi, 1976.

ODTÜ Sosyoloji Bölümü. **GAP Bölgesi Nüfus Hareketleri Araştırması.** Ankara: GAP Bölge Kalkınma İdaresi Başkanlığı, 1994.

Oktik, Nurgün. **Köyün İticiliği- Kentin Çekiciliği.** Toplum ve Göç Bildiriler Kitabı,DİE yayın No:2046, Ankara:1997.

Olalı, Hasan ve İsmail Duymaz, **Tarımın Türk Ekonomisindeki Yeri ve Ekonomik Gelişmeye Katkısı**, İzmir: İzmir Ticaret Borsası Yayınları no:28,1987

Olalı,Hasan ve İsmail Duymaz. **Tarımın Türkiye Ekonomisindeki Yeri Ve Ekonomik Gelişmeye Katkısı**, İzmir Ticaret Borsası Yayınları: İzmir, No:28,1987

Onat, Ümit Ve Aycan Altay. **Bölgesel Kalkınma Sürecinde Sosyal Hizmet**. 1.Baskı, Ankara: Afşaroğlu Yayınevi, 2001.

Orman İşletme Müdürlüğü Çalışma Programı. Diyarbakır 2002.

Orman, Sabri. **İktisat, Tarih ve Toplum.** İstanbul: Küre Yayınları, 2001.

Öğüt,Haşim. **GAP Bölge Kalkınma Planı Bilgilendirme Toplantısı: Çalışma Raporu-1.** Ankara: Afşaroğlu Yay.,2000

Öney, Erden. İktisadi Planlama. **Beşinci Baskı, Ankara:Savaş Yay., 1987.**

Özgüç,Nazmiye **Beşeri Coğrafya.** İstanbul:Çantay Kitabevi, 1998.

Pamuk,Şevket ve Zafer Toprak. **Türkiye'de Tarımsal Yapılar (1923-2000),** Yurt Yayınları 18, Türk Sosyal Bilimler Derneği.

Polarize Bölge Seçimi ve Aranan Şartlar, **İzmir:İzmir Ticaret Odası Yay., 1966.**

Polatkan, Tanju. Bölgesel Gelişme Politikası. **Ankara: DPT, 1968.**

Richard R. Musgrave- Peggy B. Musgrave, **Public Finance in Theory and Practice,** Second Edition, Tokyo: Kosaido Printing, 1976.

Sağlam,Dündar. **Türkiye Ekonomisi**, Ankara: Ayyıldız Yayınları, 1976

Sağlık İl Müdürlüğü 2002 yılı Kayıtları. Diyarbakır.

SAMİ, Kamuran. **GAP'ın Uygulamasıyla Ortaya Çıkacak Konut Gereksinmesi İçin Tasarım Kriterlerinin Belirlenmesi.** İstanbul: İleri yayınevi. 1999.

Savaş, Vural Fuat. **İktisatın Tarihi.** 3. Baskı, Ankara: Siyasal Kitabevi. 1999

Savaş,Vural Fuat. **Türkiye Ekonomisi (Makro Analiz).** Bursa: BİTİA Yay., 1971.

Saybaşılı, Kemali. **Türkiye'de Planlı Ekonomik Kalkınma Döneminde Devletin Ekonomiye Müdahelesi.** 1.Baskı, Ankara: Birey ve Toplum Yayınları. 1986.

Seval,B. **Kredilendirme Süreci ve Kredi Yönetimi.** Muhasebe Enst. Yayın No:59. Eğitim ve Araştırma Vakfı No:11,1990.

Sevin,Veli. **Üçtepe Kazıları**, İstanbul, 1989.

SİAD. **AB İle Bütünleşme Sürecinde Tarımda Reform Çalışması.** Şanlıurfa: SİAD, 2000.

Sosyoloji Derneği. **GAP Bölgesi Baraj Göl Aynası Altında Kalacak Yörelerde İstihdam ve Yeniden Yerleştirme Sorunları Araştırması.** Ankara: GAP Bölge Kalkınma İdaresi Başkanlığı, 1994.

Suvla, Refik Şükrü. **Tatbiki İktisat**, İstanbul, 1948

Sümer,Faruk. **Karakoyunlular.** Ankara, C II, 1984

Şahin,Hüseyin. **Türkiye Ekonomisi**, 7.Baskı, Bursa: Ezgi Yayınevi,2002

Şahin,Hüseyin. **Türkiye Ekonomisi, Tarihsel Gelişimi-Bugünkü Durumu**, 7.Baskı, Bursa:Ezgi Kitabevi Yayınları,2002

Şener,Orhan. **Kamu Ekonomisi**, 6.Baskı,İstanbul: Alkım Yayınları,1998.

T.C.Başbakanlık ,KHGM .**Diyarbakır İli Arazi Varlığı.** İl Rapor No:21.Ankara.1994.

Tabakoğlu, Ahmet. **Türk İktisat Tarihi**, 4.Baskı, İstanbul: Dergah Yayınları. 1998.

Tahaoğolu, Celal. **Diyarbakır Entegre Amonyum Nitrat Üretim Tesisi Fizibilitesi**. Ankara: Nurol Yayınevi, 1998.

Tayşi,İsmet. **Tarımın Yapısı ve Yeniden Düzenlenmesi**, 2. Türkiye İktisat Kongresi V, Tarım Komisyonu tebliğleri, DPT Yayınları no: 1783, Ankara 1981

TC Ziraat Bankası, **Diyarbakır Merkez Şubesi,** 1999.

TC. DÜ, Dicle Üniversitesi Kataloğu:2000-01. Diyarbakır:DÜ Yay.,1991.

TEMAV, GAP Bölgesinde Tarımsal Mekanizasyon, Ankara, 1996.

Tezel,Yahya Sezai **Cumhuriyet Tarihinin İktisadi Tarihi.** İstanbul, 1994

Ticaret ve Sanayi Odası Sanayi Envanteri. Diyarbakır, 2002.

TOBB 54. Genel Kurul. **Ekonomik Rapor'98.** Ankara: TOBB Genel Yayın No: 346; AİM/BYM: 4. 1999.

TOBB Yerel Ekonomik Gelişme Programı **Diyarbakır Dondurulmuş Meyve-Sebze Tesisi Fizibilitesi.** Ankara:TOBB Yerel Ekonomik Gelişme Programı, 1998.

TOBB Yerel Ekonomik Gelişme Programı **Diyarbakır Modern Sera Yatırım Fizibilite Raporu.** Ankara:TOBB Yerel Ekonomik Gelişme Programı, 1998.

Todaro, Michael P. Kalkınma Planlaması. **Çev. Orhan Sezgin İstanbul:Nihad Sayar Yayın ve Yardım Vakfı Ya., 1987.**

Toprak Mahsulleri Ofisi Bölge Müd. **1991-2001 Çalışma Faaliyetleri**. Diyarbakır.

Tuncer, Yalçın. Bölgelerarası Benzeşme ve Türkiye: 1963-1973. **Ankara: ODTÜ, 1978.**

Turan, Osman. **Doğu Anadolu Türk Devletleri Tarihi**. İstanbul, 1980.

Türkiye Kalkınma Vakfı Faaliyetleri.; 1993-2001, Diyarbakır.

Türkiye Kalkınma Vakfı. **GAP Bölgesinde Kadının Statüsü ve Kalkınma Sürecine Entegrasyonu Araştırması.** Ankara:

Türkiye Kalkınma Vakfı. **GAP Bölgesinde Kadının Statüsü ve Kalkınma Sürecine Entegrasyonu Araştırması.** Ankara: GAP Bölge Kalkınma İdaresi Başkanlığı, Eylül, 1994.

Türkiye Milli Kooperatifler Birliği. **GAP Bölgesi Kırsal Kalkınmasında Kooperatifçilik ve Diğer Örgütlenme Modelleri.** Ankara: GAP Bölge Kalkınma İdaresi Başkanlığı, 2001.

Türkiye'de Bölge Planlamasının Evreleri. **Ankara:Milli Güvenlik Kurulu Genel Sekreterliği Yayınları, No: 2, 1993.**

Uzunçarşılı,İsmail Hakkı. **Osmanlı Tarihi.** Ankara, C II 1983,

Ülken,Yüksel. **Atatürk ve İktisat**, Ankara:Türkiye İş Bankası Yayınları, Genel Yayın no:224,1981

Ünver,Olcay. **Workshop on American Experiences in Water Based Development.** GAP,Yay., Ankara, Jan, 2000.

Williamson S.G and Lindert, **American Inequality:A Macroeconomic History.** New York: Academic Press, 1980.

Yeni Yüzyıl Kitaplığı. **1994 Ekonomisi.** İstanbul: İletişim Yayınları, 1994.

Yılmazçelik, **XIX Yüzyılın İlk Yarısında Diyarbakır.** Ankara: 1995.

Yınanç, M. Halil. **Diyarbakır'daki Vukuatın Tarihi.** İA C III.

Yinanç, M. Halil. **Türkiye Tarihi Selçuklular Devri**. İstanbul, 1944.

Yükseler,Zafer. **Tarımsal Destekleme Politikaları ve Doğrudan Gelir Desteği Sisteminin Değerlendirilmesi**. DPT,Ankara, Ağustos,1999

Zeytinoğlu, Erol. **Ekonomik Sistemler.** İstanbul: İİTİA Ekonomi Fakültesi Yayınları No:1, 1981.

Süreli Yayınlar.

Albertto, Alesina and Perotti Roberto. *"Income Distribution, Political İnstability and Investment"*, **European Economic Rewiev.** Vol:40, 1996.

Daniel Landau, *"Government Expenditure And Economic Growth, :A Cross-Country Study"*, **Southeren Economic Journal**. 49: 1987.

Akyüz, Emine. *"Medeni Kanuna Göre, Ana Babanın Çocuğu Yetiştirme Görevi"*, **Ankara Üniversitesi Eğitim Bilimleri Fakültesi (EBF) Dergisi**, Cilt:16, Sayı:1, 1983.

Ercan Taşkın ve İl Bilge Bayca, "Türkiye'de Tarımsal Pazarlama Alanında Yaşanan Sorunlar **ve** Çözümleri**", Standart,** Temmuz, 2003.

Esra Burcu, *"Çırak ve Kalfa Gençlerin Çalışma Ortamlarının Genel Özellikleri ve Yaşadıkları Bazı Sorunlar: Ankara'da Sosyolojik Bir Araştırma"*, **Türkiye Sosyal Araştırmalar Dergisi.** Cilt:2, Sayı:2, Temmuz 1998

Akhun,İlhan. *"Kalfalara ve Ellere Yapılan Yatırım"*, **Ankara Üniversitesi Eğitim Bilimleri Fakültesi (EBF) Dergisi.** Cilt:16, Sayı:1, 1983.

Tayşi,İsmet. **Tarımın Yapısı ve Yeniden Düzenlenmesi**, 2. Türkiye İktisat Kongresi V, Tarım Komisyonu tebliğleri, DPT Yayınları No: 1783, Ankara 1981.

Gürtan,Kenan. **Türkiye'de Yatırımlar**, İstanbul: İktisat ve Maliye Mecmuası Cilt-1 Sayı-9.

Nejat Göyünç, *"XVI. Yüzyılın İlk Yarısında Diyarbakır"*, **Belgelerle Türk Tarihi Dergisi.**

Gündüz, Ali Yılmaz. *"Türkiye'de Bölgesel Dengesizlikleri Gidermeye Yönelik Politikalar"*, **Banka ve Ekonomik Yorumlar,** Sayı: 6, (Haziran 1990)

İTO İstatistik Şubesi. **Aylık Ekonomik Veriler Nisan'97**. İstanbul: İstanbul Ticaret Odası, 1997.

Kızıltan, Alaattin. *"Bölgesel Dengesizlikleri Gidermede Plan ve Projeler"*, **AÜ, İİBF Dergisi,** Cilt: 10, Sayı: 3-4, 1994.

Yerel Kurum ve Kuruluş Yayınları

Diyarbakır İlçeleri Çalışma Programları. Diyarbakır, 2002.

Diyarbakır İli Çevre Durum Raporu.Çevre İl Müdürlüğü.Diyarbakır.1996.

Diyarbakır Tarım İl Müdürliğü, **İl Tarım arazileri Gübre İhtiyacı Raporu.** Diyarbakır, 1998.

Diyarbakır Valiliği Mahalli İdareler Müd. Kayıtları. Diyarbakır, 2002 .

DPT, VIII.BYKP, **Gübre Sanayi Özel İhtisas Komisyonu Raporu**. Ankara, 2000.

DSİ, **İstatistik Şube Müdürlüğü 2002 Raporu.** Ankara,2003.

DSİ. **Diyarbakır X.Bölge Müdürlüğü.** Ankara, 1979.

DSİ.**Diyarbakır X.Bölge Müdürlüğü.** Diyarbakır, 1999.

DSİ.X.Bölge Müdürlüğü Çalışma Programı.Diyarbakır,2002.

Et ve Balık Kurumu Diyarbakır Et Kombinası Müd. **1995-2001 Yılı Faaliyetleri**. Diyarbakır.

GAP BKİB, **Güneydoğu Anadolu Projesi. 2000 Yılı Faaliyet Raporu**. Ankara: ISBN: 975-19-2769-2. Başbakanlık GAP Bölge Kalkınma İdaresi Başkanlığı, 2001.

GAP Bölge Kalkınma İdaresi Başkanlığı. **2000 Yılı Faaliyet Raporu.**Ankara: GAP Bölge Kalkınma İdaresi Başkanlığı, 2001.

GAP Bölge Kalkınma İdaresi Başkanlığı. Bölge **Kalkınma Planı Çalışma Raporu-5.** Ankara: GAP Bölge Kalkınma İdaresi Başkanlığı,2000.

GAP Bölge Kalkınma İdaresi Başkanlığı. **Bölge Kalkınma Planı Yönetici Özeti. 1.Cilt**, Ankara: GAP Bölge Kalkınma İdaresi Başkanlığı, 2002.

GAP Bölge Kalkınma İdaresi Başkanlığı. **Bölge Kalkınma Planı Yönetici Özeti. 2.Cilt,** Ankara: GAP Bölge Kalkınma İdaresi Başkanlığı, 2002.

GAP Bölge Kalkınma İdaresi Başkanlığı. **Bölge Kalkınma Planı Yönetici Özeti. 3.Cilt,** Ankara: GAP Bölge Kalkınma İdaresi Başkanlığı, 2002.

GAP Bölge Kalkınma İdaresi Başkanlığı. **Diyarbakır Bilgilendirme Toplantısı.** Ankara: GAP Bölge Kalkınma İdaresi Başkanlığı, Nisan, 2000.

GAP, Bölge Kalkınma Planı,Uygulama Raporu, Ankara, Cilt 3- 2002.

GAP. **1998 Faaliyet Raporu**. Ankara: 1999.

İl Planlama Müdürlüğü. **İl Gelişme Plan Raporları.2002.**Diyarbakır.

Maden Tetkik ve Arama Bölge Müd. Çalışmaları. Diyarbakır, 2000.

Sağlık İl Müdürlüğü 2002 yılı Kayıtları. Diyarbakır.

TC Ziraat Bankası, **Diyarbakır Merkez Şubesi.** 1999.

Ticaret ve Sanayi Odası Sanayi Envanteri. Diyarbakır, 2002.

Toprak Mahsulleri Ofisi Bölge Müd. **1991-2001 Çalışma Faaliyetleri**. Diyarbakır.

Türkiye Kalkınma Vakfı Faaliyetleri.; 1993-2001, Diyarbakır.

Türkiye Kalkınma Vakfı. **GAP Bölgesinde Kadının Statüsü ve Kalkınma Sürecine Entegrasyonu Araştırması.** Ankara: GAP Bölge Kalkınma İdaresi Başkanlığı, Eylül, 1994.

Türkiye'de Bölge Planlamasının Evreleri. Milli Güvenlik Kurulu Genel Sekreterliği Yayınları, No: 2, 1993.

FSC
www.fsc.org
MIX
Papier | Fördert
gute Waldnutzung
FSC® C083411

Kolibri 360 GmbH
Ferdinand-Jühlke-Straße 7
99095 Erfurt, Deutschland
produktsicherheit@kolibri360.de

Druck:
CPI Druckdienstleistungen GmbH
im Auftrag der
Kolibri 360 GmbH
Ferdinand-Jühlke-Str. 7
99095 Erfurt